EX LIBRIS

Lecciones sobre
dialéctica negativa

Lecciones sobre dialéctica negativa
Fragmentos de las lecciones
de 1965-1966

THEODOR W. ADORNO

Edición de Rolf Tiedemann
Edición en español al cuidado de Mariana Dimópulos
Traducción de Miguel Vedda

 ETERNA CADENCIA EDITORA

Adorno, Theodor W.
Lecciones sobre dialéctica negativa: fragmentos de las lecciones de 1965-1966 / Theodor W. Adorno; editado por Rolf Tiedemann. - 1a ed. - Ciudad Autónoma de Buenos Aires: Eterna Cadencia, 2020.
366 p. ; 22 x 14 cm.

Traducción de Miguel Vedda
ISBN 978-987-712-207-7

1. Dialéctica. 2. Filosofía. I. Tiedemann, Rolf, ed. II. Vedda, Miguel, trad. III. Título.
CDD 146.32

The translation of this work was supported by a grant from the Goethe-Institut.

Título original: *Vorlesung über Negative Dialektik.*
Fragmente zur Vorlesung 1965/1966

© Suhrkamp Verlag Frankfurt Am Main 2003
All rights reserved by and controlled through Suhrkamp Verlag Berlin
© 2020, Eterna Cadencia s.r.l.
© 2020, Miguel Vedda, de la traducción

Primera edición: agosto de 2020
Primera edición en España: octubre de 2025

Publicado por Eterna Cadencia Editora
Honduras 5582 (C1414BND) Buenos Aires
editorial@eternacadencia.com.ar
www.eternacadencia.com.ar

ISBN 978-987-712-207-7
Hecho el depósito que marca la ley 11.723

Impreso en España / *Printed in Spain*

Queda prohibida la reproducción total o parcial de esta obra por cualquier medio o procedimiento, sea mecánico o electrónico, sin la autorización por escrito de los titulares del copyright.

ÍNDICE

Abreviaturas   11

Nota del editor. Por Rolf Tiedemann   15

Lección 1: Concepto de contradicción   31
    Después de la muerte de Paul Tillich – Plan e intención de las lec-
    ciones – Dialéctica negativa y lógica de la descomposición – Con-
    tradicción en el concepto – Coacción de identidad de la lógica –
    Contradicción en el objeto; antagonismo de la sociedad; dominio
    de la naturaleza – Dialéctica idealista, materialista y negativa.

Lección 2: Sobre la negación de la negación   51
    Subjetividad abstracta y objetividad social – Negación de la nega-
    ción como posición; crítica de Hegel a la positividad – Crítica de la
    justificación hegeliana de las instituciones – Contra la fetichización
    de la positividad en sí – Lo real no racional – Teoría crítica y dialéc-
    tica negativa; crítica filosófica de la hipóstasis del espíritu.

Lección 3: Sobre si es posible la dialéctica negativa   69
    Ideología de lo positivo, pensar cosificado – Resistencia contra la
    cosificación, negación determinada, crítica inmanente – Lo posi-
    tivo como momento – La filosofía como círculo en Hegel; *falsum
    index sui et vero* – Crítica de la síntesis – Sobre el concepto de sis-
    tema (I).

Lección 4: Sobre si es posible filosofía sin sistema   87
    Sobre el concepto de sistema (II) – Sistema y sistematización –

Sistema latente de Heidegger – Dialéctica negativa como sistema secularizado – Momento de unidad y resistencia de lo positivo; análisis de lo individual y fuerza del sistema – Necesidad del provincianismo – Undécima tesis sobre Feuerbach hoy.

Lección 5: Sobre teoría y praxis   105
Pasaje a la praxis históricamente fracasada – Concepto de ciencia en Marx: sobre la definición de la filosofía – Fuerzas productivas y relaciones de producción en conflicto – Contra el practicismo – Interpretación como crítica: filosofía y revolución; retorno de la ciencia a la filosofía – Hegelianismo de izquierda y pensar como modo de comportamiento.

Lección 6: Ser, nada, concepto   125
Filosofía como autocrítica – Sobre la filosofía de lo no conceptual: "pausa para tomarse un respiro" – Dominio de la naturaleza y dominación social – No hay identidad entre pensar y ser – Lo no determinado y la indeterminidad en Hegel – Autorreflexión del concepto; concepto y no conceptual; filosofar formal o de contenido.

Lección 7: "Tentativa de evasión"   143
Formalismo y contingencia; arcaización en Heidegger – Lo existente de Hegel como concepto; la pluma de Krug y la "escoria del mundo de los fenómenos" en Freud – Lo no conceptual en cuanto factor desdeñado; sobre el método de la micrología – Bergson y Husserl – Las "imágenes" de Bergson; Proust pone a prueba a Bergson; realismo conceptual de Husserl – Fracaso de las tentativas de evasión históricas; misión de una evasión mediante la autorreflexión – Idea de infinito, contra el "agotar".

Lección 8: Concepto de experiencia intelectual   163
Sobre el concepto de infinito en el idealismo – Finitud de las categorías; contra la pretensión de lo infinito – Para una filosofía de lo "abierto" – Concepto de experiencia intelectual: experiencia vs. de-

ducción; experiencia de lo nuevo; viraje metacrítico contra la *prima philosophia* – Sobre la relación entre obras de arte y filosofía del arte – Dialéctica de la Ilustración: falibilidad por principio de la filosofía.

Lección 9: Momento especulativo   183

Relación con el empirismo; experiencia intelectual y espiritualización – Seriedad y juego – Lo indómito, irracionalidad y momento mimético; sobre la afinidad entre filosofía y arte – Intuición, ocurrencia, asociación – El concepto y lo no conceptual – Concepto de especulación; momento especulativo en Marx – "Metafísica de las fuerzas productivas".

Lección 10: Filosofía y "profundidad"   203

Esencia y fenómeno; especulación e ideología – Filosofía como "resistencia" – Teodicea del sufrimiento; sufrimiento y felicidad – Conjura de la profundidad o contenido metafísico – Contra las tesis de lo cargado de sentido; "interioridad" – Resistencia contra el balido del rebaño – Profundidad: expresión del sufrimiento.

Lecciones 11 a 25: Sobre dialéctica negativa   223

Anotaciones: *Expresión y representación, pensar como negatividad – Segunda reflexión, concreción – "Chaleco de fuerza", relación con el sistema – Ratio burguesa y sistema – Principio de intercambio y sistema. Para una crítica del sistema – Doble sentido del sistema – Sistema y fragmento, inmanencia y trascendencia – Sujeto en la objetividad, el concepto de lo cualitativo – Verdad como lo concreto – Sobre el relativismo, fragilidad de la verdad, verdad sin fondo – Dialéctica y fijeza, contra la síntesis – Unidad y multiplicidad – Ontología negativa del perpetuo antagonismo – Provisión de contenido y método – Principio de dominación, existencialismo – Espontaneidad en Sartre, el Götz de Sartre, lenguaje e historia.*

Anotaciones adicionales   315

Cosa, concepto y nombre – Contra la corriente – Tradición – Retórica

– *Sobre el Cratilo platónico* – *Sobre la rigurosidad lingüística* – *Conocimiento y utopía* – *El pensar y lo no existente.*

Apéndice: Sobre la teoría de la experiencia intelectual   323

Abreviaturas

Los escritos de Adorno son citados según las ediciones de los *Gesammelte Schriften* (ed. de Rolf Tiedemann, con la colaboración de Gretel Adorno, Susan Buck-Morss y Klaus Schultz, Frankfurt, 1970 y ss.)* y los *Nachgelassene Schriften* (ed. del Theodor W. Adorno Archiv, Frankfurt, 1993 y ss.), tal como allí se encuentran. Corresponde mencionar las siguientes abreviaturas:

GS 1: *Philosophische Frühschriften*, 3ª ed., 1996.
GS 2: *Kierkegaard. Konstruktion des Ästhetischen*, 2ª ed., 1990.
GS 3: Max Horkheimer y Theodor W. Adorno, *Dialektik der Aufklärung. Philosophische Fragmente*, 3ª ed., 1996.
GS 4: *Minima Moralia. Reflexionen aus dem beschädigten Leben*, 2ª ed., 1996.
GS 5: *Zur Metakritik der Erkenntnistheorie/Drei Studien zu Hegel*, 5ª [recte: 4ª] ed., 1996.
GS 6: *Negative Dialektik/Jargon der Eigentlichkeit*, 5ª ed., 1996.
GS 7: *Ästhetische Theorie*, 6ª ed., 1996.
GS 8: *Soziologische Schriften I*, 4ª ed., 1996.
GS 9.2: *Soziologische Schriften II*, segunda mitad, 1975
GS 10.1: *Kulturkritik und Gesellschaft I: Prismen/Ohne Leitbild*, 2ª ed., 1996.

---

* El texto y los números de página de esta edición son idénticos a los de la edición de bolsillo publicada en 1997.

GS 10.2: *Kulturkritik und Gesellschaft II: Eingriffe/Stichworte/ Anhang*, 2ª ed., 1996.
GS 11: *Noten zur Literatur*, 4ª ed., 1996.
GS 12: *Philosophie der neuen Musik*, 2ª ed., 1990.
GS 13: *Die musikalischen Monographien*, 4ª ed., 1996.
GS 14: *Dissonanzen/Einleitung in die Musiksoziologie*, 4ª ed., 1996.
GS 16: *Musikalische Schriften I-III*. 2ª ed., 1990.
GS 17: *Musikalische Schriften IV: Moments musicaux/Impromptus*, 1982.
GS 18: *Musikalische Schriften V*, 1984.
GS 20.1: *Vermischte Schriften I*, 1986.
GS 20.2: *Vermischte Schriften II*, 1986.

NaS I-1: *Beethoven. Philosophie der Musik. Fragmente und Texte*, ed. de Rolf Tiedemann, 2ª ed., 1994.
NaS IV-4: *Kants "Kritik der reinen Vernunft"*, ed. de Rolf Tiedemann, 1995.
NaS IV-7: *Ontologie und Dialektik*, ed. de Rolf Tiedemann, 2001.
NaS IV-10: *Probleme der Moralphilosophie*, ed. de Thomas Schröder, 2ª ed., 1997.
NaS IV-13: *Zur Lehre von der Geschichte und von der Freiheit*, ed. de Rolf Tiedemann, 2000.
NaS IV-14: *Metaphysik. Begriff und Probleme*, ed. de Rolf Tiedemann, 1998.
NaS IV-15: *Einleitung in die Soziologie*, ed. de Christoph Gödde, 1993.

A materiales inéditos del Theodor W. Adorno Archiv en Frankfurt se hace referencia solo a través de la signatura correspondiente en el archivo. Signaturas precedidas por "Ts" designan versiones mecanografiadas de trabajos concluidos; signaturas precedidas por "Vo" remiten a transcripciones mecanografiadas de cintas magnetofónicas y a transcripciones estenográficas de lecciones de Adorno, así como a las anotaciones hechas por el autor para las clases.

La transcripción de la cinta magnetofónica a partir de la cual fue preparada la presente edición se encuentra, bajo la signatura Vo 18809-10919, en el Theodor W. Adorno Archiv; las anotaciones manuscritas de Adorno para dichas lecciones, en el mismo lugar, bajo la signatura Vo 11031-11061.

Nota del editor

En la última de las cuatro lecciones con las que Adorno acompañó, entre 1960 y 1966, la génesis de *Dialéctica negativa*, trató aquellos temas que, en el libro publicado en 1966, aparecen al comienzo y que pueden encontrarse en él, quizás evocando la *Fenomenología del espíritu*, bajo el título de "Introducción". El hecho de que la introducción de Hegel, así como el libro de este en su conjunto, traten acerca de la "experiencia de la conciencia" o, antes bien, de su "ciencia", parece retornar, en la terminología de Adorno, cuando este, para el texto introductorio de *Dialéctica negativa*, toma temporariamente en consideración el título "Sobre la teoría de la experiencia intelectual" y además lo caracteriza diciendo que en él se expone el "concepto de la experiencia filosófica".[1] Adorno no vacilaba en emplear "experiencia intelectual" como sinónimo de "la experiencia plena, no reducida, en el medium de la reflexión conceptual", y así intentó describir aquella filosofía que siempre tenía en mente;[2] una "Teoría de la experiencia intelectual", tal como él la esbozó en la introducción a *Dialéctica negativa* y, paralelamente, en las lecciones sobre ella, sería, pues, algo así como la metodología de su filosofía, si es posible hablar de otro modo acerca de una metodología tal. El propio Adorno solo llamó a toda la *Dialéctica negativa* una "metodología de los trabajos materiales del autor" para corregirlo así de inmediato: "según la teoría de la dialéctica negativa, no existe

---

[1] GS 6, p. 10 [*Dialéctica negativa*, en *Dialéctica negativa. La jerga de la autenticidad*, trad. de Alfredo Brotons Muñoz, Madrid, Akal, 2014, p. 10].
[2] Cf. *infra*, p. 173.

ninguna continuidad entre aquellos y esta. Pero sin duda se trata de tal discontinuidad y de las indicaciones para el pensamiento que de ella cabe colegir. El procedimiento no se fundamenta, sino que se justifica. El autor pone, hasta donde es capaz, las cartas sobre la mesa; lo cual no es de ningún modo lo mismo que el juego".[3] Estas definiciones son curiosamente incongruentes con el texto de *Dialéctica negativa*. El hecho de que sus trabajos materiales precisamente no puedan ser subsumidos bajo un "método" fijo, el hecho de que ellos no admiten ser trasvasados desde sus objetos y contenidos a cualquier otro objeto, es algo que Adorno ha subrayado una y otra vez, y resulta demasiado ostensible en vista de los textos. Pero ¿qué sería *Dialéctica negativa* sino un conjunto de "trabajos materiales": de los trabajos sobre ontología, sobre filosofía de la historia y moral o sobre metafísica; puede decirse también: sobre Heidegger, sobre Hegel y Kant, o sobre la posibilidad de la filosofía después de Auschwitz? En todo caso, la sección central del libro, sobre el concepto y las categorías de una dialéctica negativa, podría ser incluida dentro de lo que tradicionalmente corresponde a la teoría del método. Y, en cuanto a las estériles "instrucciones para el pensamiento", ningún rival de Adorno habría podido producirle un daño más duro que rebajar su obra a tales "instrucciones" carentes de seriedad. En definitiva: ¿qué podría ser el "juego" sino el tratamiento de la discontinuidad entre el filosofar material y el "metodológico"? Solo si uno se atiene al sentido de "metodología", al inmanente a cada método; solo si uno no se atiene a ningún método determinado, sino a la justificación de una multiplicidad de métodos; tendencialmente, a los diversos procedimientos en todos los trabajos individuales de Adorno, entonces posee todo su sentido el concepto en el prefacio de *Dialéctica negativa*, así como en las presentes lecciones. Sería mejor, en cambio, como lo hace Adorno en el artículo sobre el *contenido experiencial* en Hegel, hablar de "modelos de experiencia inte-

---

[3] GS 6, p. 9 [*Dialéctica negativa*, ob. cit., p. 9].

lectual" que "motivan" el pensamiento de Adorno y en los que consiste su "contenido de verdad".[4] Con el verso citado en las *Lecciones sobre dialéctica negativa*, "Señor Kästner, ¿dónde queda, entonces, lo positivo?",[5] se correspondía, por su parte –y continúa correspondiéndose–, un igualmente insípido: "¿Cuál es, pues, su método, señor Adorno?". Pareciera como si él hubiese querido hacerle a su método un par de concesiones para, sin embargo, en el curso de la empresa, colocarle a su pensar el corsé metodológico exigido, saboteando constantemente el propio propósito y terminando de nuevo en un filosofar material, aunque se trate de la antinomia entre método y experiencia intelectual.

Adorno, empleando diversas nomenclaturas, intentó reducir lo profundamente insatisfactorio, lo incongruente con su objeto, desmentido por el curso del mundo en toda la filosofía tradicional, al "único camino crítico aún abierto": en cuanto pensar de algo primero, pensar del origen, primado de la subjetividad, principio de dominación que todo lo domina; y precisamente también en cuanto constitución del método. "Método en sentido estricto" era para él una "forma de proceder del espíritu que puede emplearse por doquier y siempre confiablemente, porque se ha despojado de la relación con la cosa, con el objeto del conocimiento".[6] El proceder es la matematización ubicua, así como el ideal de todo método enfático fue en todo momento la matemática, que se alzaba como el cielo platónico por encima de las tierras bajas de lo empírico; Adorno pretendía encontrar tal "triunfo de la matemática, como cualquier triunfo" ya en el Sócrates del *Menón* platónico, que quería llevar "la virtud a su elemento invariable, pero con ello abstracto".[7] Abstraer

---

[4] Cf. GS 5, p. 295 [*Tres estudios sobre Hegel*, trad. de Víctor Sánchez de Ayala, Madrid, Taurus, 1974, p. 77].

[5] Cf. *infra*, p. 59.

[6] GS 5, p. 19 [*Sobre la metacrítica de la teoría del conocimiento*, trad. de León Mames, Barcelona, Planeta-De Agostini, 1986, p. 20].

[7] Ibíd.

es el modo de proceder del que todo método, y ante todo la formación de conceptos, debe servirse: al margen de lo particular con lo que uno se ocupa en cada caso; volverlo manipulable; es decir, no obstante: volverlo dominable. Solo de manera injusta pretenden los metódicos y lógicos, por ese camino, poder controlar lo universal como lo otro respecto de lo particular, finito, existente; así como la matemática es una gigantesca tautología, cuya "soberanía universal solo impera sobre aquello que ya ha preparado, que ya ha constituido para sí misma",[8] así también los métodos tienen que ver siempre consigo mismos, con aquel elemento más tenue, abstracto, residual al que han reducido ellas el mundo al tratar todo y cada cosa solo como algo universalmente conceptual, al no buscar otra cosa en él mismo. De tal miseria hizo el idealismo la virtud de deducir todo no yo a partir del yo; de definir todo objeto como sujeto o, como ellos llaman esto, de hacer "postular" aquel a través de este: así y no de otro modo está dado y está sujeto, a su vez, al dominio de la subjetividad, a la que se debe desde el comienzo. Arriban a sí mismos los métodos entendidos de ese modo, al final, en su modelo social, en el principio de equivalencia de la sociedad de intercambio, en la que los valores de uso ya no aparecen sino bajo el aspecto de la cantidad, *qua* valores de cambio, comparables entre sí a través del dinero, no como cualidades diversas. Este camino –"acrítico", a pesar de Kant y avanzando mucho más allá de él– del espíritu como camino de la realidad ha sido caracterizado desde la más distanciada cercanía por Adorno en la introducción –aún no reconocida de ningún modo de acuerdo con su rango– a *Sobre la metacrítica de la teoría del conocimiento*, una pieza de escritura verdaderamente filosófica sobre la historia de la filosofía que, al mismo tiempo, es un hallazgo literario en medio del yermo lingüístico que prevaleció, después de Nietzsche, en la cavilación que se sirve de la lengua alemana. La "segunda introducción" de Adorno, la de *Dialéctica negativa*, constituye

---

[8] Ibíd. Cf. también *infra*, p. 77.

la continuación de la primera, en la medida en que hace avanzar a esta, en cuanto procedimiento esencialmente negativo-crítico, en dirección a uno dialéctico-negativo.

Contra el fetichismo del método, Adorno plantea una experiencia filosófica o, en términos más generales, espiritual; ella se refiere a una salida del individuo concreto, del *individuum ineffabile*; un permanecer largo tiempo junto a él y confiarse a él, sin extraer, con todo, nada en absoluto de esa confianza. En oposición al método abstractivo, la experiencia intelectual se interesa en las diferencias en lo experimentado, no en eso en lo que es idéntica con las otras; se hace referencia, al hablar de dialéctica negativa, a una "dialéctica no de la identidad sino de la no identidad".[9] Sin cuestionamientos, el empleo enfático que hace Adorno del concepto de experiencia subraya su afinidad tanto con la ἐμπειρία aristotélica como con lo que el empirismo inglés entendió por *experientia* y *experience*: el hecho de que el pensar que el dialéctico negativo se empeña en obtener supone un primado de lo individual; que es la mirada de un individuo sobre lo existente individual, o en todo caso comienza con este. En esa medida pudo decir Adorno que el "giro" que él aspira a realizar "encierra también, de un modo algo intrincado, dialéctico, una salvación del empirismo; es decir que aquí se trata siempre, por principio, de un conocimiento de abajo hacia arriba, y no de uno de arriba hacia abajo; se trata de un entregarse y no de un deducir".[10] El "también" es decisivo: el giro empirista de Adorno es *también* una salvación del empirismo, pero de ningún modo del viejo empirismo o de uno nuevo. Como, según Isaiah Berlin, ha existido "la coalición entre misticismo y empirismo contra el racionalismo" en Hamann, alguien tan antagónico como, al mismo tiempo, afín a Adorno,[11] así también es posible caracterizar el pensar de Adorno como una alianza

---

[9] *Infra*, p. 39.
[10] *Infra*, p. 174.
[11] Cf. Isaiah Berlin, *Der Magus in Norden. J. G. Hamann und der Ursprung des modernen Irrationalismus* [El mago en el Norte. J. G. Hamann y el origen

entre racionalismo y empirismo en contra del misticismo. "Propiamente hablando, el pensador no piensa en absoluto, sino que se hace escenario de la experiencia intelectual, sin desenmarañarla":[12] así escribe Adorno sobre lo específico del "ensayo como forma", sobre el "pensador ensayístico", que, por cercano que pueda estar al filósofo, con todo no lo es; el que piensa filosóficamente ve su tarea, por el contrario, en "desenmarañar" la experiencia que él persigue en el curso de esta persecución; para él, el pensar converge con el "desenmarañar" de su experiencia acerca de los *facta bruta*. Experiencia es lo uno; el espíritu, lo otro; así como, en Locke, todo pensar se basa en la experiencia, del mismo modo debe aparecer la teoría leibniziana de las ideas: *nihil est in intellectu, quod non fuerit in sensu, nisi intellectus ipse*; para que la experiencia se torne espiritual, el espíritu debe penetrar lo experimentado y trascenderlo. Pero esto no funciona, como sabía Adorno, en concordancia con Hölderlin. "El espíritu no es eso como lo cual él se entroniza, lo otro, lo trascendente en su pureza, sino que forma parte de la historia natural. [...] El hechizo de la realidad sobre el espíritu impide a este hacer lo que su concepto quiere frente a lo meramente existente: volar".[13] La experiencia por sí sola, la experiencia como tal, no es suficiente; solo cuando la experiencia se convierte en espiritual, cuando también ella es "lo que se añade" sin lo cual no da resultados la dialéctica negativa, puede lo existente ofrecer aquellos evanescentes "rastros de lo otro", aquellas frágiles referencias a que "lo que es, sin embargo, no es todo". El momento irracional que puede ser propio de esto se encuentra, sin embargo, muy alejado de confiarse al irracionalismo; antes bien: "Piensa filosóficamente quien confirma la experiencia intelectual

---

del irracionalismo moderno], trad. de Jens Hagestedt, Berlín, 1995, p. 74; cf. también NaS IV-13, pp. 412 y s.

[12] GS 11, p. 21 [*Notas sobre literatura*, trad. de Alfredo Brotons Muñoz, Madrid, Akal, 2003, p. 22].

[13] GS 10.2, p. 633 [*Crítica de la cultura y sociedad II*, trad. de Jorge Navarro Pérez, Madrid, Akal, 2009, p. 561].

mediante la misma lógica de la coherencia cuyo polo contrario él tiene dentro de sí. De lo contrario, la experiencia intelectual sería rapsódica. Solo así, repensar es algo más que la exposición repetitiva de lo experimentado".[14] Pero con esto solo se ha dicho que la experiencia intelectual de ningún modo puede organizarse mediante una relación laxa con la conceptualidad, sino que tiene que identificarse tanto más rigurosamente con la discursividad y la racionalidad.

Así como no es posible comparar la dialéctica negativa de Adorno con una "filosofía de la diferencia" en el sentido de Derrida, que coloca, junto a *différence*, la no palabra *différance* y hace creer, mediante el truco de prestidigitación, que puede eludir la fatalidad de encontrarse bajo el hechizo de la conceptualidad, tampoco puede hablarse, después del final del idealismo, de una identidad dada o realizable entre objeto y sujeto. La cosa y su concepto ya no coinciden de modo tal que el segundo pueda ser presentado como el contenido de la primera. La "cosa misma" no es "de ningún modo un producto del pensamiento; más bien lo no idéntico a través de la identidad".[15] Alcanzar la determinidad objetiva de la cosa necesita de un esfuerzo mayor, y no menor, del sujeto; necesita una "reflexión subjetiva más tenaz que las identificaciones que según la doctrina kantiana la conciencia lleva a cabo por así decir automática, inconscientemente. El hecho de que la actividad del espíritu, sobre todo la que Kant achaca al problema de la constitución, sea distinta de ese automatismo con el que él la equiparaba constituye, específicamente, la experiencia intelectual que los idealistas descubrieron, por supuesto, para enseguida castrarla".[16] Si la cosa de la filosofía, entretanto, es la esfera de lo no conceptual, que Hegel despreciaba y rechazaba como "existencia perezosa", solo es posible hacer justicia a este elemento "oprimido, despreciado y rechazado por los

---

[14] Ibíd., p. 160 [ibíd., p. 535].
[15] GS 6, p. 189 [*Dialéctica negativa*, ob. cit., p. 179].
[16] Ibíd.

conceptos"[17] en el lenguaje conceptual. La dialéctica negativa no puede querer abolir la conceptualidad y la abstracción y sustituirlas por otro tipo de conocimiento que, impotente, debería rebotar contra lo real. Ella tampoco es inmediatamente reflexión en la cosa, sino reflexión de aquello que en esta impide tomar conciencia de la cosa misma; sobre el condicionamiento social de un conocimiento que solo es posible a través de la abstracción, por medio del lenguaje discursivo. Tal reflexión no quiere salir de la discursividad, sino que querría "descerrajar con conceptos lo que no entra en conceptos".[18] Cuando Adorno no temía hablar en la forma de la definición sobre aquel conocimiento en el que él pensaba como algo a lo que habría que aspirar, lo vinculaba ineludiblemente al concepto: "La utopía del conocimiento sería abrir con conceptos lo privado de conceptos, sin equipararlo a ellos".[19] Esto no conceptual, sin embargo: la cosa misma, lo no idéntico o lo carente de intención –conceptos con los que Adorno intentó interpretar aquello que sería otra cosa que solo ejemplar de su género– no es algo ya dado o preexistente en algún lugar a lo que únicamente no llega aún el conocimiento, sino que se encontraría en primer lugar "en la explicitación de su sentido social, histórico y humano",[20] pero está contenido, sin embargo, como su potencial en los propios conceptos abstractos; un potencial que constriñe a ir más allá de su fijación rígida, cerrada. La dialéctica negativa busca satisfacer esta constricción y, de esta manera, abrir a lo nuevo las categorías que han clasificado y paralizado de una vez para siempre lo real.

Lo no idéntico no es abierto por ningún concepto aislado –precisamente esto había inducido, antes bien, a criticar la "mera" conceptualidad–, sino en todo caso por una pluralidad, una constelación

---

[17] Ibíd., p. 21.
[18] GS 11, p. 32 [*Notas sobre literatura*, ob. cit., p. 33].
[19] GS 6, p. 21 [*Dialéctica negativa*, ob. cit., p. 21].
[20] GS 3, p. 43 [Max Horkheimer y Theodor W. Adorno, *Dialéctica de la Ilustración*, introd. y trad. de Juan José Sánchez, Madrid, Trotta, 1994, p. 80].

de diferentes conceptos individuales: "Sin duda, el concepto clasificatorio bajo el que cae en cuanto ejemplar lo individual no abre a este, pero sí lo hace la constelación de conceptos que el pensamiento constructivo aporta a esto. Comparación con la combinación de números en las cajas de seguridad".[21] Así dice Adorno en sus anotaciones para las presentes lecciones. El pensamiento de un pensar constelativo o configurativo se encuentra entre las que poseen un desarrollo más dilatado e intenso en Adorno. Ya en la conferencia "La idea de historia natural", de 1932, una suerte de primer escrito programático de su filosofía, conoce la profunda insuficiencia de pensar en conceptos universales que suprimen lo mejor de lo existente que se trata de conocer, aquello que, en cada caso, constituye lo específico de cada individuo; para ser manipulable, el concepto retiene, de las cosas a las que ha de referirse, solo aquel elemento abstracto que ellas comparten con otras muchas. Contra el proceder mediante conceptos universales, Adorno querría ofrecer uno con una "estructura lógica diferente": "Es la de la constelación. No se trata de explicar unos conceptos a partir de otros, sino de una constelación de ideas [...] A las que no se recurre como 'invariantes'; buscarlas no es la intención al plantear la pregunta, sino que se congregan en torno a la facticidad histórica concreta que, al interrelacionar esos elementos, se nos abre en toda su irrepetibilidad".[22] El único objeto de su filosofía era para Adorno la "irrepetibilidad" o la "facticidad histórica concreta"; a esto se aferró hasta en sus trabajos más tardíos, aunque nunca haya proporcionado una teoría desarrollada, en sí coherente o al menos unívoca sobre el conocimiento en constelaciones. Ni siquiera los miembros a partir de los cuales se constituyen las constelaciones y configuraciones o en los cuales estas se reúnen fueron siempre los mismos: conceptos, ideas, momentos, τὰ ὄντα: con ellos tiene que

---

[21] Cf. *infra*, p. 254.
[22] GS 1, p. 359 ["La idea de historia natural", en *Actualidad de la filosofía*, trad. de José Luis Arantegui Tamayo, Barcelona, Altaya, 1994, pp. 124 y s.].

ponerse a prueba el pensar constelativo. "La determinidad de la filosofía en cuanto configuración de momentos es cualitativamente distinta de la univocidad de uno cualquiera de ellos incluso en la configuración, ya que esta, a su vez, es más que la quintaesencia de sus momentos y otra cosa que ella; pues constelación no es sistema: no se allana, no asimila todo a ella, sino que uno proyecta luz sobre el otro, y las figuras que los momentos singulares forman juntos son unos signos precisos y determinados y un escrito legible".[23] Por insatisfactorias que sean las explicaciones epistemológico-metodológicas que se encuentran con abundancia en la obra de Adorno acerca del concepto de constelación, la teoría de las constelaciones fue concebida como contraparte de la epistemología tradicional. Esta teoría solo es realizada en los trabajos materiales de Adorno, que en su totalidad son definición de aquellos signos, lecturas de aquella escritura en los cuales la constelación compone el mundo existente. La dialéctica negativa es dialéctica de la no identidad: esto significa que el contenido de verdad de la experiencia intelectual, que aquella dialéctica engendra, es un contenido negativo. Dicho contenido registra no solo que el concepto nunca valora debidamente a lo que está comprendido por él, sino también que lo existente no se corresponde –*aún* no lo hace– con su concepto. "En la situación irreconciliada, la no identidad se experimenta como algo negativo":[24] esto constituye la signatura filosófico-histórica de la dialéctica negativa y de su forma de experiencia intelectual.

La introducción a *Dialéctica negativa*, así como las *Lecciones sobre dialéctica negativa* –que se remite a aquella y que practica variaciones sobre ella– son trabajos tardíos, no solo en el sentido literal de que han sido escritos y dictados cuando el manuscrito de *Dialéctica negativa* ya estaba terminado; también en el sentido de que, a causa de la muerte de Adorno, remiten al final de su obra, constitu-

---

[23] GS 5, p. 342 [*Tres estudios sobre Hegel*, ob. cit., p. 143; la traducción ha sido levemente modificada].
[24] GS 6, p. 41 [*Dialéctica negativa*, ob. cit., p. 39].

yen escritos tardíos en el sentido biográfico; ante todo, ambos pertenecen a aquella "filosofía última" que Adorno consideraba "actual" una vez que el colapso de la civilización y la cultura en la primera mitad del siglo XX introdujo una era de barbarie que desde entonces persiste.

La edición infelizmente fragmentaria de esas lecciones se basa, para las diez primeras clases, en las transcripciones de las grabaciones magnetofónicas que fueron preparadas en el Instituto de Investigación Social y que hoy están conservadas en el Theodor W. Adorno Archiv bajo la signatura Vo 10809-10919. En la redacción del texto, el editor intentó proceder de manera similar a como el propio Adorno preparaba la redacción de conferencias que exponía de manera improvisada en aquellos casos en que él autorizaba su publicación; en especial, se intentó mantener el carácter de la exposición oral. El editor ha intervenido en el texto trasmitido lo menos posible, pero todo lo que fuera necesario; al mismo tiempo, después de las experiencias que pudo tener en el anterior trabajo de edición de las lecciones de Adorno –en las presentes, así como en las anteriores sobre *Ontología y dialéctica*–, se ha sentido más libre para hacer retoques en los borradores, que no procedían de Adorno ni habían sido autorizados por él. Formulaciones anacolúticas y elípticas, así como otras infracciones contra las reglas gramaticales, fueron corregidas sin indicarlo. Junto a la cautelosa eliminación de repeticiones demasiado molestas, hay también intervenciones ocasionales en construcciones sintácticas muy complicadas. A menudo, Adorno –que solía hablar con relativa rapidez– colocaba levemente mal algunas palabras en las oraciones; toda vez que el pasaje al que pertenecían tales palabras de acuerdo con el sentido no pudo ser construido unívocamente, la sintaxis fue retocada de manera correspondiente. Las partículas expletivas, en especial las partículas *ahora bien, pues bien, pues*, fueron eliminadas cuando se reducían a meras expresiones de relleno. En el manejo de la puntuación, que según la naturaleza de la cuestión debía ser colocada por el editor, este se sintió sumamente libre y, sin consideración a las reglas observadas por Adorno en los textos escritos, se esforzó para articular lo dicho verbalmente del modo más unívoco y claro posible. En ningún lugar, por cierto, se intentó "mejorar" el texto de Adorno, sino tan solo editar *su* texto, tal como lo entendía el editor.

Las anotaciones de Adorno para sus lecciones, que deben sustituir a estas últimas en las clases 11 a 25, se encuentran en el Theodor W. Adorno Archiv bajo la signatura Vo 11031-11061. Sin duda, esas anotaciones permiten reconstruir con precisión el curso de las lecciones, pero en general ofrecen relativamente poco de la argumentación de Adorno; esta a menudo se infiere, en cambio, de los pasajes –extraídos de la conferencia de Adorno en la que se basan las lecciones– que aparecen puestos en paralelo a la izquierda de la anotación en cuestión. Las anotaciones han sido reproducidas con la mayor fidelidad diplomática posible al manuscrito de Adorno. Cuatro palabras que no pudieron ser descifradas de manera segura por el editor fueron indicadas con *[?]*.

En las notas han sido indicadas las referencias de las citas dadas en las lecciones, y también se citaron aquellos pasajes a los que Adorno hizo o podría haber hecho referencia. Más allá de esto, se señalaron pasajes paralelos de sus escritos que podían esclarecer lo expuesto en las lecciones, pero también demostrar que las lecciones y escritos del autor están de múltiples formas conectados entre sí. "Hay que desarrollar el órgano a partir de los énfasis, los acentos, que son peculiares de una filosofía, examinar su relación dentro del contexto filosófico y concebir de acuerdo con ello la filosofía; esto es al menos tan esencial como saber de manera simplemente palpable: tal y tal cosa son... por ejemplo, la filosofía de la historia o la libertad":[25] las notas quieren estar también al servicio de una lectura que se apropia de la sugerencia de Adorno. En su totalidad, se

---

[25] NaS IV-14, p. 81.

proponen hacer presente la esfera cultural en la que se movía la actividad docente de Adorno y que, entretanto, no puede darse por supuesta como algo obvio.

*

El editor tiene que agradecer nuevamente a Michael Schwarz por su ayuda en la edición. A su amigo Hermann Schweppenhäuser, que lo asistió, como siempre, con sus inmensos conocimientos, está el editor profundamente en deuda. Como con el presente volumen concluye sus ediciones para el Theodor W. Adorno Archiv, tampoco querría dejar, en este punto, de testimoniar su agradecimiento a la Hamburger Stiftung zur Förderung von Wissenschaft und Kunst [Fundación de Hamburgo para la Promoción de la Ciencia y del Arte], y en particular a Jan Reemtsma, quienes le hicieron posible el trabajo como editor durante los últimos diecisiete años.

Rolf Tiedemann
24 de septiembre de 2002

Lecciones sobre dialéctica negativa[1]

De las lecciones dictadas por Adorno en el semestre de invierno 1965-1966 —la última de aquellas cuatro lecciones que lo muestran en camino hacia *Dialéctica negativa*, su obra principal, publicada por primera vez en 1966—, solo las primeras diez han sido conservadas en su texto original, como transcripción de las cintas magnetofónicas; de las últimas quince clases, solo pueden publicarse las anotaciones de Adorno, a partir de las cuales improvisó este libremente.[2]

---

[1] Adorno anunció estas lecciones con el título *Dialéctica negativa*; a fin de evitar confusiones con el libro del mismo título, el editor eligió *Lecciones sobre dialéctica negativa*.

[2] Por lo general, Adorno realizaba para sus lecciones académicas tan solo breves anotaciones, sobre las cuales luego solía hablar improvisando libremente. Desde 1958, las lecciones eran registradas en cintas magnetofónicas y copiadas, a partir de esas cintas, por las secretarias del Instituto de Investigación Social de la Universidad de Frankfurt. Aunque las cintas, con la única excepción de las últimas lecciones de Adorno, del verano de 1968, fueron borradas, se conservaron las transcripciones —no controladas por Adorno—. Desgraciadamente, esto solo vale, en el caso de estas lecciones, para las diez primeras clases; mientras que de las lecciones 11 a 25 solo están disponibles las anotaciones. No ha sido ya posible constatar si las transcripciones se perdieron o no fueron siquiera realizadas, tal vez a causa de una falla en el grabador; tampoco los auxiliares y el personal de apoyo —en la medida en que fue posible ubicarlos— pudieron dar ninguna información. Como la importancia de las lecciones en cuanto propedéutica a la obra principal de Adorno prohíbe renunciar a ellas en el marco de los *Escritos póstumos*, se reproducen las transcripciones de las grabaciones magnetofónicas de las primeras diez lecciones; en el caso de las lecciones 11 a 25, la edición debe contentarse, en cambio, con las anotaciones de Adorno. Con vistas a volver accesible, al menos en este caso, una reproducción completa de las anotaciones de Adorno para unas lecciones, también han sido antepuestas a la transcripción de cada una de las clases anteriores las anotaciones respectivas. Si, en algún momento del futuro, aparecieran las transcripciones faltantes de las cintas magnetofónicas, o aunque más no sea un apunte o transcripción de clase procedente del grupo de asistentes al curso, la presente edición debería ser reemplazada, obviamente, por una nueva.

Lección 1
9/11/1965
Anotaciones

*Comenzada
25/10/65*[3]

Relación particular entre investigación y enseñanza.
Lecciones a partir de un work in progress.
Plan:
1) Introducción al concepto de una dialéctica negativa.
2) Transición a la dial[éctica] neg[ativa] a partir de la crítica de la filosofía contemporánea, en especial del enfoque ontológico.
3) Algunas categorías de una dialéctica negativa.

Qué se entiende por dial[éctica] neg[ativa] – *Dialéctica no de la identidad sino de la no identidad. No el esquema de la triplicidad; demasiado superficial. En particular, falta el énfasis de la así llamada síntesis. La dial[éctica] se relaciona con la fibra del pensar,*[4] *la estructura interna, no la disposición arquitectónica.*

Concepción fundamental: estructura de la <u>contradicción</u> *y, por cierto, en el doble sentido:*

---

[3] En este día comenzó a registrar Adorno las anotaciones para la primera lección. En general, en sus anotaciones indicaba una fecha en los puntos a los que, en cada caso, había llegado en los días en cuestión.

[4] En concordancia con el criterio empleado en volúmenes anteriores de la colección –y en otras traducciones al castellano de obras de Adorno–, se mantiene aquí la distinción entre "pensar" (*Denken*) y "pensamiento" (*Gedanke*), a excepción de citas de otros traductores que no mantienen este criterio; cf. el artículo "Observaciones sobre el pensamiento filosófico", en *Crítica de la cultura y sociedad II*, trad. de Jorge Navarro Pérez, Madrid, Akal, 2009. [N. del T.]

1) carácter contradictorio del <u>concepto</u>, es decir, el concepto en contradicción con su cosa (explicar: qué <u>se suprime</u> en el concepto y en qué él es <u>más</u>. Contradicción = inadecuación. Ante el carácter enfático del concepto, eso <u>se convierte</u>, sin embargo, en contradicción. Contradicción <u>en</u> el concepto, no meramente <u>entre</u> conceptos[)];

2) carácter contradictorio de la <u>realidad</u>: modelo: sociedad antagónica (explicar: vida + catástrofe; hoy la sociedad sobrevive a través de aquello que la desgarra).

Este carácter doble no es una de las maravillas del mundo. Habrá que demostrar que los momentos[5] que marcan la realidad como antagónica son aquellos que relacionan al espíritu, al concepto, con el antagonismo. El principio del dominio de la naturaleza, espiritualizado como identidad.

En esto radica que la dialéctica no sea algo arbitrariamente pergeñado, una visión del mundo. Será mi tarea exponer la <u>validez</u> de la perspectiva dialéctica; de esto es de lo que realmente se trata.

Dos versiones de dial[éctica]: la idealista y la materialista.

Ahora bien, por qué dialéctica <u>negativa</u>.

La objeción experta. Negación es la sal dialéctica (cita prefacio Fen[omenología] del espíritu 13[6])[.] Sujeto; el propio pensar es ante todo la negatividad simple de lo dado.

Toda dialéctica es negativa: ¿por qué, entonces, llamar a una dialéctica de ese modo? ¿Tautología?

9/11/65

---

[5] A lo largo de las lecciones, aparecen recurrentemente los sustantivos alemanes *der Moment*, de sentido temporal, y *das Moment*, que podría traducirse también como "factor", "elemento" o "aspecto". No ignoramos la distinción entre estos dos términos, pero en la medida en que en la tradición previa de traducciones al castellano de Adorno y –por detrás de este– de Hegel, el sustantivo neutro suele aparecer traducido como "momento", nos adherimos a este uso. [N. del T.]

[6] La indicación de páginas de Adorno se refiere a la edición G.W.F. Hegel, *Phänomenologie des Geistes*, ed. de Georg Lasson, 2ª ed., Leipzig, 1921 (Philosophische Bibliothek. 114); en cuanto a la cita misma, cf. *infra*, nota 23.

Acta de la lección

Queridos compañeras y compañeros de estudios, hace unas pocas semanas falleció Paul Tillich,[7] quien entre 1929 y 1933, es decir, hasta que todos fuimos expulsados por Hitler, tenía la que entonces era la única cátedra de Filosofía en esta universidad. (Recién en 1932 fue fundada la cátedra de Horkheimer). No es mi cometido –no estoy legitimado para ello– hablar sobre lo que era decisivo en el trabajo y en la existencia de mi difunto amigo Tillich, a saber: lo teológico. El señor profesor Philipp[8] dará –en todo caso, así está previsto– unas lecciones públicas especiales sobre el tema. Tampoco querría dedicar, por ejemplo, toda esta clase, o una parte esencial de ella, a hablar sobre Tillich; creo que me dispensa de ello el hecho de que tengamos la intención de dedicar la primera clase del seminario principal de filosofía, es decir, la primera sesión, el próximo jueves, a la relación entre filosofía y teología y de ocuparnos entonces

---

[7] El teólogo y filósofo de la religión Paul Tillich (1886-1965), representante principal del socialismo religioso en la década de 1920; bajo su dirección se había habilitado para la docencia Adorno con su libro sobre Kierkegaard. Cf. las "Erinnerungen an Paul Tillich" [Recuerdos sobre Paul Tillich] de Adorno, una conversación con Wolf-Dieter Marsch, en *Werk und Wirken Paul Tillichs. Ein Gedenkbuch*, Stuttgart, 1967, pp. 24 y ss.; en cuanto a la posición de Adorno frente a Tillich, ante todo a propósito del libro de este *Entwurf contra Paulum*, cf. "Theodor Adorno contra Paul Tillich. Eine bisher unveröffentliche Tillich-Kritik Adornos aus dem Jahre 1944", ed. de Erdmann Sturm, en *Zeitschrift für neuere Theologiegeschichte* 3 (1996), pp. 251 y ss. Cf. también NaS IV-14, p. 280, nota 213 [cuando no se indica algo diverso, las traducciones son nuestras (aclaración del trad.)].

[8] Wolfgang Philipp (1915-1969), desde 1964 profesor ordinario de Teología Evangélica en la Universidad Johann Wolfgang Goethe de Frankfurt am Main, dictó –en el marco de un evento en conmemoración de Tillich– el 16 de febrero de 1966 la conferencia "Die epyklische und ostkirchliche Theologie Paul Tillichs" [La teología epicíclica y eclesiástico-oriental de Paul Tillich], publicada en *Werk und Wirken Paul Tillichs*, ob. cit., pp. 135 y ss.

de manera esencial de los problemas que ocuparon a Tillich.[9] Pero pienso que tengo la obligación para con ustedes y también para conmigo mismo de decirles que Paul Tillich –quien seguramente es hoy, para muchos de ustedes, solo un nombre– fue uno de los seres humanos más extraordinarios que conocí en mi vida, y que tengo hacia él –con quien me habilité en 1931; es decir, ya en la época del prefascismo, con todo lo que eso implica– el más profundo agradecimiento; un agradecimiento como solo lo siento hacia muy pocos seres humanos. Si en aquel entonces no se hubiera arriesgado tanto por mí, y sin duda a pesar de las diferencias entre nuestras posiciones teóricas, que dirimimos sin consideración alguna desde el primer día, es muy dudoso que ahora pudiera hablarles a ustedes; es incluso dudoso que yo hubiera, pues, sobrevivido. Pero esta no es solo una reminiscencia puramente privada, sino que se relaciona con la cualidad sin parangón y realmente única de Tillich: una franqueza, una apertura en la actitud espiritual como no la he experimentado jamás en un ser humano de un modo semejante. Sé que precisamente esa franqueza y esa apertura ilimitadas de Tillich han generado muchos reproches; y yo mismo estuve entre aquellos que formularon tempranamente esos reproches. Pero en esta clase querría decir que el ejemplo de liberalidad que ha dado Tillich en un sentido muy grande es inolvidable porque se ha conservado en él; y no conozco realmente a ningún ser humano en el que se haya conservado de igual modo; querría decirles que esa apertura casi ilimitada para toda experiencia intelectual[10] que se le presentaba se ligaba en él, que tenía una naturaleza verdaderamente pacífica, en el sentido genuino de la palabra, a la mayor resolución en su actuación personal. Se

---

[9] En el semestre de invierno de 1965-1966, el seminario principal de filosofía que dictó Adorno conjuntamente con Horkheimer estuvo dedicado al tema "Negation bei Hegel" [La negación en Hegel].

[10] En alemán, *geistige Erfahrung* (literalmente, "experiencia espiritual"). A fin de evitar las denotaciones y connotaciones del término "espiritual" en castellano, preferimos traducir *geistig* como "intelectual". [N. del T.]

sobreentiende que los nacionalsocialistas tenían que hacerle grandes ofrecimientos a un ser humano como Tillich, en vista del extraordinario carisma que ejercía sobre otros seres humanos, en vista de aquellas cualidades que se denominaron a menudo "cualidades de liderazgo"; y sé que lo hicieron. Todavía en el verano de 1933, cuando estábamos juntos en Rügen, me contó mucho sobre estas cuestiones. Se resistió sin vacilar siquiera a esas tentaciones, que también para él debieron de ser tentaciones. Su apertura no le impidió extraer la conclusión en el instante en el que había que mostrar si uno era o no realmente una persona decente. Y esta expresión sobria, que uno es una persona decente, asume, en un contexto tal como el que les sugiero, un énfasis que quizás no es posible atribuirle en otras circunstancias. Si, más allá de esto, hablo de Tillich precisamente al comienzo de estas lecciones, que han reunido aquí a tantas personas jóvenes, esto también tiene lugar en consideración de su talento pedagógico, que se relaciona con esa apertura. Tampoco exagero si les digo que jamás he visto a un ser humano que haya poseído un talento pedagógico como el suyo; y por cierto en el sentido de que podía extraer lo máximo posible incluso de los talentos más ínfimos y modestos, mediante la humanidad indescriptible con la que él trataba las reacciones de tales personas. Cuando uno asistía a un seminario tal de Tillich –y durante años fui su asistente de manera no oficial, antes de convertirme en docente interino–, uno tenía la sensación de que el modo en que se conducía con la gente, en que se conducía con la gente joven, anticipaba algo de una circunstancia en la que ya no cuentan las diferencias usuales de talento, inteligencia, de todo eso; en que, a través de algo así como el contacto real, estas diferencias quedan mutuamente canceladas; y en que incluso la conciencia limitada y oprimida puede desarrollarse tal como hoy en día casi en ningún lugar es posible ni está permitido para la conciencia oprimida. Querría añadir que lo que yo mismo aprendí, por ejemplo, en cuanto a la capacidad pedagógica, y lo que quizás me ha granjeado alguna confianza por parte de ustedes; es decir, justamente esa capacidad para desarrollar, en la medida de lo posible, la objetividad a partir de la conciencia de otros, de conectar la conciencia con ella; querría decir que lo que quizás aprendí al respecto –aunque soy consciente de cuán por detrás de Paul Tillich me encuentro en esto– se lo debo a *él* y justamente a los seminarios y proseminarios[11] que compartimos durante años. Créanme que hay muy pocos seres humanos que no solo hayan significado tanto para mí en cuanto a mi propio destino, sino también a los que atribuya una influencia tal, una influencia que va mucho más allá de lo que está codificado en sus escritos. Pues Tillich se contaba entre esos pensadores que, en el trato personal y en la iniciativa viva, han sobrepasado ampliamente lo que está plasmado en sus escritos. Y ustedes, que no lo han conocido, o a lo sumo, quizás, lo han vivenciado aquí en Frankfurt, en nuestra discusión en común,[12] difícilmente puedan formarse en realidad una noción de esto. Les agradecería que se pongan de pie en honor de Paul Tillich.

Se los agradezco.

---

[11] De acuerdo con lo que informan los catálogos de lecciones de la Universidad de Frankfurt, Tillich y Adorno dictaron conjuntamente seminarios, en el semestre de verano de 1932, sobre la *Educación del género humano* de Lessing y, en el semestre de invierno de 1932-1933, sobre los *Problemas principales de la filosofía*, de Simmel. Un seminario sobre el *Essay* de Locke, anunciado para el semestre de verano de 1933, no tuvo ya lugar: Tillich fue suspendido de su cargo de profesor en abril de 1933 por su libro *Sozialistische Entscheidung* [Decisión socialista] (Potsdam, 1933). Adorno terminó su actividad docente en la primavera de 1933 y se le retiró la *venia legendi* el 8 de septiembre de 1933.

[12] Adorno pensaba en una discusión sobre "Die Theologie in der gegenwärtigen Gesellschaft" [La teología en la sociedad contemporánea], el 25 de mayo de 1961, en la que participaron Tillich, Horkheimer y él en el Instituto de Investigación Social, y que fue continuada, en un círculo más reducido, en el "Schultheiß im Westend". Cf. también Max Horkheimer, *Gesammelte Schriften*, vol. 18: *Briefwechsel 1949-1973*, ed. de Gunzelin Schmid Noerr, Frankfurt, 1966, p. 511.

Damas y caballeros, ustedes saben que la definición tradicional de las universidades promueve la unidad de investigación y enseñanza. Saben también cuán problemática es la realización de esta idea que continúa siendo conservada. Y mi propio trabajo tiene que sufrir arduamente bajo esta problemática; es decir: el volumen de tareas docentes y administrativas que en verdad recae sobre mí me vuelve casi imposible, durante el semestre, atender a mis así llamadas tareas de investigación –si es posible hablar de investigación en el caso de la filosofía–, no solo como sería apropiado en términos objetivos, sino también como corresponde a mis propias inclinaciones y capacidades. En una situación tal, y bajo una coacción y una presión tales, uno desarrolla ciertas facultades que es posible denominar, del modo más adecuado, astucia campesina. Intento, pues, hacer justicia a esta situación –y esto ha ocurrido ya durante los últimos dos semestres, y lo mismo volverá a suceder este semestre– llevando adelante mis lecciones esencialmente a partir del libro voluminoso y bastante enjundioso en el que estoy trabajando desde hace seis años y que llevará el título de *Dialéctica negativa*; es decir, el mismo título que les he dado a estas lecciones. Soy consciente de que puede objetarse, contra un proceder tal, lo que suele objetar la conciencia positivista, a saber: que, como profesor universitario, solo debería presentar resultados terminados, concluyentes e inatacables. No quiero hacer de la necesidad virtud, pero opino, con todo, que este parecer justamente no se adecua bien al concepto de filosofía; que la filosofía justamente es el pensamiento en un permanente *statu nascendi*; y que, como el gran fundador de la dialéctica, Hegel, ha dicho, en la filosofía importan tanto el proceso como el resultado; que proceso y resultado, como se dice en el célebre pasaje de la *Fenomenología del espíritu*, incluso son la misma cosa.[13] Además, opino

---

[13] No fue posible localizar el pasaje literal; probablemente piensa Adorno en el siguiente pasaje del prefacio: "Pues la cosa no se agota en sus *fines*, sino en el proceso de su *ejecución*, ni el *resultado* es el todo *efectivo*, sino que lo es conjuntamente con su devenir; la meta, tomada para sí, es lo universal sin vida,

que precisamente es propio del pensamiento filosófico un momento de intento, de experimentación, de lo no concluido que diferencia a la filosofía de las ciencias positivas –y no constituirá uno de los objetos más insignificantes de mis lecciones abordar precisamente esto–. En consecuencia, les presento reflexiones que, en tanto no han encontrado aún su forma verbal, la forma que puedo lograr y que es para mí, hasta donde llegan mis capacidades, la definitiva, justamente presentan esos rasgos de lo experimental. Y puedo –nuevamente me viene a la mente Paul Tillich– realmente más animarlos, a través de lo que les digo, a pensar conmigo y a formular por sí mismos reflexiones semejantes, que proporcionarles un saber tan seguro que puedan llevárselo tranquilos a casa. El plan de lo que me propongo hacer es el siguiente: querría ante todo –les digo esto para que se orienten en alguna medida en medio de las reflexiones quizás, en alguna medida,[14] enrevesadas con las que tendrán que contar– introducirlos al concepto de una dialéctica negativa en general. Querría pasar, entonces, a la dialéctica negativa a partir de ciertas consideraciones críticas que se relacionan con la situación contemporánea de la filosofía; querría, pues, desarrollar ante ustedes la idea de una tal filosofía negativa y, por cierto, desarrollarla en su validez, si lo consigo; querría luego ofrecerles algunas categorías de una dialéctica negativa tal. Quizás puedo agregar a esto que el plan que tengo en vista –externamente, en términos arquitectónicos groseros– correspondería, digamos, a lo que sería algo así como una consideración metódica de lo que hago en general; que aquí, pues, si puedo decirlo así, se trata de reflexiones fundamentales que encuentran desarrolladas en muchos trabajos míos dedicados a un material, a un contenido específicos. Querría simplemente intentar,

---

al igual que la tendencia es el mero afán que todavía carece de su realidad efectiva, y el resultado desnudo es el cadáver que la tendencia deja tras de sí" (G. W. F. Hegel, *Fenomenología del espíritu*, trad. de Antonio Gómez Ramos, Madrid, Abada-Universidad Autónoma de Madrid, 2010, p. 59).

[14] La repetición está en el original. [N. del T.]

pues, responder a la pregunta que en parte tendrán presente, seguramente, también aquellos que conocen mis otras cosas: ¿cómo se llega realmente a eso?, ¿qué hay detrás de todo eso? Querría hacer el intento de poner las cartas sobre la mesa, hasta donde conozco mis propias cartas y hasta donde alguien que piensa conoce sus propias cartas. Esto, por cierto, no es de ningún modo algo tan seguro como puede parecerles quizás *a priori*. Por otro lado, lo que estoy sugiriéndoles se torna difícil y problemático por el hecho de que yo —y esto es también un tema de la presente lección— no reconozco la separación usual entre método y contenido; y, por cierto, en el sentido particular de que las así llamadas consideraciones métodicas dependen, por su parte, de consideraciones de contenido. Corresponderá a los temas con los que tenemos que ocuparnos aquí el hecho de que ustedes se confundan un poco en cuanto a las distinciones corrientes en sus disciplinas individuales; distinciones que se refieren, por un lado, al método y, por el otro, a la consideración del contenido.

Ahora bien, debo quizás decirles ante todo —de manera anticipatoria y de un modo tal que ahora necesita, con toda seguridad, de una resolución— qué es lo que entiendo realmente por tal concepto de dialéctica negativa. Tiene que tratarse (y esta es solo una indicación puramente formal y, además, todavía muy pobre) de una dialéctica, no de la identidad, sino de la *no identidad*. Se trata del esbozo de una filosofía que no presupone el concepto de identidad entre ser y pensar, y que tampoco termina en él, sino que quiere articular justamente lo contrario, es decir, la divergencia entre concepto y cosa, entre sujeto y objeto, y la irreconciliabilidad entre ambos. Si empleo para esto la expresión "dialéctica", querría pedirles desde el vamos que no piensen, en relación con ella, en el famoso esquema de la triplicidad; es decir, no en θέσις, ἀντίθεσις y σύνθεσις, en el sentido usual, tal como es explicada, por ejemplo, la dialéctica en las exposiciones más superficiales de la escuela. Ya el propio Hegel, que a fin de cuentas poseía algo así como un sistema que, *en cuanto* sistema, quería ser σύνθεσις, no solo no se atuvo siempre en modo alguno a este esquema en el sentido esquemático; sino que, en el prefacio a la *Fenomenología*, del que ya les hablé anteriormente, se manifestó con el mayor desprecio acerca de ese martilleante esquema de la triplicidad.[15] En particular –con vistas a caracterizar por anticipado aquello de lo que aquí se trata– encontrarán que, en la dialéctica negativa, el concepto de σύνθεσις pasa extraordinariamente a un segundo plano; para esto, en principio, no sabría aducir ningún otro motivo que uno lingüístico, a saber: una aversión profundamente arraigada hacia el concepto de síntesis que me anima desde que realmente puedo pensar. Y como el pensamiento filosófico –quizás han leído mi trabajo "Observaciones sobre el pensamiento filosófico" en *Neue Deutsche Hefte*–,[16] como el pensamiento filosófico consiste esencialmente en que uno sigue las propias experiencias espirituales, entonces uno de los motivos para una tal dialéctica negativa es precisamente perseguir esto, investigarme para saber *por qué* me resisto tanto contra el concepto de síntesis. Otro motivo es que mi más antiguo esbozo filosófico independiente (es decir, *no* interpretativo), que no se ha conservado, estaba dedicado a una lógica de la descomposición;[17] lo que también ya es un título,

[15] Cf. por ejemplo: "Tanto menos se puede, después de que la *triplicidad* kantiana –todavía apenas reencontrada por el instinto, aún muerta, aún sin comprender conceptualmente–, ha sido elevada hasta su significado absoluto para que la verdadera forma quede instaurada a la vez en su verdadero contenido. Y después de que haya aflorado el concepto de la ciencia, tener por cosa científica ese uso de esta forma por el que la vemos degradada a esquema sin vida, a un esqueleto propiamente dicho, y la organización científica degradada a ser una tabla" (G. W. F. Hegel, *Fenomenología del espíritu*, ob. cit., p. 109).

[16] Cf. Theodor W. Adorno, "Anmerkungen zum philosophischen Denken", *Neue Deutsche Hefte* 12 (1965), pp. 5 y ss.; ahora: GS 10.2, pp. 599 y ss. ["Observaciones sobre el pensamiento filosófico", ob. cit., pp. 529-537].

[17] Acerca de la dialéctica negativa dice Adorno, en el libro homónimo: "La suya es una lógica de la desintegración: de la figura aprestada y objetualizada de los conceptos que en principio el sujeto cognoscente tiene inmediatamente ante sí. Su identidad con el sujeto es la no verdad. Con ella, la preformación subjetiva del fenómeno se sitúa ante lo no idéntico en este, ante el *individuum ineffabile*" (GS 6, p. 148 [*Dialéctica negativa*, en *Dialéctica negativa. La jerga*

aunque algo pretencioso, para una tal dialéctica negativa. Cuando hablo aquí de dialéctica –les pido que lo tengan en claro desde el vamos y no busquen ese esqueleto externo–, me refiero a la fibra del pensar, a su estructura interna: al modo en que el concepto, para hablar con Hegel, se mueve; concretamente, en dirección a su opuesto, lo no conceptual; y no les pido que se dirijan hacia una suerte de arquitectura intelectual que aquí permanecerá sin duda siempre inaccesible para ustedes.

Sin embargo, aquello que ha de ser expuesto ante ustedes como dialéctica negativa tiene algo decisivo que ver con el concepto de dialéctica; y hay que decir también esto por anticipado. A saber: el concepto de contradicción y, sin duda, de contradicción en las cosas mismas, de la contradicción *en* el concepto, no de la contradicción *entre conceptos*, jugará un papel central en lo que comentaremos. Allí –y no dejarán de advertir que eso, en un cierto sentido, es una transposición o un perfeccionamiento de un motivo hegeliano– el propio concepto de contradicción tiene un sentido doble. Es decir, por un lado –y ya lo sugiero–, será tratado partiendo del carácter contradictorio del concepto. Con esto se hace referencia a que el propio concepto se encuentra en contradicción con la cosa a la que hace referencia. Querría demostrárselo de inmediato de manera muy simple de un modo –quizás algunos de ustedes me lo reprocharán– casi pueril; solo a fin de que, en las reflexiones que planteamos, no pierdan el contacto con los estados de cosas totalmente simples y llanos. Pues si soy del parecer de que el pensar consiste en elevarse por encima de las cosas primitivas, por otro lado es también un elemento del pensar preservar el contacto con las experiencias inmediatas. Me refiero aquí, pues –y hablo ante todo del concepto; tendremos que hablar aún de aquello a lo que se alude expresamente con "concepto" aquí, en la dialéctica–. (No se

---

de la autenticidad, trad. de Alfredo Brotons Muñoz, Madrid, Akal, 2014, pp. 7-391, p. 141]). En la anotación al final de *Dialéctica negativa* se lee: "La idea de una lógica de la descomposición es la más antigua de sus concepciones filosóficas: se encuentra ya en sus años estudiantiles" (ibíd., p. 409 [p. 387]).

trata, en efecto, del concepto usual, sino del concepto que en realidad es ya teoría). Pero, a modo de ilustración, si me permiten hacer una ilustración, querría decir algo muy simple. Si subsumo alguna serie de características, una serie de elementos bajo un concepto, entonces, en la formación conceptual usual de los conceptos, las cosas son de tal modo que abstraigo de esos elementos una característica que estos comparten; y esta característica debe ser el concepto, es decir, la unidad de todos los elementos que poseen esta característica. Pero, en la medida en que subsumo bajo este concepto, en la medida en que digo, pues: *A* es todo eso que está comprendido bajo él sobre la base de esa unidad de características, también pienso aquí necesariamente, al mismo tiempo, en incontables determinaciones que, por su parte, *no* quedan asimiladas en los elementos individuales dentro de ese concepto. El concepto, pues, en esa medida siempre queda rezagado frente a aquello que subsume. Cada *B* del que se dice que es *A* es siempre a la vez *otro* y es siempre *más* que *A*, que el concepto bajo el cual es colocado en el juicio predicativo. Pero, por otro lado, en un cierto sentido todo concepto es *también* más que aquello que es comprendido por él. Si, por ejemplo, pienso en el concepto de libertad y lo expreso, entonces este concepto de libertad no es, digamos, solo la unidad de características de todos los individuos que, sobre la base de la libertad formal, son definidos como libres, por ejemplo, dentro de una Constitución dada, sino que en este concepto de "La Libertad" reside algo así como una remisión a algo que, en un estado tal en el que, a los seres humanos, les está garantizada la libertad –digamos: el ejercicio de la profesión, o sus derechos fundamentales, o todas esas cosas–, él va esencialmente más allá, apunta esencialmente más allá, sin que siempre seamos conscientes de este plus en el concepto. Esta relación –el hecho de que el concepto siempre es al mismo tiempo menos y más que los elementos que son comprendidos por él– no es nada irracional, nada contingente, sino que la teoría filosófica, la crítica filosófica puede y debe definir esta relación hasta llegar al plano del detalle.

Ahora pueden decir ustedes: esta inadecuación no es aún necesariamente algo así como una contradicción. Pero creo que pueden procurarse ya aquí una primera perspectiva sobre la necesidad del pensar dialéctico. En efecto, en cada juicio predicativo de esta clase, según el cual A es B, según el cual $A = B$, reside una pretensión extraordinariamente enfática. Se dice allí, ante todo, que ambos son realmente idénticos. Su no identidad es algo que no solo no aparece en un juicio tal, sino que *si* aparece, entonces, según las reglas tradicionales de la lógica, según la lógica predicativa, esta identidad es directamente cuestionada. O decimos: el juicio $A = B$ es en sí contradictorio simplemente porque B, como nos lo indican nuestra experiencia y nuestra comprensión, no es A. Mediante esta coacción de identidad, pues, que es ejercida sobre el pensar por las formas de nuestra lógica, aquello que no se amolda a esta coerción de identidad asume necesariamente el carácter de la contradicción. Si, en consecuencia, como les dije al comienzo, en una dialéctica negativa, el concepto de contradicción cumple un papel tan central, esto radica precisamente en la estructura del propio pensar lógico, que incluso es definido por muchos lógicos (aunque no en concordancia con algunas orientaciones de la logística contemporánea, de la lógica matemática contemporánea) mediante la validez del principio de no contradicción. Es decir, pues: todo lo que se contradice debe ser excluido de la lógica; y se contradice simplemente todo lo que no se corresponde con la postulación de la identidad. El hecho de que, pues, en el fondo, toda nuestra lógica y, con ella, también nuestro pensar se encuentren edificados sobre el concepto de contradicción o sobre su rechazo, esto confirma ante todo, en una dialéctica tal, incorporar el concepto de contradicción como un concepto central y continuar el análisis partiendo de él.

Pero esto –y, precisamente en esta duplicidad, los entendidos entre ustedes podrán reconocer sin dificultad motivos hegelianos desarrollados y muy modificados– es solo un lado; si ustedes quieren: el subjetivo del problema de la dialéctica, y *no* ese lado que a fin de cuentas es, incluso, el decisivo. Si digo, pues, que la estructura del concepto y la relación del concepto con su cosa imponen el pensar dialéctico –en la medida en que la categoría de contradicción aparece en el centro de este–, entonces también impone ese pensamiento, inversamente, la realidad objetiva, la esfera del objeto –si es que ustedes se representan por un instante, de manera muy simple, algo así como una esfera de la objetividad, tal como lo hace el realismo ingenuo, como algo independiente del pensar–. El modelo para esto es que vivimos en una sociedad antagónica. Quiero explicarles ahora esto solo muy brevemente porque hoy querría abrir el seminario principal de Sociología con una lección basada en una conferencia en la que se desarrolla precisamente este pensamiento;[18] y no querría derrochar nuestro tiempo diciendo lo mismo aquí y en esa introducción. Me limito, pues, a indicarles como modelo para esta forma antagónica de sociedad el hecho de que esta no se mantiene con vida *con* sus contradicciones o *a pesar de* sus contradicciones, sino *a través de* su contradicción; es decir que la sociedad fundada en la ganancia, que contiene en sí necesariamente ya en ese motivo objetivo de la ganancia la escisión de la sociedad; que precisamente este motivo a través del cual la sociedad está escindida y potencialmente desgarrada es al mismo tiempo eso a través de lo cual la sociedad reproduce su propia vida. Para recordarles una vez más esto, a título de ilustración, a partir de un estado de cosas aún más craso, nuevamente de carácter ilustrativo: es sumamente probable que hoy ya todo el sistema económico solo pueda mantenerse por el hecho de que, incesantemente, una parte muy grande del producto social –y, por cierto, en todos los países; tanto en los así llamados países capitalistas como en los países del bloque de poder ruso y del chino– es aplicado a medios de destrucción, es decir, ante todo, al armamento nuclear y a

---

[18] En el semestre de invierno de 1965-1966, Adorno trató, en el seminario principal de Sociología, el tema "Zum Begriff der Gesellschaft" [Sobre el concepto de sociedad]; en la conferencia mencionada, aparentemente leída en la clase introductoria, se habría tratado acerca del artículo *Gesellschaft* [Sociedad] que Adorno escribió en 1965 para el *Evangelisches Staatslexikon*; cf. ahora GS 8, pp. 9 y ss. [*Escritos sociológicos I*, trad. de Agustín González Ruiz, Madrid, Akal, 2004, pp. 9-19].

todo lo que se relaciona con ello; de modo que, pues, la resistencia de esta sociedad a las crisis, resistencia que se ha preservado tan gloriosamente, según el parecer general, durante los últimos veinte años, se relaciona inmediatamente con el incremento del potencial para una autodestrucción tecnológica de esta sociedad. Pienso que estas reflexiones bastan ante todo para mostrarles cómo se impone también desde el lado objetivo aplicar el concepto de contradicción, y, por cierto, no de contradicción entre dos cosas extrañas entre sí, sino de la contradicción *inmanente*, de la contradicción en la cosa misma. Ahora bien, damas y caballeros, ustedes podrían decir –y querría intentar, justamente en estas primeras clases de las lecciones, anticipar muchas de las objeciones que razonablemente espero de parte de ustedes, y responderlas también un poco–, ustedes podrían objetar que este carácter doble: el hecho de que, pues, por un lado, la contradicción se encuentra en el pensamiento y en el concepto, pero, por el otro, el mundo mismo, también de acuerdo con su forma objetiva, es antagónico, es algo así como una desarmonía preestablecida, que estoy aquí exponiéndoles; que esto es una especie de maravilla del mundo o una *adaequatio rei atque cogitationes*[19] negativa, de la que debería rendirles cuenta. Intentaré (en todo caso, me lo propongo; no sé si puedo cumplir todo lo que hoy les prometo; en unas lecciones, uno puede cumplir infinitamente menos de lo que realmente se ha propuesto), pero en todo caso tengo la mejor intención de mostrarles que los momentos que marcan la realidad en cuanto realidad antagónica son los mismos que también compelen al espíritu, al concepto, pues, con sus contradicciones inmanentes. En otras palabras: se trata, en ambos casos, del principio de dominación, del dominio de la naturaleza,[20] que entonces se expande, que entonces se perpetúa

---

[19] Latín: adecuación entre la cosa y los pensamientos. [N. del T.]
[20] Para la filosofía de Adorno, era determinante, casi desde el comienzo, al menos desde su libro sobre Kierkegaard, "el motivo de la crítica del dominio de la naturaleza y de la razón dominadora de la naturaleza, el motivo de la reconciliación con la naturaleza, de la autoconciencia del espíritu como un momento de

en el dominio de seres humanos sobre seres humanos y que encuentra su reflejo espiritual en el principio de identidad: en el empeño inmanente de todo espíritu a asimilarse a su otro –aquello que se le presenta o aquello con lo que se topa– y, a través de ello, a introducirlo dentro de su propio ámbito de dominación. Esta es al menos

---

la naturaleza" (GS 2, p. 262) [*Kierkegaard. Construcción de lo estético*, trad. de Joaquín Chamorro Mielke, Madrid, Akal, 2006, p. 236]; dominio de la naturaleza era para él el protofenómeno de la dialéctica de la Ilustración. El sujeto que ya no está librado a ningún destino meramente impuesto, el sujeto en curso de maduración, es ya tendencialmente el de Max Weber, que actúa según una racionalidad con arreglo a fines y que, a semejanza de Odiseo en la interpretación de Adorno, supera a la naturaleza que lo domina postulándose él mismo como dominador sobre la naturaleza. Solo a través del dominio de la naturaleza parece romper el dominio de la naturaleza, pero todo "intento de quebrar la coacción natural quebrando a la naturaleza cae tanto más profundamente en la coacción que pretendía quebrar. Así ha transcurrido el curso de la civilización europea" (GS 3, p. 29 [Max Horkheimer y Theodor W. Adorno, *Dialéctica de la Ilustración*, introd. y trad. de Juan José Sánchez, Madrid, Trotta, 1994, p. 68]). La crítica del dominio es el *movens* de todo pensamiento pensado por Adorno. Si el dominio se formó originalmente según el modelo del dominio de la naturaleza, este significa siempre, en primer lugar, el de la propia naturaleza del ser humano; el principio de dominación de la naturaleza es inseparable del principio de autoconservación. Este, el "suum esse conservare" de Spinoza, no es solo la esencia de la razón dominadora; ya el propio Spinoza hace que la virtud esté basada en él; y, según Adorno, se filtra, *sublimado en la medida más extrema*, incluso en el "principio de identidad" en apariencia "puramente lógico" (NaS IV-10, p. 140; cf. también GS 3, pp. 106 y s. [*Dialéctica de la Ilustración*, ob. cit., pp. 134 y s.]). Todas las absolutizaciones de lo espiritual pueden elevarse por encima de la naturaleza solo al precio de una recaída en la naturaleza. Hasta hoy, la historia solo conoce al espíritu como dominación y dominio de la naturaleza: dominación sobre la naturaleza, dominio de la naturaleza permanecen atrapados en lo meramente natural. El espíritu del idealismo, por ejemplo, es el de la naturaleza dominadora, que "no solo es la vida natural destruida: el espíritu es él mismo vida natural destruida por el espíritu y está cautivo de la mitología" (GS 2, p. 155 [*Kierkegaard. Construcción de lo estético*, ob. cit., p. 139]). En el *Kierkegaard* de Adorno, el espíritu recuerda, en cuanto mítico, su contenido natural; las formas míticas en las que él aparece son recuerdos de su participación en lo natural. El mito hace referencia, como Adorno formula en el posterior ensayo "De nuevo Kierkegaard", a la "protesta de la pluralidad en la nauna indicación formal, una respuesta anticipadora a la pregunta que espero y que me he planteado.

Aquí reside ya –si durante un segundo me conceden generosamente que hay algo de verdad en estas reflexiones–, por cierto, el hecho de que la dialéctica, es decir, un pensar cuyo órgano y cuyo contenido son esencialmente la contradicción, no es algo pergeñado arbitrariamente, no es lo que se llama una visión del mundo. Pues si, de hecho, partiendo tanto de la cosa como del pensamiento, la coacción de la contradicción se representa tal como la he esbozado ante ustedes, entonces se trata de un pensar que incorpora esto, de un pensamiento que solo es, por así decirlo, el ejecutor de aquello que le es entregado en las manos por sus objetos; y no, por ejemplo, una postulación traída desde afuera. También me reconozco como un buen hegeliano –para decirlo de una vez– al considerar la dialéctica

---

turaleza" (ibíd., p. 252 [p. 227]) contra lo uno del *logos*, contra la unidad lógica; hace referencia a la protesta contra el dominador principio del espíritu, que se conoce como uno y produce la unidad. Pero la naturaleza, en la que el espíritu aspira a regresar en cuanto mítico, tiene poco de reconciliador; es, de acuerdo con Adorno, "el dominio sobre el que ejerce naturalmente su poder" (ibíd., p. 153 [p. 137]), es el dominio mismo. También la protesta de la naturaleza está aún al servicio del principio de dominación. El dominio por parte de la naturaleza no es, pues, en nada más reconciliador que el del espíritu; aquel es, por el contrario, la protoimagen según la cual fue modelado el segundo. La filosofía de Adorno repite, pues, el tema de la protesta contra el dominio en cuanto tal en infinitas variaciones. Solo en el arte se anuncia algo diferente: las obras de arte logradas contrastan "con lo exterior a ellas, con el lugar de la ratio dominadora de la naturaleza, de la que procede la ratio estética, y se convierten en un para sí. La oposición de las obras de arte al dominio es la mímesis de este. Tienen que amoldarse al comportamiento de dominio para producir algo diferente cualitativamente del mundo de dominio. Incluso la actitud polémica inmanente de las obras de arte contra lo existente acoge el principio al que lo existente está sometido y que lo degrada a algo meramente existente, la racionalidad estética quiere reparar lo que ha causado fuera de la racionalidad dominadora de la naturaleza" (GS 7, p. 430 [*Teoría estética*, trad. de Jorge Navarro Pérez, Madrid, Akal, 2014, p. 383]).

como la antítesis de la mera filosofía del punto de vista.[21] Pero sé también que la aseveración de que algo no es una filosofía del punto de vista no alcanza para librarse de la sospecha de que sin embargo lo es. Pues ¿qué cosa no ha sido presentada ya, en el mundo, como la antítesis del punto de vista?; ¿qué cosa no ha sido presentada ya como si fuera los así llamados valores eternos, sustraídos a los puntos de vista? Y ¡cuán breve ha revelado ser la vida de la mayoría de esos valores eternos! La dialéctica no es, por cierto, ningún valor eterno; esto menos que nada. Pero también me veo en la obligación de exponerles, en la medida de lo posible –y esto tendrá que ocurrir ante todo en la transición hacia la dialéctica negativa–, la validez de la perspectiva dialéctica; y quizás sea esta incluso la tarea central a la que me veo enfrentado. Ahora bien, todos ustedes saben que, cuando se habla de dialéctica en este sentido estricto que tácitamente empleo –dejo fuera de consideración al viejo concepto de dialéctica, que coincide en gran medida con la epistemología y la lógica, y que es, pues, mucho más general que aquello que les he indicado ahora como dialéctica–, en este sentido de la contradicción en la cosa y en el propio concepto, se presentan dos grandes versiones: la idealista, que en cierto sentido puede ser considerada en general como la cumbre de la especulación filosófica, y la materialista, que hoy domina una parte muy grande del mundo como visión del mundo oficial (y de esta manera, por cierto, se degeneró en la antítesis de sí misma). Y podrían preguntarme por qué no me contento simplemente con esta alternativa, y en cambio hablo de algo diferente, es decir: de la

---

[21] Cf. al respecto también a Adorno en el ensayo "Aspectos" de los *Tres estudios sobre Hegel*: "Todas las apreciaciones críticas caen bajo el juicio expresado en el prólogo de la *Fenomenología del espíritu*, juicio que se aplica a las que son únicamente sobre las cosas, porque no están en las cosas; ante todo, les falta la seriedad y obligatoriedad de la filosofía de Hegel, dado que siguen ejercitando a su respecto lo que él, despectivamente –y con todo derecho de serlo–, llamó una filosofía de punto de vista" (GS 5, p. 251 [*Tres estudios sobre Hegel*, trad. de Víctor Sánchez de Ayala, Madrid, Taurus, 1974, pp. 15 y s.]). En el propio Hegel no aparece el concepto de "filosofía de punto de vista".

dialéctica *negativa*; y si no soy meramente un profesor que intenta cocinarse su propia sopa filosófica para tener alguna vez la oportunidad de encontrar su albergue en un capítulo específico del Ueberweg-Heinze (o como quiera que se llamen sus secuelas).[22] Querría remitirme aquí a una objeción que me ha sido hecha desde el sector más experto –y, por cierto, como podría decir, desde el propio círculo; desde el círculo de los aquí presentes–, a saber: si en el concepto de dialéctica, que, en virtud justamente de la contradicción, contiene dentro de sí el momento de la negatividad… si toda dialéctica no es dialéctica negativa; y si en esa medida, mediante esta expresión que he introducido, no he incurrido en una suerte de tautología. Podría decirse muy simplemente que el sujeto, el propio pensar, ante todo por el hecho de que, en cuanto pensar, no se aviene con la mera facticidad, niega esta facticidad; y que, como la propia subjetividad, en cuanto *movens* del pensar, es el principio negativo –como se lee en un célebre pasaje de la *Fenomenología* de Hegel[23] donde se dice que la sustancia viva como sujeto, es decir, como pensar, es la pura negatividad simple–, precisamente por ello, la escisión de lo simple o la duplicación contrapuesta, que es a su vez la negación de esta diversidad indiferente y de su antítesis –es

---

[22] *Friedrich Ueberwegs Grundriß der Geschichte der Philosophie*, un manual muy consultado, cuyo primer volumen apareció en 1862, fue reelaborado y editado, entre las ediciones 5ª y 9ª (1871-1906) por Max Heinze; la edición "totalmente reelaborada", que aparece desde 1993, es editada por Helmut Holzhey.

[23] Adorno piensa en el siguiente pasaje: "La sustancia viviente es, además, el ser que es en verdad *sujeto*, o lo que viene a significar lo mismo, que solo es en verdad efectivo en la medida en que ella sea el movimiento del ponerse a sí misma, o la mediación consigo misma del llegar a serse otra. En cuanto sujeto, ella es la pura *negatividad simple*, y precisamente por eso, es la escisión de lo simple, o la duplicación que contrapone, la cual, a su vez, es la negación de esta diversidad indiferente y de su contrario; solo esta igualdad que se *restaura* o la reflexión en el ser-otro hacia dentro de sí mismo –no una unidad *originaria* como tal, o *inmediata* como tal– es lo verdadero" (G. W. F. Hegel, *Fenomenología del espíritu*, ob. cit., p. 73).

decir, en otras palabras: el pensar mismo, y el pensar está ligado a la subjetividad–, es negatividad y, en esa medida, el pensar dialéctico es desde el vamos dialéctica negativa. Querría responderles detalladamente esta objeción en la próxima clase; querría hoy solo formularles este problema tal como me ha sido planteado y tal como necesita ser respondido.

Lección 2

11/11/1965

Anotaciones

Respuesta a esto:[24] *1) En Hegel, la dialéctica es positiva. Recuerdo del menos por menos es más. La negación de la negación sería la afirmación. Crítica del joven Hegel a la positividad. Aludir a la crítica de la subjetividad abstracta por parte de la institución: V 49*[25]   Int[erpolación] 2a

[Interp.:] Lo positivo, que resulta de la negación de la negación, es él mismo la positividad criticada por el joven Hegel, algo negativo en cuanto inmediatez.
contrainte sociale
La institución, como ha mostrado Hegel, ejerce con razón la crítica a la subjetividad abstracta; es decir, es necesaria y, por cierto, también justamente para el sujeto qua autoconservación.

Ella destruye la apariencia de ser en sí del sujeto, que es ella misma momento de la objetividad social. – Pero frente a esto no es lo más elevado, sino que permanece frente a esto hasta hoy como externa, coercitivamente colectiva, represiva. – La negación de la neg[ación] no resulta sin más en positividad. Hoy, en un estado experimentado furtivamente como cuestionable, domina un concepto de positividad abstracta. "Señor Kästner".[26]

---

[24] Es decir: el reproche, formulado al final de la lección precedente, de que la dialéctica negativa es una tautología.

[25] No fue posible interpretar el significado de la sigla.

[26] Alusión al verso muy citado de Erich Kästner: "Señor Kästner, ¿dónde queda lo positivo?"; cf. *infra*, p. 59 y nota 33.

Con la disolución de todo lo sustancialmente dado de antemano, <u>toda</u> ideología se torna cada vez más débil, más abstracta observado en emigrantes bajo presión.

Lo que es positivo ("posición positiva frente a la vida, configuración positiva["], crítica positiva) sería ya en sí verdadero, es decir, el movimiento del concepto es detenido arbitrariamente. Positividad como fetiche, es decir, no pregunta por <u>lo que</u> se afirma. Precisamente por ello, sin embargo, es lo negativo, es decir, lo que está expuesto a crítica.

Esto, en buena medida, me ha inducido a la concepción y nomenclatura de una dialéctica negativa. [Fin de la interpolación]

Ahora bien, esto vale para el todo: la <u>totalidad</u> de todas las negaciones se convierte en positividad. "Todo lo real es racional".[27]

Esto ha quedado anulado. Así como la atribución positiva de sentido ya no es posible sin mentira (¡quién puede después de Auschwitz atreverse aún a decir que la vida está cargada de sentido!), así también la construcción de una positividad a partir de la quintaesencia de las negaciones ya no es posible.

2) La dialéctica se torna a través de esto esencialmente <u>crítica</u>. En varios sentidos:

a) como crítica a la pretensión de identidad entre concepto y cosa;

b) como crítica a la hipóstasis del espíritu que esto implica (crítica de la ideología). La <u>fuerza</u> de aquella tesis impone el mayor esfuerzo;

c) como crítica a la realidad antagónica y orientada potencialmente a su aniquilación.

Esta crítica se refiere <u>también</u> al mat[erialismo] dial[éctico] en la medida en que este se postula como ciencia positiva. Por ello, dial[éctica] negat[iva] = crítica despiadada de todo lo vigente.

11/11/65

---

[27] La frase –de mala fama– de la *Filosofía del derecho*; cf. *infra*, pp. 62-63 y nota 37.

Acta de la lección

En la última clase comencé a responder a la pregunta de por qué un concepto tal como el de una dialéctica negativa es necesario, y de si esto no es una tautología en vista del papel determinante de la negatividad en la dialéctica; se acordarán de esto. Y con la mayor brevedad había desarrollado, ante todo, los momentos que justifican esta objeción; a saber, precisamente aquellos a través de los cuales, en la concepción hegeliana de la dialéctica, el pensar mismo es equiparado a la negatividad. Ahora querría tratar de responderles, al menos provisoriamente, a esta objeción, que tiene mucho peso. Deben tener en claro que la teoría de Hegel, a la que de un modo no totalmente contingente se asignó, en la historia de la filosofía, el nombre de idealismo objetivo, se dirige en contra de este concepto de negatividad *qua* subjetividad; que este concepto de negatividad, en la dialéctica hegeliana, no posee la última palabra, sino que la dialéctica hegeliana, si puedo expresar esto apelando a lugares comunes, es una dialéctica positiva. Deben recordar ante todo un estado de cosas muy simple y llano —si, por así decirlo, fingiera alguna vez la situación del primer semestre, es decir, del estudiante o la estudiante que llega recién de la escuela—; el estado de cosas, pues, que se aprende en aritmética: que menos por menos es igual a más, o, en otras palabras, que la negación de la negación es postulación, lo positivo, lo afirmativo. Esta es de hecho, asimismo, de un modo igualmente general, una de las presuposiciones fundamentales de la filosofía hegeliana. Y si ustedes se informan acerca de Hegel, ante todo de manera superficial, justamente en concordancia con el esquema de la triplicidad, sobre el cual ya les mencioné algunas groserías, por parte de Hegel, en la clase anterior, se toparán entonces con este razonamiento según el cual la negación de la negación es la afirmación. Es posible quizás mostrar del mejor modo a qué se alude con esto partiendo de la crítica de Hegel a lo que él llama la subjetividad abstracta por parte de las instituciones y formas de la objetividad social que él le contrapone. El pensamiento, que está desarrollado varias veces ya en la *Fenomenología*, por cierto con un acento diferente en tantos otros aspectos, y luego en la forma muy crasa en la que se lo presenté recién a ustedes, ante todo en la *Filosofía del derecho*; este pensamiento es, pues, que el sujeto, que critica en cuanto sujeto pensante las instituciones dadas, es ante todo el momento de liberación del espíritu; y, como un momento tal de liberación del espíritu en su camino desde el mero ser en sí a su ser para sí, representa el estadio decisivo. Es decir: este estadio que aquí se alcanza, en el cual el espíritu se contrapone con las objetividades, ante todo con las sociales, como con una entidad autónoma y crítica, es reconocido ante todo como un momento necesario. Pero Hegel le reprocha al espíritu que este aquí es limitado, que aquí es estrecho de miras; que eleva un momento –a saber: el espíritu en su abstracción– como el único verdadero y desconoce que esta subjetividad abstracta –cuyo modelo es, por ejemplo, el sujeto de la razón práctica pura de Kant, pero hasta un cierto grado también la subjetividad fichteana de la acción libre– se absolutiza a sí misma como un mero momento; que ella pasa por alto que ella misma, de acuerdo con su propia sustancia, sus formas, su existencia, se debe a las formas objetivas y a la existencia objetiva de la sociedad; y que ella solo arriba realmente a sí misma en la medida en que entiende como suyas propias a instituciones que aparentemente le son extrañas y que incluso se le contraponen como represivas, y en la medida en que las comprende en su necesidad. De modo, pues, que uno de los virajes decisivos, para no decir: uno de los trucos decisivos de la filosofía hegeliana, consiste en que la mera subjetividad existente para sí, es decir: la subjetividad que piensa críticamente, abstracta, negativa –aquí se introduce esencialmente el concepto de negatividad–, debe negarse a sí misma, debe tomar conciencia de su propia limitación a fin de superarse a sí misma en la positividad de su negación, a saber: en las instituciones del Estado, del espíritu objetivo; finalmente, del espíritu absoluto.[28]

---

[28] Sobre las instituciones en cuanto crítica de la subjetividad abstracta, cf. también el artículo de Adorno "Aspectos" (GS 5, pp. 289 y s. [*Tres estudios sobre Hegel*, ob. cit., pp. 67 y s.]).

Este es, pues, el modelo de aquella negatividad positiva: de la negación de la negación como nueva postulación, tal como la construye, como un modelo, la filosofía hegeliana. Pertenece, dicho sea de paso, a uno de los rasgos muy llamativos y, diría, aún no reconocidos adecuadamente en su importancia de la filosofía hegeliana, el hecho de que ella es sin duda un pensar sumamente dinámico; que, pues, ella no adopta las categorías como fijas, sino como devenidas y, de ese modo, también como cambiantes; pero que, en realidad, contiene dentro de sí muchísimo más en cuanto a estructuras inmutables, muchísimo más en cuanto a invariantes de lo que ella admite. Y estas invariantes, que luego se muestran, en cierta medida, contra la voluntad de esta filosofía, una y otra vez en el hecho de que determinados tipos de argumentación –si es posible llamar esto así– reaparecen una y otra vez en la *Lógica* de Hegel y, por lo demás, también ya en la *Fenomenología*. Yo consideraba –si puedo decirles esto directamente en atención a los futuros filósofos profesionales entre ustedes; creo que ya hice a menudo referencia a esto– una tarea especialmente importante desarrollar alguna vez, dentro de la filosofía hegeliana, esas constantes que se muestran a través de la repetición de correlaciones de argumentación. Y el momento que les acabo de mencionar es una constante tal que ustedes siempre reencuentran en Hegel bajo las formas más diversas; ante todo, cuando la filosofía hegeliana se ocupa de cuestiones de contenido, es decir, no, por ejemplo, de meras categorías de la lógica o de la filosofía de la naturaleza. Ahora bien, es algo muy curioso, un hecho histórico, que sin embargo posee un cierto carácter de clave frente a lo que querría hacerles comprensible hoy, el hecho de que esa negación de la negación, que es postulada entonces por Hegel como positividad, haya sido criticada del modo más duro bajo exactamente el mismo nombre, bajo el nombre de positividad o de lo positivo, por el *joven* Hegel en los *Escritos teológicos juveniles*, tal como los ha denominado Nohl.[29]

---

[29] Cf. *Hegels Theologische Jugendschriften*, ed. por Herman Nohl de acuerdo con los manuscritos de la Kgl. Bibliothek en Berlín, Tübingen, 1907.

Estos escritos juveniles son, en sus piezas centrales, directamente un ataque a la positividad, y, por cierto, ante todo a la positividad religiosa, la teológica, en la que el sujeto no está en casa y que se le contrapone como algo extraño y cosificado; y que, precisamente en cuanto algo tal cosificado y externo y particular no puede ser de ningún modo ese absoluto por el cual se presentan estas categorías: un pensamiento que, por lo demás, Hegel más tarde de ninguna manera ha abandonado o negado, sino solo reinterpretado. En general, él simplemente ha abandonado y rechazado muy pocos de sus motivos, solo ha cambiado los acentos; de un modo, por cierto, que les concede a menudo el sentido estrictamente contrario.

Reencuentran aún la argumentación que acabo de indicarles tal como se las expuse en el auténtico programa de toda la filosofía posterior de Hegel, en el así llamado escrito sobre la diferencia, *Sobre la diferencia entre el sistema de Schelling y el de Fichte*.[30] De acuerdo con esta crítica, pues, las positividades, que en la *Filosofía del derecho* son defendidas frente a la negatividad de la subjetividad meramente pensante y fundada en sí misma —sí, hoy diríamos: las situaciones forzosas— son realmente expresión de aquello que, en el lenguaje de Émile Durkheim, se designa como *contrainte sociale*.[31] Ahora bien, Hegel ha mostrado

---

[30] Cf. G. W. F. Hegel, *Differenz des Fichte'schen und Schelling'schen Systems der Philosophie in Beziehung auf Reinhold's Beyträge zur leichtern Übersicht des Zustands der Philosophie zu Anfang des neunzehnten Jahrhunderts*, Jena, 1801; ahora en *Werke in 20 Bänden*, ed. de Eva Moldenhauer y Karl Markus Michel, Frankfurt, 1969-1971, vol. 2: *Jenaer Schriften <1801-1807>*, pp. 9 y ss. [*Diferencia entre el sistema de filosofía de Hegel y el de Schelling*, trad. de Juan Antonio Rodríguez Tous, Madrid, Alianza, 1989].

[31] Concepto de Adorno tomado de la sociología de Durkheim, con el cual se define la clase específica de los "estados de cosas sociológicos": "consisten en modos de actuar, de pensar y de sentir, exteriores al individuo, y están dotados de un poder de coacción en virtud del cual se imponen sobre él" (Émile Durkheim, *Las reglas del método sociológico*, trad. de Ernestina de Champourcin, México, FCE, 2000, pp. 40 y s.). En su "Introducción a *Sociología y filosofía*, de Émile Durkheim", Adorno caracteriza la *contrainte sociale* del siguiente modo: "El hecho social por antonomasia es para él [*scil.*: Durkheim] la *contrainte sociale*, la poten-

con razón que la institución es crítica a la subjetividad abstracta que critica; es decir que la institución es necesaria; y, por cierto, que ella también es necesaria para que el sujeto realmente se conserve a sí mismo. El mero ser para sí, la inmediatez del sujeto que cree depender allí únicamente de sí mismo, es, de hecho, un mero engaño. Los seres humanos son efectivamente ζῷον πολιτικόν en el sentido de que ellos solo han podido vivir en virtud, precisamente, de la sociedad y, en definitiva, también de las instituciones sociales postuladas a las que entonces se enfrentan ellas en cuanto subjetividad autónoma y crítica. Y Hegel –es preciso ante todo destacar esto aquí–, mediante su crítica a la apariencia de que lo que está más cerca de uno, a saber, el propio yo y su conciencia, es lo absolutamente fundamental y primero, ha hecho una contribución decisiva precisamente a la comprensión de la sociedad y de la relación entre individuo y sociedad. Una teoría de la sociedad tal como hoy la entendemos no habría sido en modo alguno posible sin esta comprensión por parte de Hegel. Él, digo, ha destruido la apariencia de ser en sí del sujeto y ha expuesto que este mismo es un momento de la objetividad social. Y ha inferido, a su vez, la necesidad de que, frente a esa subjetividad abstracta, el momento social se impone como el más fuerte. Pero –y este es el punto, diría, a partir del cual habría que comenzar aquellas reflexiones críticas sobre Hegel que en verdad justifican la formulación de una dialéctica *negativa*– hay que plantear la pregunta por si, de hecho, esta objetividad que ha sido presentada como condición necesaria y que subsume al sujeto abstracto es, de hecho, lo más elevado; o si ella no sigue siendo más bien lo que Hegel le reprochó en su juventud, a saber: precisamente lo externo,

---

tísima coerción social que escapa a cualquier empatía comprensiva de carácter subjetivo. Esta coerción no desemboca en la autoconciencia subjetiva, y ningún sujeto puede identificarse con ella sin más. La supuesta irreductibilidad de lo específicamente social le viene al pelo: le sirve a la coerción para convertirse cada vez más en un ente en sí, para emanciparse de forma absoluta no solo frente al sujeto cognoscente, sino también de cara a los individuos integrados por el colectivo" (GS 8, p. 250 [*Escritos sociológicos I*, ob. cit., p. 233]).

lo coercitivamente colectivo; si ese repliegue hacia esta instancia presuntamente superior no significa una regresión del sujeto, que había conquistado su libertad con un tormento infinito, con esfuerzo. No puede advertirse por qué mediante la comprensión del mecanismo coercitivo que une a la subjetividad y el pensar con la objetividad que se les contrapone, y en vista de la dependencia que persiste y en vista de –querría decir– la lógica de los hechos, que luego conduce al triunfo de la objetividad, esta también debería conservar la razón de manera necesaria. Hay en esto un momento de coerción de la conciencia, tal como lo he experimentado del modo más intenso en la discusión con un marxista hegeliano; concretamente: en nuestra juventud, con Georg Lukács, que en aquel entonces tenía detrás de sí un conflicto con su partido y que, en ese contexto, me contó que su partido tenía la razón frente a él, aunque él tuviera la razón frente al partido en sus pensamientos y argumentos; era así porque el partido encarnaba, precisamente, el estado histórico objetivo, mientras que su posición más avanzada –para él y de acuerdo con la mera lógica del pensar– se había detenido detrás de esa posición objetiva.[32] Creo que no necesito describirles de antemano qué significaría esto. Significaría, simplemente, que lo más exitoso, lo que se impone, lo recibido universalmente con ayuda de la dialéctica, representaría la posición de la verdad superior a la de la conciencia que consigue calar el carácter aparente de todo esto. De hecho, la ideología del Este está ampliamente marcada por ese tema. Y conduciría incluso a que la conciencia se escinda de sí misma, se niegue la propia libertad y se adapte simplemente a los batallones más fuertes. Este es un acto que no me parece posible consumar.

Y esta es la razón por la cual diría que, en general –se los ejemplifiqué ahora solo a partir de *un* modelo tal–, la tesis según la cual la negación de la negación es la positividad, la postulación, la afirmación, justamente no puede sostenerse; que la negación de la negación

---

[32] Adorno se refiere a su primer encuentro con Lukács, que tuvo lugar en Viena en junio de 1925 y sobre el cual le informó a Siegfried Kracauer el 17 de junio de 1925; cf. NaS IV-7, pp. 383 y s., nota 194.

no resulta en positividad, o no lo hace automáticamente, no lo hace sin más. Hoy, en una circunstancia que todos los seres humanos, por un lado, sienten en secreto como profundamente cuestionable, y que, por el otro lado, es tan fuerte que ellos creen no poder hacer nada en su contra; o, quizás, de hecho no pueden hacer nada contra ella, domina, en la conciencia generalmente difundida –en contraposición con la subjetividad abstracta o con la negatividad abstracta criticada por Hegel–, algo así como el ideal de la positividad abstracta, en aquel sentido que es corriente para todos ustedes a partir del chiste quizás venerable, pero en todo caso muy viril de Kästner, quien escribió en un poema: "Señor Kästner, ¿dónde queda, entonces, lo positivo?".[33] No puedo dejar de decirles que el carácter cuestionable de este concepto de positividad me fue revelado ante todo en la emigración, cuando seres humanos que, bajo circunstancias muy extremas de presión social, tuvieron que adaptarse, para poder simplemente lograr esa adaptación, para estar a la altura de lo que se les exigía coercitivamente, decían por ejemplo, para darse ánimos –y uno

---

[33] Cf. el poema "¿Y dónde queda lo positivo, señor Kästner?", del volumen *Ein Mann gibt Auskunft* [Un hombre da información], publicado en 1930: "Y una y otra vez me enviáis cartas / en las cuales escribís, con un grueso subrayado: / 'Señor Kästner, ¿dónde queda lo positivo?' / Sí, sabrá el demonio dónde queda eso" (Erich Kästner, *Gesammelte Schriften für Erwachsene*, vol. 1: *Gedichte*, Múnich-Zúrich, 1969, p. 218). Cf., sobre el tema, también el posterior artículo con el título de "Crítica": "Esencialmente alemán, aunque no tanto como supone quien no ha tenido la oportunidad de observar cosas análogas en otros países, es un esquema anticrítico que desde la filosofía (y precisamente desde la filosofía que se burlaba del *raisonneur*) se ha degradado hasta convertirse en una cháchara: la invocación de lo positivo. El sustantivo 'crítica', si es tolerado o incluso uno mismo se las da de crítico, suele aparecer seguido por el adjetivo 'constructiva'. Se supone que solo ha de ejercer la crítica quien pueda proponer algo mejor que lo criticado; hace doscientos años Lessing ya se burló de esto en la estética. Al revestirse de lo positivo, la crítica queda domesticada de antemano y pierde su vehemencia. Gottfried Keller dice en un lugar que la exigencia de lo constructivo es una materia empalagosa de hablar" (GS 10.2, p. 792 [*Crítica de la cultura y sociedad II*, ob. cit., p. 705]).

observa así claramente en ellos cómo tuvieron que identificarse con el agresor–:[34] "Sí, tal o cual, que es tan positivo...". Lo que significa justamente que un ser humano espiritual y refinado se arremanga y lava los platos; o hace cualquier trabajo presuntamente útil para la sociedad que se le haya exigido. Cuanto más se disuelve todo frente a los contenidos prescriptos a la conciencia como sustanciales, cuantas más cosas haya de las que puedan en cierto modo alimentarse las ideologías, tanto más abstractas se tornan estas. En los nazis, se trataba de la raza, en la que ahora, entretanto, ya no cree ni el más tonto. Tendería a pensar que, en el siguiente nivel de la ideología regresiva, será simplemente lo positivo aquello en lo que los seres humanos habrán de creer, por ejemplo, en el sentido en que, en los avisos matrimoniales, la formulación "actitud positiva ante la vida" es percibida como algo muy especialmente recomendable. Conozco también una institución que se denominó Asociación para una Configuración Positiva de la Vida. No la inventé, como podrían quizás pensar ustedes, sino que existe realmente. Y esta Asociación para una Configuración Positiva de la Vida propone en realidad un entrenamiento a través del cual los seres humanos, por ejemplo, han de perder sus inhibiciones para hablar y volverse agradables, en cuanto diestros vendedores, ante Dios y los hombres. Esto es aquello en lo que se ha convertido el concepto de positividad. Detrás de esto se halla la creencia de que lo positivo es *en sí* ya algo positivo, sin que se pregunte *qué* es lo que allí se acepta como positivo, y si no está allí simplemente presente la conclusión errónea de que lo que está ahí, y lo que es positivo en el sentido de lo establecido, de lo existente, es investido, en función de su inevitabilidad, de todos aquellos atributos

---

[34] Cf. Anna Freud, *Das Ich und die Abwehrmechanismen*, Londres, 1946, pp. 125 y ss. La identificación con el agresor es, según Adorno, un "caso especial" de los *mecanismos de represión y regresión* (GS 8, p. 76 [*Escritos sociológicos I*, ob. cit., p. 71]); él lo ha tratado a menudo en el contexto de una teoría de la sociedad contemporánea (cf. por ejemplo, ibíd., pp. 119, 168 y 251 [pp. 71, 157, 234]).

de lo bueno, lo superior, lo digno de ser afirmado; de aquellos atributos que resuenan en la palabra "positivo". Inclusive, si puedo por una vez cultivar un poco de metafísica del lenguaje por propia cuenta, es muy característico y muy interesante que, en el propio concepto de lo positivo, resida esa anfibología. En efecto, positivo es, por un lado, lo que está dado, lo postulado, lo que está allí; tal como se habla, por ejemplo, acerca del positivismo como de la filosofía que se atiene a los datos. Pero, al mismo tiempo, debe ser positivo lo digno de ser afirmado, lo bueno, en cierto sentido lo ideal. Y tendería a pensar que esta constelación semántica en la palabra expresa, con extraordinaria precisión, algo que se encuentra en la conciencia de numerosos hombres. Y, por lo demás, también en la praxis; por ejemplo, cuando a uno se le dice que es necesaria la "crítica positiva"; así como hace unos días me sucedió, cuando estaba en Renania en un hotel, que le dije al director del hotel que, a causa del terrible ruido que dominaba en ese hotel –por lo demás muy bueno–, debía hacer instalar dobles ventanas; y cuando él, una vez que me explicó que esto, obviamente, era totalmente imposible por razones superiores, me dijo: "Pero, obviamente, estoy siempre sumamente agradecido con la crítica positiva". Cuando hablo de dialéctica negativa, no es el menor de los motivos para hacerlo el hecho de que querría distanciarme del modo más nítido de esta fetichización de lo positivo en general –de la que, por cierto, pienso que tiene un alcance ideológico que también se relaciona con el progreso de ciertas corrientes filosóficas que, en la mayoría de los casos, nadie imaginaría–.[35] Justamente, hay que

---

[35] En *Jerga de la autenticidad*, que lleva como subtítulo *Sobre la ideología alemana*, Adorno mencionó nombres: "En el elogio de la positividad están de mutuo acuerdo todos los que dominan la jerga de Jaspers para abajo. Únicamente el cauto Heidegger evita la afirmación demasiado franca por mor de ella misma y cumple su cupo indirectamente, gracias al tono de diligente genuinidad. Pero Jaspers escribe sin remilgos: 'En el mundo solo puede resultar verídico quien viva de algo positivo, que en todo caso solo tiene mediante un compromiso'" (GS 6, pp. 427 y s. [*La jerga de la autenticidad*, en *Dialéctica negativa. La jerga de la autenticidad*, ob. cit., p. 407]).

preguntar *qué* es lo que se afirma; qué hay que afirmar y qué no hay que afirmar, en lugar de elevar al "sí" como tal ya a la condición de valor, como se plantea, desgraciadamente, ya en Nietzsche con todo el *pathos* del decir sí; lo cual, seguramente, es algo tan abstracto como aquel decir no a la vida en Schopenhauer, contra el cual se dirigen los pasajes correspondientes en Nietzsche.[36] Por esa razón, pues, podría decirse, para expresarlo dialécticamente, que justamente lo que aparece como positivo es esencialmente lo negativo, es decir, lo que está sometido a crítica. Y este es el motivo, el motivo esencial, para la concepción y la nomenclatura de una dialéctica negativa.

Lo que he expuesto ante ustedes de aquel modelo que es característico de la estructura hegeliana en su totalidad vale también para la totalidad de su filosofía y, por cierto, en un sentido muy estricto; es decir, es, como debería decirse, el misterio o el punto culminante de su filosofía el hecho de que la quintaesencia de todas las negaciones

---

[36] Así, por ejemplo, en *Ecce homo. Cómo se llega a ser lo que se es*: "Yo fui el primero en ver la auténtica antítesis: – el instinto *degenerativo*, que se vuelve contra la vida con subterránea avidez de venganza (el cristianismo, la filosofía de Schopenhauer, en cierto sentido ya la filosofía de Platón, el idealismo entero, como formas típicas), y una fórmula de *afirmación suprema*, nacida de la abundancia, de la sobreabundancia, un decir sí sin reservas aun al sufrimiento, aun a la culpa misma, aun a todo lo problemático y extraño de la existencia... Este sí último, gozosísimo, exuberante, arrogantísimo dicho a la vida no es solo la intelección suprema, sino también la *más honda*, la más rigurosamente confirmada y sostenida por la verdad y la ciencia. No hay que sustraer nada de lo que existe, nada es superfluo – los aspectos de la existencia rechazados por los cristianos y otros nihilistas pertenecen incluso a un orden infinitamente superior, en la jerarquía de los valores, que aquello que el instinto de *décadence* pudo lícitamente aprobar, *llamar bueno*. Para captar esto se necesita *coraje* y, como condición de él, un exceso de *fuerza*: pues nos acercamos a la verdad exactamente en la medida en que al coraje le es *lícito* osar ir hacia delante, exactamente en la medida de la fuerza. El conocimiento, el decir sí a la realidad, es para el fuerte una necesidad, así como son una necesidad para el débil, bajo la inspiración de su debilidad, la cobardía y la *huida* frente a la realidad – el 'ideal'..." (Friedrich Nietzsche, *Ecce homo. Cómo se llega a ser lo que se es*, introd., trad. y notas de Andrés Sánchez Pascual, Madrid, Alianza, 2005. pp. 77 y s.).

contenidas en ella –y, por cierto, no como su suma, sino como el proceso que conforman entre sí– deba convertirse en positividad, de acuerdo con aquella proposición dialéctica famosa y también conocida por todos ustedes de que todo lo real es racional.[37] Precisamente este punto, es decir, esta positividad de la dialéctica como positividad del todo me parece que efectivamente se ha tornado insostenible: el hecho, pues, de que, como se reconoce al todo como racional, se pueda reconocer racionalidad aun en la no razón de sus momentos individuales; el hecho de que el todo, justamente a causa de ello, pueda ser afirmado como algo pleno de sentido. La banalización positivista de Hegel se ha resistido ya en el siglo XIX contra este punto. Y hay que decir que, en esta resistencia, por falible que fuera y por poco que haya comprendido que esta positividad del todo no consiste simplemente en que todo está magníficamente construido, sino que justamente este todo que es positivo se encuentra en sí infinitamente mediado; hay que admitir, sin embargo, que la crítica que las filosofías positivistas en el siglo XIX realizaron a esta tesis general de Hegel tiene algo de justificado.[38] Pero hoy ya no es posible la presuposición positiva de que lo real es racional;

---

[37] Cf. el prefacio a la *Filosofía del derecho*: "Lo que es racional es real, y lo que es real es racional" (G. W. F. Hegel, *Rasgos fundamentales de la filosofía del derecho o compendio de derecho natural y ciencia del Estado*, trad. de Eduardo Vásquez, Madrid, Biblioteca Nueva, 2000, p. 74).

[38] Quizás habría que pensar aquí, por ejemplo, en las lecciones *Hegel und seine Zeit* [Hegel y su época] de Rudolf Haym (Berlín, 1857), en las que la sentencia de Hegel sobre la racionalidad de lo real es denunciada como "la consigna clásica del espíritu de la Restauración, la fórmula absoluta del conservadurismo, el quietismo y el optimismo políticos (ibíd., p. 365). Adorno, en cambio, ha defendido siempre a Hegel contra tal simplificación; así, en "Aspectos": "lo más discutible –y también, por ello, lo más difundido– de sus doctrinas, eso de que la realidad sería racional, no era meramente apologético, sino que la razón se encuentra en él formando constelación con la libertad: la razón y la libertad serían un sinsentido una sin la otra. Lo real únicamente puede ser tenido por racional en cuanto que sea transparente a la idea de la libertad, esto es, a la autodeterminación real de la humanidad; y quien escamotee de Hegel esta herencia de la Ilustración, y proclame airadamente que

es decir, de que lo que existe tiene un sentido. Se ha vuelto absolutamente imposible que, pues, la quintaesencia de lo existente se revele como plena de sentido en un sentido *diferente* de aquel según el cual todo ha de explicarse a partir de un principio determinado, en sí unitario, a saber: el principio de dominación de la naturaleza. No sé si puede sostenerse que no es posible escribir un poema después de Auschwitz.[39] Pero la idea de que, después de Auschwitz, a propósito de un mundo en el que eso ha sido posible y en el que eso amenaza con ocurrir nuevamente cada día bajo una forma diferente –me acuerdo de Vietnam; probablemente eso sucede en este mismo segundo–, a propósito de una constitución global tal de la realidad, puede decirse seriamente que esta se encuentra plena de sentido, me parece un cinismo y una frivolidad que no puede defenderse simplemente de acuerdo con..., sí, déjenme decirlo, de acuerdo con la experiencia prefilosófica. Y una filosofía que permaneciera ciega frente a esto y que, con la arrogancia del espíritu que no ha incorporado a la realidad dentro de sí, afirmara que, a pesar de todo, *hay* un sentido, me parece realmente inadmisible en un ser humano que no haya sido aún totalmente idiotizado por la filosofía (pues la filosofía puede, entre otras muchas funciones, ejercer también exitosamente, sin ninguna duda, la de idiotizar). Recuerdo muy bien, en este contexto, que en un seminario de primer ciclo que dicté junto con Tillich relativamente poco antes del comien-

---

su lógica propiamente no tiene nada que ver con la construcción racional del mundo, lo falsea" (GS 5, p. 288 [*Tres estudios sobre Hegel*, ob. cit., p. 66]).

[39] Adorno hace referencia aquí a la frase más conocida, pero también la más frecuentemente malinterpretada que él haya escrito: "Hasta la conciencia extrema de la fatalidad amenaza con degenerar en palabrería. La crítica de la cultura se encuentra frente al último peldaño de la dialéctica de cultura y barbarie: escribir un poema después de Auschwitz es barbarie, y esto corroe también al conocimiento que dice por qué hoy es imposible escribir poemas" (GS 10.1, p. 30 [*Crítica de la cultura y sociedad I*, trad. de Jorge Navarro Pérez, Madrid, Akal, 2008, p. 25]). Para la interpretación de aquello a lo que alude Adorno con su sentencia, cf. Rolf Tiedemann, *"Ob nach Auschwitz noch sich leben lasse". Ein philosophisches Lesebuch*, Frankfurt, 1997, pp. 11 y ss.

zo del Tercer Reich, una camarada se expresó, en una ocasión, muy drásticamente contra el concepto de un sentido de la existencia y que, cuando dijo: "La vida no me parece cargada de sentido, no sé si está cargada de sentido", la entonces ya muy perceptible minoría nazi del seminario, sumamente acalorada, comenzó a raspar el piso con los pies en señal de descontento. Ahora bien, no quiero afirmar que el ruido de los nazis haya demostrado o refutado alguna cosa, pero es en todo caso muy significativo. Representa un punto neurálgico, tendería a decir, para la relación del pensar con la libertad, si es posible tolerar el reconocimiento de que una realidad dada carece de sentido; de que, pues, el propio espíritu no se puede orientar en ella; o si la conciencia se ha vuelto tan ineficaz que ya no puede arreglárselas de ningún modo sin convencerse continuamente de que todo está dispuesto del mejor modo. Tendería a pensar que, por esta razón, ya no es posible la construcción teórica de una positividad como quintaesencia de todas las negaciones, a menos que la filosofía le haga el honor realmente a aquella mala fama de extrañeza frente al mundo que merece siempre, en general, cuando se muestra especialmente familiar con el mundo y le atribuye a este justamente algo así como un sentido positivo.

A través de lo que dije les resultará claro que el concepto de dialéctica, de dialéctica negativa —y esto debería avalar la elección del término "negativo" de una manera nada accesoria—, se torna *crítico*; que, pues, un tipo de dialéctica para la cual no se trata, como lo ha exigido el Hegel tardío, de encontrar en todas las negaciones lo afirmativo, sino lo contrario, tiene que comportarse *críticamente*. Y querría anteponer aquí téticamente, de manera muy general, la afirmación de que la dialéctica negativa, de la que les he desarrollado los elementos y la idea, en lo esencial es lo mismo que una teoría crítica. Tendería a pensar que los dos términos, "teoría crítica" y "dialéctica negativa",[40] designan lo mismo. Quizás, para ser exacto, con la única

---

[40] Mientras Hegel caracterizó la conversación socrática en los diálogos de Platón como "dialéctica negativa" (cf. G. W. F. Hegel, *Werke in zwanzig Bänden*, ed. de Eva Moldenhauer y Karl Markus Michel, Frankfurt, 1971, vol. 19:

diferencia de que teoría crítica designa realmente solo el aspecto subjetivo del pensar, es decir, justamente la *teoría*, mientras que dialéctica negativa no solo indica este momento, sino asimismo la *realidad concreta* que es alcanzada por ella; es decir que el proceso no es solo un proceso del pensar sino –y esto es buen Hegel–, al mismo tiempo, un proceso en la cosa misma. Este carácter crítico de la dialéctica debe ser descompuesto en una serie de momentos. Ante todo, es aquel momento que intenté desarrollar ante ustedes en la última clase de estas lecciones –si ustedes lo recuerdan– a partir de la relación entre el concepto y su cosa. Volveremos sobre esto. Nos toparemos con que la tesis acerca de la identidad entre el concepto y la cosa realmente es el nervio vital en general del pensar idealista; puede decirse: del pensar tradicional en general; y que esta afirmación de la identidad de concepto y cosa está fusionada del modo más profundo con la estructura de la propia realidad concreta. Y dialéctica negativa en cuanto crítica significa, antes que nada, la crítica justamente de esta pretensión de identidad que, naturalmente, no debe ser llevada a cabo con cada cosa individual en una mala infinitud, pero sí debe ser llevada a cabo con estructuras esenciales con las que el interés filosófico se encuentra, también mediado por la temática de la filosofía.

Vorlesungen über die Geschichte der Philosophie II, p. 69 [*Lecciones sobre la historia de la filosofía*, trad. de Wenceslao Roces, 3 vols., México, FCE, 1995, vol. II, p. 183]), el concepto fue acuñado en su sentido expreso por Adorno y empleado por primera vez en su libro homónimo aparecido en 1966; teoría crítica, en cambio, es, desde el artículo "Teoría tradicional y teoría crítica", de Max Horkheimer, la designación para el pensamiento del círculo reunido en el Instituto de Investigación Social; fue utilizado también, en gran medida, como "término en clave" (Gershom Scholem) para designar al marxismo. Dice Adorno: "La formulación horkheimeriana 'teoría crítica' no quiere hacer aceptable el materialismo, sino llevar en él a la autoconciencia teórica aquello por lo que se distingue de las explicaciones diletantes del mundo no menos que de la 'teoría tradicional' de la ciencia. En cuanto dialéctica, la teoría debe ser –como, en general, lo fue la marxista– inmanente, aun cuando acabe negando toda la esfera en que se mueve" (GS 6, p. 197 [*Dialéctica negativa*, ob. cit., p. 186]).

Además, la dialéctica en cuanto crítica significa la crítica a la hipóstasis del espíritu como lo absolutamente primero y lo absolutamente fundamental. Recuerdo que en una ocasión le expuse a Brecht, durante la emigración, este pensamiento, el hecho de que esto sea tarea de la filosofía; y que Brecht reaccionó diciendo que esto en realidad había sido resuelto hacía mucho tiempo por la discusión –él pensaba simplemente en la dialéctica materialista–, y que a través de esto el pensar retrocede a una controversia que ya había sido rebasada por el curso irreal de la historia. No puedo estar de acuerdo con esto. Por un lado, me parece que la obra de la que él se valía –el libro de Lenin sobre el empiriocriticismo,[41] en el sentido de una crítica filosófica a la hipóstasis del espíritu o al idealismo– no consigue de ningún modo lo que se propone, sino que sigue siendo una obra totalmente dogmática que plantea simplemente una tesis con constantes insultos y variantes sin abordar en realidad el contexto de fundamentación. Y el hecho de que la dialéctica materialista se haya convertido, en un sentido tan cuestionable, en una visión del mundo, en lugar de ser lo que una vez pretendía ser, es decir, una ciencia en un sentido más elevado, realmente el estado más avanzado del conocimiento, se relaciona totalmente, me parece, con ese dogmatismo. Pero además creo que en este momento hay tanto fundamento para una crítica a la hipóstasis del espíritu porque para la filosofía –cuyo *medium* propio es el espíritu; la filosofía se mueve siempre y continuamente solo en el espíritu– esta hipóstasis del espíritu es algo irresistible. Y creo que todo ser humano que haya experimentado realmente alguna vez

---

[41] Cf. Vladimir Lenin, *Materialismus und Empiriokritizismus. Kritische Bemerkungen über eine reaktionäre Philosophie*. Primera edición en ruso: 1909; primera traducción al alemán: Viena-Berlín, 1927. Cf. también el texto "Über Lenins *Materialismus und Empiriokritizismus*" [Sobre *Materialismo y empiriocriticismo* de Lenin], de Horkheimer, que juzga de un modo por cierto muy diferente que Adorno la principal obra filosófica de Lenin (en Max Horkheimer, *Gesammelte Schriften*, vol. 11: *Nachgelassene Schriften 1914-1931*, ed. de Gunzelin Schmid Noerr, Frankfurt, 1987, pp. 171 y ss.).

qué es la gran filosofía habrá experimentado la violencia de, justamente, esta tesis sobre el primado del espíritu, tal como este se halla contenido en toda así llamada *prima philosophia*. Y un pensar que se sustrae a esta experiencia en lugar de medirla consigo mismo y ponerla en movimiento mediante su propia fuerza, una vez que dicha experiencia se ha vuelto cuestionable, sería enteramente ineficaz. No olviden que precisamente por el hecho de que el pensar se consuma en el concepto, el órgano del concepto, es decir, justamente la conciencia, es maniobrado ya por anticipado en una especie de posición prioritaria;[42] y que si alguna vez se extiende tan solo el dedo más pequeño en dirección hacia la primacía del espíritu –ya sea en la forma de "hechos" que le son dados al espíritu como datos sensibles, ya sea en el sentido de la primacía de las categorías–, entonces, de hecho, no es posible ya abandonar esto. El enorme poder de Hegel es el poder por el que estamos todavía tan impresionados y por el que, Dios lo sabe, estoy *yo* tan impresionado, que soy consciente de que ninguno de los pensamientos que desarrollo aquí ante ustedes no está contenido, al menos tendencialmente, en la filosofía de Hegel.[43]

---

[42] Adorno había registrado ya este concepto central de su filosofía en uno de sus cuadernos en mayo de 1965: "Toda filosofía, gracias a su procedimiento, afecta a una decisión previa para el idealismo. Puesto que tiene que operar con conceptos, no puede pegar materiales, algo no conceptual, a sus textos (quizá en el arte el principio del collage es inconscientemente de sí mismo la protesta precisamente contra eso; también la técnica de encolado de Thomas Mann. Pero por eso ya se procura que a los conceptos, en cuanto el *material* de la filosofía, se les otorgue la prelación. Incluso la materia es una abstracción. Pero la filosofía puede reconocer, nombrar ella misma este ψεῦδος a ella necesariamente impuesto; y si sigue pensando a partir de ahí, ciertamente no suprimirlo, sino reconstruirse de tal modo que todas sus frases se zambullan en la autoconciencia de esa no verdad. Justamente esa es la idea de una dialéctica negativa" (GS 6, p. 531 [*Dialéctica negativa*, ob. cit., p. 505]).

[43] Al final de la segunda lección, indica la transcripción: "(a partir de aquí, violentas interferencias y desaparición de la voz, no se entiende casi nada; faltan unas 10-12 líneas)".

Lección 3
16/11/1965
Anotaciones

3)[44] *Hoy, el concepto de positividad, y por cierto* in abstracto, *se ha convertido en ideología.*
La crítica en sí *se torna sospechosa.*
Frente a esto, aun en su abstracción, el concepto de lo negativo tiene su derecho en cuanto resistencia, aunque no *posee abstractamente* su *positivo – está fijado* en *lo negado.*
Pero: se trata de la negación determinada, *es decir, de la crítica inmanente que confronta al concepto con su objeto y viceversa.*
La negatividad en sí *no es un bien – esto sería un mal elemento positivo.*
De no ser así, solo la vanidad del ser que está por encima de las cosas, ya que no se está en ellas. Advertencia ante el abuso narcisista.
– Negatividad frente a lo propio.
Quizás hay incluso un movens *positivo, pero no debe expresarse (¡prohibición de hacer imágenes!), es decir, no debe postularse a sí mismo. No* negar *lo fijo, lo positivo – pero es un* factor, *no debe ser reducido a esto.*
En H[egel], la positividad de la dialéctica es al mismo tiempo su presupuesto (es decir, el sujeto, el espíritu) y su τέλος, *ella sustenta el sistema.*
Resultan dos cuestiones que tengo que tratar de responder a través del desarrollo del pensamiento:
1) ¿es posible *realmente la dialéctica negativa? Es decir, de dónde procede la determinidad de la negación* sin *la posición positiva que la*

---

[44] La numeración continúa la iniciada en las anotaciones para la segunda lección; cf. *supra*, pp. 51 y s.

conduce. Además: qué <u>se</u> deriva de la neg[ación] de la neg[ación]. Mi respuesta: en cada caso, la mala positividad. Index falsi. – La peor cautela frente al concepto de síntesis. Por lo demás, en H[egel] la así [llamada] síntesis (que en los textos cumple un papel sorprendentemente menor) no es simplemente lo mejor y lo superior, sino la reivindicación de la tesis en la antítesis, expresión de la no identidad; en esto, no tan diferente de la fil[osofía] emp[irista]. – Diferencia de matices: esto es <u>decisivo</u> en la fil[osofía] * Interp. 3a[45]

2) Hay –esto es lo mismo, formulado de otro modo– dialéctica sin <u>sistema</u>. La tesis de Benjamin y su tarea.

16/11/65

Acta de la lección

Dado que estas lecciones llevan como título "Dialéctica negativa",[46] puedo quizás regresar al concepto de positividad en su forma hoy vigente. Creo que ya les he mostrado, en la última clase, que el concepto de positividad en sí, *in abstracto*, hoy se ha convertido en ideología; y que la crítica en sí, da lo mismo con qué contenido, hoy se torna ya sospechosa. Y en buena medida esto me ha conducido –si ustedes no contemplan la cosa partiendo de los problemas individuales, sino de la gran arquitectura filosófica– a hablar de dialéctica negativa. Ahora bien, sería erróneo y superficial (y querría evitar esto) que ustedes quisieran restringir el fenómeno del que aquí se trata simplemente a la posición dominante de la conciencia frente al concepto de positividad y, con ello, al mismo tiempo frente al de negatividad. Sino que se trata aquí de un proceso que probablemente es posible seguir a través de todo el espectro de la conciencia contemporánea y al que es aplicable realmente el concepto

---

[45] La interpolación afín 3a aparece recién en la lección siguiente; cf. *infra*, p. 87.

[46] Sobre el título de estas lecciones, cf. *supra*, p. 29, nota 1.

de conciencia cosificada, que realmente[47] espero poder articular y desarrollar teóricamente por completo; lo cual, por cierto, me parece, sería una tarea sociológica más que filosófica.[48] Me refiero con esto –y opino que tal vez no carece totalmente de importancia para ustedes, también de acuerdo con su autorreflexión espiritual, dirigir la atención hacia esto– a que los conceptos, y con esto estamos realmente en el tema de la dialéctica, ya no pueden en realidad ser medidos a partir de lo que contienen; y a que lo que ellos contienen no puede ser medido a partir del concepto, sino que el concepto es inmovilizado y se establece una relación con él, sin que se indague aún en absoluto el contenido de verdad con el que él se relaciona. Me refiero a que, pues, al concepto de "positivo" –que incluso es esencialmente un concepto relacional; que, pues, no tiene ninguna validez en sí, sino siempre en relación con algo que ha de ser afirmado o negado– y, por cierto, simplemente a causa del valor emotivo que ha adquirido, a causa de los afectos que se han nutrido de él, se lo arranca de estas relaciones en las que posee validez y se lo acepta como algo autónomo y absoluto, y se lo convierte en medida de todas las cosas. De manera similar al modo en que –lo dije en la introducción al seminario principal de Sociología, hace ocho días[49]– toda la controversia sobre el intelectual, controversia que hoy goza de tanta predilección, es practicada de tal modo que se debate sobre el intelectual como un tipo espiritual o moral sin indagar qué es lo que se manifiesta en cuanto a contenidos espirituales; o si la intelectualidad, en sentido estricto, no es el órgano para percibir adecuadamente lo espiritual en general…; y todas

---

[47] La repetición está en el original. [N. del T.]

[48] Adorno no pudo realizar el plan de trabajo sobre la conciencia cosificada para el que hizo algunas anotaciones en sus cuadernos.

[49] En el semestre de invierno 1965-1966, Adorno dedicó su seminario principal de Sociología al tema "Sobre el concepto de sociedad"; cf. *supra*, nota 18; su introducción parece, por cierto, no haber sido idéntica al texto "Sociedad", leído durante el curso (cf. ibíd., así como GS 8, pp. 9 y ss.).

las demás cuestiones. Tengo la impresión de que esa tendencia de la conciencia cosificada, que realmente desemboca en inmovilizar y fetichizar, al mismo tiempo, todos los conceptos que existen de manera similar a lo que sucede con los eslóganes de las publicidades; de que esa tendencia es tanto más funesta cuanto que, a causa de su universalidad, directamente no ingresa a la conciencia. Y tendería a pensar que el trabajo de la filosofía no consiste tanto en la negatividad como tal —diré enseguida algunas cosas sobre esto— como, ante todo, en que cada uno controle su propio tipo de pensar, en que se relacione críticamente con su propio pensar, con vistas a resistir este comportamiento del pensar cosificado. Y si tuviera que formular a qué apunta esta dialéctica negativa, en la medida en que haya de brindarles a ustedes apoyo en el propio pensar —y, en definitiva, eso es una tarea nada desdeñable precisamente en unas lecciones—, entonces diría que dicha dialéctica los hace conscientes de esa tendencia; y, al hacerlos conscientes, les impide seguirla y complacerla.

Sería posible remontar esta tendencia muy lejos, obviamente, desde la perspectiva de la sociedad y de la filosofía de la historia. Su trasfondo es, con seguridad, justamente la irrevocable pérdida de las categorías unitarias, absolutamente vinculantes.[50] Cuanto menos de lo así llamado sustancial, de lo no cuestionado, le está dado de antemano a la conciencia, tanto más tiende ella —en cierta medida, de manera compensatoria; a fin de equilibrar esto— a fetichizar de ese modo, en el sentido más literal, conceptos que han sido fabricados, que no poseen nada de trascendente frente a la conciencia; es decir: tanto más tiende la conciencia a absolutizar lo que ella misma ha fabricado. A absolutizar esto, en efecto, extrayéndolo de su contexto y dejando ya de pensar sobre ello. Ahora bien, yo diría, en vista

---

[50] El original dice aquí (Vo 10834) además: "a partir de lo que ayer, con una cita de Malinowski, el señor Schelsky… ha denominado"; como no fue transmitida la cita de Malinowski realizada por Helmut Schelsky, esta parte de la oración fue suprimida.

de este estado de cosas, que el concepto de lo negativo tiene, todavía en su abstracción –en la que, ante todo, debería introducirlo de manera necesaria y, por ende, *errónea*–, un cierto derecho, a saber: el derecho de la resistencia frente a tales hábitos del pensar, aunque no "posea" su propia positividad. Pues precisamente ese "poseer algo", poseerlo como algo fijo, dado, no cuestionado, en lo que puede uno descansar confortablemente, es justamente lo que el pensar realmente debe resistir. Y justamente esto, que se le reprocha como una falta a un pensar que no lo posee, es en realidad el *medium* en el que puede desplegarse el pensamiento filosófico, si realmente lo es. Podría decirse, pues, que en un tal pensamiento de la resistencia, la positividad reside en la resistencia frente a justamente aquellos momentos que intenté explicarles a través del concepto de conciencia cosificada, si en relación con esto se piensa ante todo, de manera muy simple, en la posición de la conciencia subjetiva, es decir, del comportamiento intelectual de cada uno de nosotros. Pero creo que ustedes deberían tener en claro ya desde el comienzo, a fin de comprender la orientación de aquello a lo que querría llegar, y que solo puedo desarrollar gradualmente ante ustedes, que aquí no puede tratarse de la negatividad como un principio universal y abstracto, tal como he tenido que introducirla frente a ustedes ante todo por necesidad; en cambio, en esta negación que desarrollé frente a ustedes –o no desarrollé, sino que planteé al comienzo, ya que hay que comenzar por algo, aunque uno no crea en un comienzo absoluto–, reside la indicación de lo que en Hegel se llama negación *determinada*. En otras palabras: este tipo de negatividad se concretiza, va más allá de la mera filosofía del punto de vista, por el hecho de que ejerce la crítica inmanente, en la medida en que confronta los conceptos con sus objetos y, a la inversa, los objetos con sus conceptos. La negatividad *en sí* (si un concepto tal no fuera un sinsentido, pues, a través de ese ser en sí, un concepto –que esencialmente solo vale en contexto, es decir, "para lo otro"– se convierte ya en antítesis de aquello a lo que se refiere) no es un bien que habría que defender. De esa manera se convertiría de inmediato, por su parte, en mala positividad. Y esta falsedad de la negatividad en sí se expresa en la vanidad de una posición determinada a la cual uno se ve muy fácilmente inducido cuando es joven, es decir, cuando aún uno no se ha entregado totalmente a la disciplina de las cosas individuales. Surge, pues, en realidad aquella actitud de la que Hegel dijo, en un célebre pasaje del prefacio a la *Fenomenología* –al que hago referencia constantemente y que querría aconsejarles con la mayor insistencia que estudien en profundidad todos los que asisten a estas lecciones–...; se trata de lo que Hegel, en el prefacio a la *Fenomenología*, denomina vanidad y vacío de aquel que siempre está por encima de las cosas porque no está en las cosas.[51] La negatividad abstracta: el hecho de que uno percibe enseguida, por así decirlo, desde afuera las fallas de los fenómenos para colocarse a sí mismo por encima de los fenómenos solo está al servicio de la satisfacción intelectual narcisista y, en esa medida, está expuesto de antemano al abuso. Y se encuentra entre las primeras exigencias de la disciplina del pensar dialéctico, que es necesario recordar con gran énfasis, la de resistir esta tentación, aunque en ella reside también algo productivo, a saber: justamente que uno no se deja satisfacer con los mendrugos que le arrojan; que uno siente que hay algo mejor que el embuste con el que lo envuelven. No querría pasar por alto esto. Pero, a pesar de todo, no hay que inmovilizarse en esta posición. Precisamente esto reside en la exigencia de la negación determinada.

Pero esto encierra también el hecho de que un pensar tal, naturalmente, tiene la obligación de una autorreflexión constante. Querría decir aquí que, entre las objeciones que se hacen a mis tentativas,

---

[51] "Por eso, tales esfuerzos con la meta o con los resultados, así como en dar con lo que haya de diverso en esto y aquello, enjuiciándolo, son trabajo más fácil de lo que quizá parezca. Pues, en lugar de ocuparse de la Cosa, este hacer está siempre más allá de ella; en lugar de demorarse en ella y dentro de ella olvidarse, este saber anda siempre detrás de otro; y más bien se queda en sí mismo que está en la cosa y se entrega a ella" (G. W. F. Hegel, *Fenomenología del espíritu*, ob. cit., p. 59).

que son muy numerosas, está la de que no se les ocurre a las personas nada mejor (y, desgraciadamente, en general se les ocurre muy poco) que decir: "Bien, ¿él aplica su negatividad también a sus propias cosas?". Este es directamente un caso escolar de aquello que querría designar como una formulación malamente abstracta. No se trata de que yo, como me relaciono críticamente con todos los fenómenos posibles, de un modo determinado y en un contexto teórico muy desarrollado también asuma *a priori*, por así decirlo, una así llamada negatividad frente a mis propias cosas. Si, finalmente, considerara en general como falsas o no verdaderas mis cosas –que solo se constituyen en la relación de la negación determinada–, entonces, pues, no las diría. En el hecho de que las diga, de que las exprese, radica ya en el fondo el hecho de que ha ingresado también en estas cosas la autorreflexión, en la medida en que pude hacerlo. Pero si se añade desde afuera la exigencia: "Pues bien, si él tiene un principio negativo, o si considera a la negatividad como un *medium* esencial, entonces no puede decir nada", en el fondo hay que responder a esto diciendo solo: "¡Ojalá ocurriera eso con ellos!". Quiero decir que probablemente –y esto es quizás lo máximo a lo que puede uno atreverse realmente en este contexto– existe algo tal como un así llamado *movens* positivo del pensamiento; si uno *no* quiere eso –y digo intencionalmente "eso" porque no es posible decir, no es posible expresar el "eso"–, no hay una negación determinada, no hay en realidad nada en absoluto. Pero creo que justamente este factor de positividad, que de acuerdo con su sentido pertenece correlativamente a la negatividad, se vincula con el principio de la negación determinada porque se resiste a que se la inmovilice permanentemente de manera abstracta, fija, estática, de una vez por todas. Si es verdad que toda filosofía que pueda tener alguna aspiración a la verdad vive del viejo fuego, es decir, no solo secular iza la filosofía,[52] sino justamente también la teología, entonces, creo, hay aquí un punto sobresaliente de aquel proceso

---

[52] En el original mecanografiado: *filología* (Vo 10837).

de secularización; a saber, aquel que extiende la prohibición de hacer imágenes, que ocupa el lugar central en las religiones de la salvación, se extiende hasta los pensamientos, y hasta las ramificaciones más sublimes del pensamiento. Así pues, para aclarar esto aquí: no se trata, por ejemplo, de negar alguna cosa puntual, ni siquiera aun de negar algo fijo en el pensar; llegaremos, espero, todavía de manera muy concreta al significado de lo fijo en la lógica dialéctica; pero esto fijo y positivo es precisamente allí, como la negación, un *momento*; y no, por ejemplo, aquello que puede ser anticipado, que puede ser planteado al comienzo. Si me preguntan, después de lo que les dije: "Si admites que lo positivo, tanto como lo negativo, son solo momentos, y que ambos no deben ser estatuidos como un absoluto, ¿por qué, entonces, promueves tan enfáticamente el concepto de negatividad?", entonces solo puedo darles la respuesta real si encuentran desarrolladas las cosas que recién hemos comenzado a abordar ahora, a saber: si yo consigo criticar de manera concluyente e inmanente, en el pensar tradicional, el presupuesto de la filosofía de la identidad. Tengo que pedirles, pues, que tengan paciencia. No podría hacerlo en este instante. Pero, para uso doméstico, por así decirlo, como un hombre sencillo del pueblo, sabría yo que el mundo rebosa de positividad; y que esta positividad se muestra en una medida tal como lo negativo que, frente a ese negativo, acaso corresponda, en un comienzo, adoptar precisamente aquella actitud que es designada por el concepto de una dialéctica negativa.

Y esto representa, por cierto, una diferencia respecto de Hegel que no hay que maquillar por ningún medio y que no se relaciona solo, por ejemplo, con las así llamadas posiciones generales, sino que se extiende hasta todas las categorías individuales. Pues por infinitamente rico que sea Hegel, y por infinitamente cuantioso que sea lo que tenga que aprender de Hegel todo pensar filosófico que tome en serio estas cosas, no es posible, justamente en este punto, pasar por alto las diferencias o considerarlas solo como, en cierta medida, externas al abordaje sistemático. En Hegel, la positividad de la dialéctica —es decir, pues, en definitiva, el hecho de que el todo, la quintaesencia de todas las negaciones, es lo positivo, el sentido, la razón, incluso: la divinidad, lo absoluto– es el presupuesto que, en él, desencadena realmente la dialéctica; así como, por otro lado, es el resultado que ha de poder surgir de esa dialéctica y, sin duda, de manera coercitiva. Y precisamente en este círculo se ha sentido especialmente a gusto Hegel; por ello comparó su filosofía con la figura del círculo.[53] Y podría entenderse toda la filosofía de Hegel en analogía con una palabra que proviene de una esfera totalmente distinta, esto es, la de las matemáticas, y que ha sido formulada así por Henri Poincaré,[54] como una única tautología gigantesca.[55] Esto estaría muy bien si la cosa no tuviera un intríngulis: que esta filosofía, que querría tenerlo todo; que esta filosofía, que no querría renunciar a nada; que

---

[53] Entre los numerosos pasajes, citaremos aquí solo el § 15 de la *Enciclopedia* de 1830: "Cada parte de la filosofía es un todo filosófico, un círculo que se cierra en sí mismo, pero la idea filosófica se contiene allí [en las partes] bajo una determinidad particular o elemento. Y porque el círculo singular es en sí mismo totalidad, rompe también los límites de su elemento y funda una esfera ulterior. Por ello se presenta la totalidad como un círculo de círculos cada uno de los cuales es un momento necesario, de tal manera que el sistema de sus elementos propios constituye la idea total, la cual aparece también de este modo en cada círculo singular" (G. W. F. Hegel, *Enciclopedia de las ciencias filosóficas en compendio*, ed., trad. y notas de Ramón Valls Plana, Madrid, Alianza, 2005, pp. 117 y s.).

[54] La cita no ha sido identificada. Henri Poincaré (1854-1912), matemático importante en su época, también físico teórico y filósofo. Autor de las populares obras *La science et l'hypothèse* [La ciencia y la hipótesis] (1902) y *Science et méthode* [Ciencia y método] (1908).

[55] En sus lecciones *La "Crítica de la razón pura" de Kant*, Adorno emplea la expresión para la crítica de Hegel anticipada, por así decirlo, por Kant: "Kant ha llevado adelante, por un lado, el análisis formal, pero al mismo tiempo ha visto también que, si todo conocimiento no fuera otra cosa que forma, si, pues, todo conocimiento se agotara en el sujeto […] no sería realmente otra cosa que una única tautología gigantesca; que el sujeto, en la medida en que conoce, una y otra vez se conocería solo a sí mismo; y este mero conocerse-a-sí-mismo del sujeto sería precisamente una recaída en aquel pensamiento mitológico contra el cual ha trabajado el ilustrado Kant" (NaS IV-4, pp. 105 y s.).

esta filosofía para la cual no hay ningún concepto tan contrario que ella no prefiera incorporar en su seno y reclame para sí...; que esta filosofía, pues, por un lado se presenta sin duda como un gigantesco juicio analítico; pero por el otro, al mismo tiempo, también afirma ser el juicio sintético *par excellence*; esto significa: en este juicio analítico, capturar eso en el espíritu, es decir, identificarse con eso que, por su parte, no es espíritu. Y esto, exactamente esta doble aspiración, que algo sea al mismo tiempo juicio analítico y sintético, exactamente este es el punto en el que creo que hay que ir más allá de Hegel, si se lo toma en serio (y no existe mayor respeto hacia él que tomarlo totalmente en serio); donde, pues, el pensar crítico debe apartarse de él. Y de esta manera caracterizo, desde el comienzo, la diferencia entre la forma de dialéctica que yo, no obstante, considero no solo como la expresión filosóficamente más elevada de la dialéctica, sino realmente como la posición más elevada que ha alcanzado hasta ahora la filosofía en general. Ahora bien, a partir de lo que intenté esbozar hasta ahora ante ustedes, se derivan dos preguntas que espero en alguna medida responderles mediante el desarrollo del pensamiento y que les pido que retengan como tema. Una es *si es posible realmente la dialéctica negativa*, es decir: si puede hablarse realmente de un proceso dialéctico cuando el movimiento no es puesto en movimiento por el hecho de que, en el fondo, siempre el objeto –que ha de ser concebido en su diferencia respecto del espíritu– es por su parte él mismo espíritu. ¿De dónde ha de proceder, pues, la *determinidad* de la negación, sin que la posición positiva, es decir, la del espíritu, en el que desemboca todo, la conduzca desde el vamos? Podría formularse esto preguntando en qué se convierte, en una dialéctica negativa tal –y este es un problema que he planteado ya al comienzo–, aquello que en Hegel se llama negación de la negación; y querría responder la pregunta, en este momento, diciendo que la negación de la negación no es justamente lo positivo sin más, sino que es lo positivo tanto en su positividad como en su propia falibilidad y debilidad, en su *mala* positividad. Podría decirse, pues, o es uno de los principios metódicos –si puedo hablar por una vez de un principio tal sin que se precipiten sobre mí como buitres y digan: "Ahora tienes, pues, un principio metódico universal"; no se trata de que uno no tenga alguna clase de principio universal o fijo, sino solo de qué valor posicional, de qué función cumplen tales principios en el contexto de una filosofía–; quizás podría decirse, pues (he ensayado ya antes a menudo esta formulación),[56] que, sin duda, la proposición spinozista y genuinamente propia de la filosofía de la identidad de que el *verum* es *index sui et falsi*[57] –de que, pues, en lo verdadero es posible inferir inmediatamente su propia verdad y lo no verdadero– sin duda no es válido; pero sí que lo falso, lo que no ha de existir, es *de hecho* el *index* de sí mismo; que aquello que es falso ante todo no es él mismo; es decir: no es él mismo en el sentido de que no es eso que pretende ser; que esto falso, si ustedes quieren, se da a conocer como tal en una cierta inmediatez, y que esta inmediatez de lo falso, este *falsum* es *index sui atque veri*. Es decir, hay allí una cierta referencia, aunque no haya que exagerarla de ningún modo, a lo que considero el "pensar correcto".

Ahora bien, en lo que les indiqué residen las más duras reservas contra el concepto de *síntesis*. Y debo confesarles que no puedo actuar de otro modo; que en el pensar reacciono ante todo de manera

---

[56] Cf., por ejemplo, en *Dialéctica de la Ilustración*: "Pero en la medida en que la Ilustración tiene razón contra todo intento de hipostasiar la utopía y proclama imposible el dominio como escisión, la ruptura entre sujeto y objeto, que ella misma impide cubrir, se convierte en el índice de la propia falsedad y de la verdad" (GS 3, p. 57 [p. 92]), o en el estudio de Hegel "Skoteinos o cómo habría de leerse": "el lenguaje mismo, que no es índice alguno de lo verdadero, sí lo es, en cambio, de lo falso" (GS 5, p. 339 [*Tres estudios sobre Hegel*, ob. cit., pp. 138 y s.]).

[57] Cf. Baruch Spinoza, *Ethices pars secunda*, propositio XLIII, *scholium*: "Sane sicut lux seipsam, & tenebras manifestat, sic veritas norma sui & falsi est" ["Ciertamente, la verdad es norma de sí misma y de lo falso, al modo como la luz se revela a sí misma y revela las tinieblas", Baruch Spinoza, *Ética demostrada según el orden geométrico*, introd., trad. y notas de Vidal Peña, Madrid, Hyspamérica, 1984, p. 149].

idiosincrásica, esto es, por así decirlo, con los nervios; y el así llamado pensar teórico es entonces, en gran medida, solo el intento de seguir estas reacciones idiosincráticas a través de la conciencia. Si ustedes leen el pequeño trabajo sobre el pensar filosófico que publiqué recientemente en *Neue Deutsche Hefte*,[58] podrán informarse un poco sobre lo que pienso al respecto. He sentido, en todo caso, desde temprano una vehemente idiosincrasia contra el concepto de síntesis. Y sin que hubiese sabido bien qué significaba eso –quizás no era otra cosa, al principio, más que la resistencia propia de un ser humano que tendía a los extremos, a quien el sincretismo le parecía erróneo y que se oponía a aquella vía media que, según la frase de Arnold Schönberg,[59] es la única que no conduce a Roma. Pero creo que, en la posición respecto de la negación de la negación, que debería ser la síntesis de acuerdo con el esquema de la triplicidad, precisamente, en el plano teórico, esta idiosincrasia mía ha sido también elevada al menos al concepto. En relación con esto, querría llamar la atención sobre el hecho de que, en Hegel, esta síntesis presenta rasgos sumamente peculiares. En efecto, las cosas son de tal modo en Hegel que, si consideran con atención los textos, verán que en ellos hay infinitamente menos de tales síntesis, de tales positividades que muestren alguna perspectiva, de lo que en un principio ustedes esperarían. Y creo que si uno sigue alguna vez, en términos puramente lexicográficos, el concepto de síntesis en Hegel –no, por ejem-

---

[58] Cf. *supra*, p. 40, nota 16.

[59] Arnold Schönberg escribió sus Tres Sátiras op. 28 en 1925, cuando "estaba muy enfurecido ante los ataques de algunos de mis contemporáneos más jóvenes y quise advertirlos de que no es bueno atacarme"; en el prólogo a las sátiras del coro se lee: "En primer lugar, querría acometer contra todos aquellos que buscan su salvación personal eligiendo un término medio. Pues el término medio es el único que no conduce a Roma. Pero lo emplean aquellos que pican en las disonancias, es decir, que quieren ser considerados modernos pero son demasiado cautelosos para extraer las consecuencias de esto" (cit. por Willi Reich, *Arnold Schönberg oder Der konservative Revolutionär*, Múnich, 1974, pp. 161 y s.).

plo, el concepto de síntesis de acuerdo con la crítica del conocimiento kantiana–, encontraría que, en comparación con conceptos como los de postulación, posición o negación, la expresión "síntesis" aparece en él infinitamente poco; lo que, por cierto, también tiene algo que ver con la cosa. Pero esto tiene un fundamento en la cosa, no es una característica meramente externa del lenguaje hegeliano. En efecto, existe en él la así llamada síntesis: lo que, en cada caso, dentro de la estructura ternaria del pensar –en el caso de que exista algo así en Hegel– constituye el tercer estadio frente a la negación, de ningún modo es lo mejor o lo más elevado, sino que si ustedes consideran alguna vez una tal dialéctica de estructura ternaria –por mi parte, ya la célebre primera tríada de ser, nada y devenir[60]–, encontrarán que esta así llamada síntesis es realmente algo así como un movimiento, como un movimiento del pensamiento, del concepto, que se vuelve hacia atrás y que, hacia delante, no hará pasar de ningún modo algo conseguido como si fuera algo superior venturosamente conquistado. Las síntesis hegelianas suelen –y valdría mucho la pena que el análisis persiguiera esto alguna vez hasta el plano de los detalles– consistir en que, *en* la antítesis, una vez que ella ha sido puesta, la tesis vuelve a imponerse. Si, pues, alguna vez es alcanzada, o al menos afirmada en la antítesis, la identidad de dos conceptos contradictoriamente enfrentados, como en la más célebre, la de la nada con el ser, entonces sigue allí, como una reflexión ulterior, la siguiente: sí, *es* sin duda idéntico, he reunido estas dos cosas –es decir: el ser, como algo totalmente indeterminado, es al mismo tiempo la nada–; pero, si puedo expresar esto en forma totalmente primitiva: no es en realidad tan *enteramente* lo mismo. El pensamiento que identifica, a través de la identificación, siempre le hace violencia a cada concepto individual; y la negación de la negación no es realmente otra cosa que la ἀνάμνησις de aquella violencia, es decir, la

---

[60] Cf. G. W. F. Hegel, *Werke*, vol. 5, pp. 82 y ss. [*Ciencia de la lógica*, pról. de Rodolfo Mondolfo, trad. de Augusta Algranati y Rodolfo Mondolfo, Buenos Aires, Las Cuarenta, 2013, pp. 105 y ss.].

explicación de que yo, al unificar dos conceptos que se enfrentan, por un lado he obedecido a una necesidad en ellos, pero al mismo tiempo también les hice una violencia que debe ser corregida. Y, realmente, esta corrección de la violencia en la identificación es siempre aquello a lo que apuntan las síntesis hegelianas.[61] Esto, esta estructura —se trata en efecto aquí de una estructura de la dialéctica—, no siempre es sostenido de manera totalmente estricta; y sé muy bien que podrían asimismo presentarme, en la *Lógica* hegeliana, estructuras conformadas de otro modo. Pero querría comprometerme a decir, con todo, que la *intención* es siempre realmente *esa* intención; lo cual, dicho sea de paso, tiene la consecuencia sistemática muy interesante de que el movimiento del pensar que caracteriza a la dialéctica en cuanto es un tipo de pensar radicalmente dinámico no es de ningún modo solamente un movimiento hacia delante, no es un movimiento en una única dirección, sino que es siempre también, al mismo tiempo, un movimiento regresivo que siempre vuelve a incorporar dentro de sí —en todo caso, de acuerdo con su propósito— aquello de lo cual se aleja. Y si cuenta como una de las propiedades estructurales de la dialéctica más sorprendentes y más difíciles de comprender en Hegel el hecho de que, por un lado, las categorías sean definidas incesantemente como categorías en devenir y en proceso de transformación, pero que por el otro, sin embargo, las categorías, como ocurre con las de la lógica, también deban valer *de manera absoluta*, como en cualquier lógica o epistemología tradicionales, entonces, si no me engaño, esto tiene exactamente la si-

---

[61] Cf. también la rigurosa formulación que ha encontrado la idea en la introducción a *Dialéctica negativa*: "La punta que el pensar dirige contra su material no es únicamente el dominio de la naturaleza convertido en espiritual. Mientras hace violencia al material sobre el que ejerce sus síntesis, el pensar cede al mismo tiempo a un potencial que espera en lo opuesto a él y obedece inconscientemente a la idea de reparar en los pedazos lo que él mismo perpetró; esto inconsciente se hace consciente para la filosofía" (GS 6, pp. 30 y s. [*Dialéctica negativa*, ob. cit., pp. 29 y s.]).

guiente razón: que, a través de esta tendencia retrógrada presente en el propio movimiento hacia delante, lo que avanza siempre permanece, al mismo tiempo, detenido; de modo que, pues, el devenir y el ser también en este sentido (lo cual, en todo caso, es el propósito de la dialéctica hegeliana) han de ser idénticos entre sí. Si ocurre lo que les dije, es decir, si la así llamada síntesis no es otra cosa que la expresión de la no identidad de tesis y antítesis, entonces una expresión tal de la no identidad no sería de ningún modo tan absolutamente, tan inmensamente diferente de aquello a lo que me refiero con el concepto de dialéctica negativa como podría parecerles a primera vista, e incluso después de lo que les dije en mi caracterización general. Se revela, pues, en esto que las diferencias –y esta es realmente la mayor exigencia que la filosofía admite enviarles a sus adeptos– que realmente importan en la filosofía (en lecciones anteriores les he dicho esto en varias ocasiones, pero debo reiterarlo quizás para darles una cierta ayuda en su propio trabajo) no son de ningún modo las diferencias entre las grandes posiciones, enfrentadas colosalmente. Cuando se las compara entre sí, es decir, cuando se compara, por ejemplo, al racionalista *par excellence*, Descartes, con el primer padre del empirismo, Francis Bacon, se encontrará que en incontables cosas no solo dicen exactamente lo mismo, sino que *buscan* lo mismo, aunque con medios conceptuales diferentes; encontrarán que las orientaciones de estas filosofías están más próximas de lo que permiten esperar las así llamadas postulaciones ideológicas o axiomáticas. Pero, en matices mínimos tales como la comprensión del concepto de síntesis en Hegel y la comprensión del concepto de negación determinada que me esfuerzo en alcanzar, precisamente en estos matices mínimos residen las diferencias. Y la capacidad de pensar filosóficamente es esencialmente la capacidad de experimentar realmente aquellas diferencias en las que todo está en juego en estas diferencias mínimas, en las diferencias en cuanto a lo más pequeño.

Les hablé de preguntas que tengo que responder mediante este enfoque, aunque en forma mediada. Después de la pregunta por la posibilidad de una dialéctica negativa habría que responder otra que, por cierto, solo se diferencia tan terriblemente de la primera de acuerdo con la formulación, no de acuerdo con la cosa; sería, pues, la pregunta por si realmente puede existir dialéctica sin *sistema* —y, además de esto, si puede existir una filosofía sin sistema—. El concepto de sistema filosófico ha caído en descrédito hace tiempo; por primera vez, de manera enfática, a través de la proposición de Nietzsche, que es conocida por todos ustedes, acerca de la deshonestidad del sistema;[62] pero más aún a través de los sistemas epigonales de las diversas orientaciones neokantianas, por ejemplo, el así llamado sistema abierto de Heinrich Rickert,[63] en los cuales la inadecuación entre el aparato conceptual y la exigencia que presenta un pensar tal es inmediatamente evidente. No requiere, en consecuencia, un coraje civil grande declararse en contra del sistema. Y hoy, cuando ya no existe ningún ser humano que crea tener un poco de capacidad que todavía hable de los sistemas, el hecho de que se plantee la pregunta por si la filosofía en general es posible sin sistema es mejor casi a que se asegure una y otra vez que no es posible ningún sistema. Lo que intento, y lo que querría exponer

---

[62] Cf. en el *Crepúsculo de los ídolos*: "Yo desconfío de todos los sistemáticos y me aparto de su camino. La voluntad de sistema es una falta de honestidad" (Friedrich Nietzsche, *Crepúsculo de los ídolos o Cómo se filosofa con el martillo*, introd., trad. y notas de Andrés Sánchez Pascual, Madrid, Alianza, 2002, p. 38).

[63] Cf. por ejemplo: "¿No es posible también conciliar el alcance y la imparcialidad de la mirada con una voluntad de sistema? En otras palabras, ¿debe un sistema ser cerrado siempre de modo tal que en él ya no quede lugar para lo nuevo? No existe razón alguna para que la filosofía pudiera impedir que se proceda sistemáticamente si ella aspira a aquello que se puede denominar un sistema *abierto*. Pero ¿qué significa eso? ¿Acaso ha de ser una construcción intelectual, desde la misma perspectiva, a la vez sistemática y abierta? Esto generaría una contradicción. Pero no es esto lo que se pretende. La apertura se refiere antes bien solo a la necesidad de valorar debidamente el carácter no cerrado de la vida cultural histórica; y la auténtica sistematicidad puede basarse en factores que rebasan toda historia sin entrar por ello en conflicto con esta" (Heinrich Rickert, "Vom System der Werte", en *Logos* 4 [1913], p. 297).

ante ustedes no es, de hecho, otra cosa más que la posibilidad de filosofía, en un sentido vinculante, sin sistema y sin ontología; esto es lo que querría conseguir. Pero pueden deducir cuán serio es dirimir estas cosas —quizás logre decirles algo al respecto al final— del hecho de que un pensador como Benjamin, que tiene la fama de ser un ensayista y un micrólogo, todavía en el trabajo que se encuentra ahora en *Zeugnisse* [Testimonios][64] ha defendido muy enfáticamente la perspectiva de que la filosofía no es posible sin sistema. Y el esfuerzo de su pensar ha llevado realmente hasta una especie de catástrofe esta pregunta por la *posibilidad de la filosofía sin sistema*. Y de esta posibilidad tendremos que ocuparnos muy exhaustivamente en la continuación de las lecciones; precisamente, con aquella formulación inversa; inversa respecto de la obviedad usual de la afirmación de que el *sistema de la filosofía no es posible*.

---

[64] Cf. Walter Benjamin, "Über das Programm der kommende Philosophie", en *Zeugnisse. Theodor W. Adorno zum 60. Geburtstag*, ed. de Max Horkheimer, Frankfurt, 1963, pp. 33 y ss.; ahora en Walter Benjamin, *Gesammelte Schriften*, ed. de Rolf Tiedemann y Hermann Schweppenhäuser, con la colaboración de Theodor W. Adorno y Gershom Scholem, vol. II.1, 3ª ed., Frankfurt, 1990, pp. 157 y ss. ["Sobre el programa de la filosofía venidera", en *Obras*, libro II, vol. 1, ed. española de Juan Barja, Félix Duque y Fernando Guerrero, Madrid, Abada, 2007, pp. 162 y ss.].

Lección 4
18/11/1965
Anotaciones

[Interpolación 3a:] comienzo 18/11/65
ad vocem *sistema*.
Descrédito universal; es más importante comprender la necesidad.
Según todo el concepto tradicional de fil[osofía], una filosofía que no sea sistema está condenada. El concepto tradicional se propone la explicación del todo del mundo, o del fundamento del mundo.
Sistema = la forma que aspira a proporcionar este todo.
Aquí, diferencia entre sistematización y sistema.
La sistematización es una forma de representación en sí unitaria, un esquema en el que todo encuentra un espacio, una organización de la razón subjetiva.
Sistema era el desarrollo de la propia cosa a partir de un principio, dinámico y total, de modo que "nada quede afuera". Prototipo: Fichte.
Tan grande es la necesidad de sistema que hoy, de manera inadvertida, la sistematización es adoptada como su sustituto. La circunstancia de que todos los hechos encuentren su lugar, su posición fija, en un esquema ordenador abstraído previamente a partir de los hechos es tomada como explicación.
Esta necesidad condiciona que también las construcciones intelectuales que se presentan como antisistemáticas (Nietzsche) o asistemáticas sean latentemente sistemas.
La referencia de Haag a Heidegger, en cuyo concepto de ser sujeto y objeto se fusionan de manera tan indiferenciada que esto asume la función de un principio de sistema, sin ser, por cierto, transparente en cuanto tal, como los grandes sistemas de la filosofía. Vincula la totalidad con la renuncia a concebir.

Pero, a través de su latencia, se <u>transforma</u> el impulso hacia el sistema; ya no es el mismo impulso.

Dialéctica negativa es, bajo este aspecto, la conciencia de su transformación. [Fin de la interpolación]

¿El pensamiento no se vuelve entonces[65] <u>*contingente*</u>*, arbitrario? Respuesta: es orientado por la forma de la (falsa) positividad; filosóficamente, como siempre, por la forma históricamente dada del pensamiento. Se <u>orienta</u>, por así decirlo, según la resistencia. En lugar del sistema, la coacción de la cosa.*

Solo que: la <u>fuerza</u> del sistema debe poder ser traspuesta a la crítica del individuo. ¡Crítica en el doble sentido: el concepto y la <u>cosa</u>! Aún para la discusión. Pensar que consume dentro de sí mismo al sistema. La fuerza que se libera al estallar lo individual es lo que antaño animaba al sistema, pues es la fuerza a través de la cual el fenómeno, en cuanto no idéntico con su concepto, es más que él mismo. Hay que <u>salvar</u> en el sistema: el hecho de que los fenómenos conforman un conjunto <u>objetivamente</u>, no recién en su clasificación. Pero esto no debe ser hipostasiado o añadido desde afuera, sino que debe encontrarse en los fenómenos mismos, en su determinación más íntima, y el método para eso debe ser una dial[éctica] neg[ativa].

(1)[66] *La filosofía pareció superada.* Tesis sobre Feuerbach. *Pregunta por la no identidad de la fil[osofía] hoy, por su irrelevancia,* une barque

---

[65] Se refiere a la pregunta con la que se cerraron las anotaciones para la tercera lección: "Hay [...] dialéctica sin <u>sistema</u>"; cf. *supra*, p. 70.

[66] A partir de aquí basó Adorno esta lección en la *Introducción* a *Dialéctica negativa*, cuya primera versión había dictado probablemente en octubre de 1965; en todo caso, corrigió manualmente el dictado transcripto en una copia mecanografiada entre el 26 de octubre y el 13 de noviembre de 1965. La secretaria de Adorno comenzó a copiar a máquina esta segunda versión el 22 de noviembre. La copia mecanografiada corregida exhaustivamente a mano de la primera versión (Theodor W. Adorno Archiv, Vo 13394-13436) comprende 40 páginas; la de la segunda versión, la así llamada *Primera copia in-*

sur l'océan.⁶⁷ *La fil[osofía] parece pertenecer a un mundo incomparablemente más limitado. Casita.*⁶⁸
Hay que revisar esto en vista de que no se ha realizado; no el punto a partir del cual habría que demostrar su nulidad.

18/11/65

Acta de la lección

Recordarán que, en la última clase, pasé al tratamiento del concepto de sistema. Querría prepararlos con algunos miramientos para el hecho de que, en este curso, se tratará una y otra vez sobre el concepto de sistema. Se me impone una y otra vez la discusión de esta categoría que, por lo demás, no llegué a desarrollar a fondo en un libro mío, la *Metacrítica*.⁶⁹ Y tengo el sentimiento claro de que

---

termedia (Vo 13352-13393), una página más. Las anotaciones de Adorno se remiten, hasta el 10 de febrero de 1966, a la primera copia mecanografiada de la primera sección y, en particular, a las páginas 1 a 28; a partir de allí, se basan en la *Primera copia intermedia*. Aunque la diferencia entre las dos copias mecanografiadas es insignificante –ambas contienen el texto idéntico de la primera versión; la primera solo puede inferirse de la versión mecanografiada de la copia con correcciones manuscritas Vo 13394 y ss.–, en el texto de la segunda versión reproducida en el apéndice, se indica el número de páginas de ambos testimonios y, por cierto, entre paréntesis el de la versión más temprana; entre corchetes, el de la posterior.

⁶⁷ "Une Barque sur l'océan", pieza para piano de Ravel, la tercera del ciclo "Miroirs", de 1905; también ha sido transmitida en una versión para orquesta. La extraordinaria sensibilidad de Adorno vio el miedo "literalmente [...] en el título de una pieza para piano de Ravel perteneciente a la tradición: 'Une Barque sur l'océan'" (GS 12, p. 102 [*Filosofía de la nueva música*, trad. de Alfredo Brotons Muñoz, Madrid, Akal, 2003, p. 97]).

⁶⁸ "Casita" parece una interpolación hecha *a posteriori*: la oración siguiente –"Hay que revisar esto"– se refiere a *Tesis sobre Feuerbach* o a *La filosofía pareció superada*; sobre el significado de la casita, cf. *infra*, p. 102.

⁶⁹ El concepto de sistema cumple un papel no precisamente periférico en la introducción a *Sobre la metacrítica de la teoría del conocimiento*; cf., por

les adeudo, en este punto, una rendición de cuentas clara que, sin embargo, no puedo realizar sin interrupciones, sino que tengo que iniciar y retomar en diversos puntos. Ante todo, querría conducirlos a lograr intelectualmente algo que hoy ya no resulta muy fácil para nadie, a saber: comprender *a pesar de todo* la coacción para que la filosofía se convierta en sistema. Hoy en día se ha vuelto mucho más factible decir: se ha tornado imposible filosofar sistemáticamente; y, en consecuencia, hay que renunciar a cerciorarse de aquello que le concedió un énfasis tan extraordinario al concepto de sistema. Y le doy un valor tan grande porque creo que, por un lado, solo pueden comprender correctamente mi enfoque si lo ven en relación con el sistema y no simplemente como un pensar indiferente frente al sistema, contingente; pero también porque, en un cierto sentido, los motivos que sustentaron alguna vez los sistemas filosóficos han de ser preservados en mis propias tentativas; en todo caso, esa es mi intención. Según el concepto tradicional de filosofía, una filosofía que no sea sistema está condenada desde el vamos; es decir: condenada a la contingencia, condenada a que –como lo dice la lógica moderna– sus elementos permanezcan inconexos y, por lo tanto, desprovistos de una conexión ineludible y de una forma unívoca. Detrás de esto se encuentra el hecho de que el concepto tradicional de filosofía, según se extiende desde Platón al idealismo alemán, se ha propuesto explicar el todo del mundo; o al menos el fundamento del mundo, a partir del cual habría que deducir el todo. Sistema significa, allí, la forma bajo la cual puede ser proporcionada una totalidad tal; una forma, pues, en la que en cierto

---

ejemplo, GS 5, pp. 12 y s., 18, 33, 35 y s. *passim* [*Sobre la metacrítica de la teoría del conocimiento,* ob. cit., pp. 7 y s., 38 y s., 53 y s.]. Junto a los pasajes pertinentes, paralelos a las siguientes lecciones, de la introducción a *Dialéctica negativa* (cf. GS 6, pp. 33 y ss. [*Dialéctica negativa,* ob. cit., pp. 13 y ss.]), habría que mencionar también, sobre el concepto de sistema, por ejemplo: Theodor W. Adorno, *Philosophische Terminologie. Zur Einleitung,* ed. de Rudolf zur Lippe, vol. 2, Frankfurt, 1974, pp. 263 y ss.

modo nada queda afuera. Esta aspiración es extraordinariamente grande en el concepto filosófico de sistema; tan grande que coincide casi con la aspiración de la propia filosofía.

Creo que, para cerciorarse de aquello a lo que se alude aquí, deberíamos aclararnos la diferencia entre el sistema, en esta comprensión enfática de la palabra, y aquello que luego ha aparecido ampliamente en su lugar, a saber: la sistematización del pensar. Por sistematización entiendo aquí –creo que no es una definición verbal arbitraria, sino que corresponde de hecho al estado de cosas de la exposición sistemática hoy en día– una forma en sí unitaria de representación, es decir, un esquema en el que encuentra su lugar, su espacio adecuado, el espacio al que pertenece, todo lo que corresponde al ámbito objetivo en cuestión o, en definitiva, también al filosófico (en el caso de que haya de ser un ámbito objetivo). Es, pues, un producto de la razón subjetiva. Quizás el tipo más eficaz y conocido de una sistematización tal es hoy el esbozo de una teoría funcional-estructural de la sociedad desarrollado por Talcott Parsons; una teoría que, al ser traspasada por él a la sociología, ha llegado a ejercer una influencia extraordinaria.[70] Para mí, sin embargo, no se trata aquí de lo sociológico, sino de la estructura de un pensar de tal tipo que es como un plan o como un sistema de relaciones que uno esboza y en el que luego puede ser incluido todo lo que uno encuentra. Me parece característico que precisamente nos hallemos en una situación en la cual lo que se puede designar como un sistema esencialmente filosófico –es decir, el desarrollo de una objetividad, de algo que presuntamente existe en sí desde un punto de vista unitario– ha sido sustituido en una medida muy amplia

---

[70] Sobre la teoría de sistema de Talcott Parsons se expresa Adorno de la manera más exhaustiva en su prefacio a la tesis de Joachim E. Bergmann (GS 20.2, pp. 668 y ss. [*Miscelánea II*, trad. de Joaquín Chamorro Mielke, Madrid, Akal, 2014, pp. 695 y ss.]); cf. también la lección *Introducción a la sociología* (NaS IV-15), p. 18 *passim*, así como las citas y referencias a otros pasajes en los escritos de Adornos en ibíd. p. 265.

por aquello que se puede denominar sistematizaciones. Tomo esto como indicio de que la necesidad que se halla detrás de la formación del sistema es justamente mucho mayor de lo que la desacreditación filosófica de la idea de sistema permite en un comienzo suponer; y precisamente esto nos obliga a ocuparnos exhaustivamente del concepto de sistema. "Sistema", pues, en el sentido enérgico, enfático, en el sentido auténticamente filosófico sería –frente a este concepto de sistematización como un esquema de ordenamiento realizado por la razón subjetiva; un esquema de ordenamiento que es posible esbozar en un sentido clasificatorio– el desarrollo de la cosa misma a partir de un principio, de manera dinámica, es decir, justamente, como desarrollo, como un movimiento que incorpora todo, que aferra todo y es al mismo tiempo total, y con la pretensión de validez objetiva de un tipo tal que –para hablar con palabras de Hegel– no es posible pensar nada, entre el cielo y la Tierra, que permanezca fuera de tal sistema.[71] Quizás el tipo más consecuentemente desarrollado de un sistema tal, en el sentido más enfático, sea el fichteano. Fichte se ha ocupado, efectivamente, de deducir a partir de una idea –a saber: el yo, el sujeto absoluto– todo, incluyendo al sujeto finito y al no-yo finito, que se le contrapone. Y creo

---

[71] Posiblemente piensa Adorno en un pasaje de la *Enciclopedia*: "Nosotros, los modernos, hemos sido iniciados, a través de toda nuestra formación, en representaciones que es sumamente difícil rebasar, ya que esas representaciones poseen el contenido más profundo. Al hablar de los filósofos antiguos, debemos representarnos a personas que están totalmente ceñidas a la intuición sensible y que no tienen ningún otro presupuesto que el cielo arriba y la tierra alrededor, pues las representaciones mitológicas habían sido descartadas. El pensamiento está libre, en este entorno material, y replegado en sí mismo, libre de toda materia, puramente junto a sí. Este puro estar junto a sí pertenece al pensamiento libre, al cual desembarcar en el espacio libre, donde no hay nada debajo de nosotros ni sobre nosotros, y nos hallamos únicamente con nosotros en la soledad" (G. W. F. Hegel, *Werke*, vol. 8, pp. 166 y s. [el pasaje no aparece en la traducción al castellano]); posiblemente se hace también referencia aquí a las palabras de Hamlet (I, 5, vv. 166 y s.): "There are more things in heaven an earth, Horatio, / Than are dreamt of in your philosophy".

que, si quieren alcanzar una cierta claridad sobre el concepto enfático de sistema, harían bien en leer las dos "Introducciones" escritas *a posteriori* para la *Teoría de la ciencia* fichteana,[72] en la cual, con todo el poder que es propio de la lógica fichteana, pueden tomar conocimiento de una necesidad de sistema que hoy ya no es posible sentir. Y me refiero, por cierto, a que solo un pensar que es enfáticamente asistemático o antisistemático puede incorporar esto junto con el sistema si percibe esta propia necesidad y si puede también –en el caso de que pueda yo anticipar este elemento programático–, en definitiva, incorporar dentro de sí algo de esta fuerza que estuvo almacenada alguna vez en los grandes planteamientos sistemáticos. Tan grande es la necesidad de un sistema tal, que hoy, subrepticiamente, la sistematización –es decir: el esquema de ordenamiento; en cierta medida, la pálida copia del sistema en una era positivista– es aceptada como sustituto del sistema. En relación con esto, hay que decir, en contra de todas estas sistematizaciones –y querría decir precisamente esto porque sé, sin entenderlo bien, qué fascinación emana hoy de tales sistematizaciones–, que es una cuestión sumamente cuestionable que un esquema de ordenamiento que ha sido primeramente abstraído de los hechos y su sucesión con vistas a poder ordenar a estos de manera lógicamente transparente sea tratado luego como si fuera eso lo que pretendía ser el sistema, y como lo que la filosofía, en todo caso, debe siempre ser, a saber: la explicación, la *interpretación* de lo que es captado por todo aquello.

Esta necesidad condiciona –y también sobre esto querría llamar la atención de ustedes, a fin de que al menos recuerden la seriedad

---

[72] Cf. Johann Gottlieb Fichte, *Ausgewählte Werke in sechs Bänden*, ed. de Fritz Medicus, Darmstadt, 1962, vol. 3, pp. 1 y ss.; en especial, pp. 18, 61 y ss. Adorno dictó, conjuntamente con Horkheimer, en el semestre de verano de 1956 un seminario principal de filosofía sobre Fichte, "Introducciones a la Doctrina de la ciencia": "con muy gran provecho para nosotros mismos; espero que también para los estudiantes" (carta del 17 de septiembre de 1956 a Dieter Henrich).

de este motivo tan remoto– que también construcciones intelectuales que son tan antisistemáticas como, por ejemplo, la de Nietzsche, o aquellas que se presentan como asistemáticas, como la fenomenología o la ontología modernas, latentemente son, sin embargo, sistemas. Husserl, que comenzó incluso con análisis individuales sobre fenómenos de la conciencia y sus correlatos, fue finalmente lo bastante honesto para confesar que, en cuanto se aplica sobre las estructuras de la conciencia el método de una reducción de todo lo que existe, con ello se postula, en realidad, la pretensión de sistema. Y, a través de ello, en la fase tardía, la filosofía de Husserl volvió a conformarse como una especie de sistema; incluso es posible decir tranquilamente: de sistema del idealismo trascendental.[73] Pero incluso en Heidegger son más complicadas estas cosas de lo que quizás parecen. Seguramente, entre las razones para la fascinación que emanó alguna vez de la filosofía de Heidegger existe también una que esta filosofía expuso con un cierto énfasis como necesaria y consecuente, sin que esa razón haya traqueteado de manera audible con los molinos conceptuales del sistema. Pero las cosas son, sin embargo, de tal modo –y debo la indicación acerca de esto a una conversación que tuve, en los últimos días, con el profesor Haag[74]– que al menos de

---

[73] El hecho de que la fenomenología desemboca en "la posición fundamental de la subjetividad trascendental o [...] del *eidos ego*" es analizado por Adorno ante todo al comienzo del último capítulo de *Sobre la metacrítica de la teoría del conocimiento*; cf. GS 5, pp. 194 y ss. [pp. 236 y ss.]).

[74] Karl Heinz Haag (nac. en 1924), originariamente estudiante de la Universidad Jesuítica de St. George, se había doctorado bajo la dirección de Adorno y Horkheimer con una tesis sobre Hegel y se había habilitado para dar clases de filosofía en 1956 en la Universidad de Frankfurt; se desempeñó allí como profesor de filosofía, pero se retiró en 1972, disgustado con la actividad universitaria; desde entonces, se dedica a la investigación filosófica libre. Las publicaciones más importantes de Haag son *Kritik der neueren Ontologie*, Stuttgart, 1960; *Philosophischer Idealismus. Untersuchungen zur Hegelschen Dialektik mit Beispielen aus der Wissenschaft der Logik*, Frankfurt, 1967; "Zur Dialektik von Glauben und Wissen", en *Philosophie als Beziehungswissenschaft*.

manera latente existe también en Heidegger la función del sistema; que, en su concepto de ser, aquello que realmente los sistemas filosóficos procuran demostrar tradicionalmente –a saber: la identidad de lo existente con el pensamiento– está contenido en la medida en que este concepto de ser ha de ser una unidad indiferenciada, inmediata de aquellos momentos a partir de los cuales, precisamente porque ella es una unidad indiferenciada, son derivados primeramente los diversos modos de ser del ser y las diferencias entre lo ontológico y lo óntico. Así pues, el concepto de ser posee en él, pues, una función muy análoga, al menos "generadora" y, al mismo tiempo, una función análogamente total a la que tenían los sistemas en la tradición del idealismo alemán; por cierto, con la modificación de que la relación con un principio originario tal no es ya transparente; ya no es, pues, consumada de acuerdo con una deducción lógica; y aquel principio al que allí se recurre tampoco ha de ser ya él mismo un principio racional. Podría hablarse, pues, paradójicamente en Heidegger de un sistema de la filosofía que se ha vuelto irracional. Une, podría decirse, la aspiración a la totalidad o, como él mismo dice en una serie de pasajes, al menos de *Ser y tiempo*, la aspiración al todo con la renuncia a concebir.[75] Por lo demás, también pueden encontrar ya dispuesto este singular acoplamiento en Kant, que incluso ha defendido muy enfáticamente la idea de un sistema del idealismo trascendental y que tenía el plan de completar las tres *Críticas* mediante un sistema semejante, desarrollado positivamente; pero, al mismo tiempo, rechazaba, como intelectualista-leibniziano, el

---

Festschrift für Julius Schaaf, vol. 1, Frankfurt, 1971, pp. vi/3 y ss.; *Der Fortschritt in der Philosophie*, Frankfurt, 1983.

[75] De manera similar se dice en *Dialéctica negativa*: "Las motivaciones y las resultantes de los movimientos de pensamiento de Heidegger pueden reconstruirse incluso cuando no son explícitos; pocas de sus proposiciones carecen de un valor posicional en el contexto funcional del todo. En este aspecto es sucesor de los sistemas deductivos" (GS 6, p. 104 [*Dialéctica negativa*, ob. cit., p. 99; la traducción ha sido levemente modificada]).

pensamiento de concebir los objetos "desde adentro"; aunque, de hecho, si la filosofía lograra reducir, sin que reste un excedente, todo lo existente bajo un concepto, de esa manera quedarían necesariamente también concebidos los fenómenos que subsume. Pero entre las múltiples cuestiones que permanecen abiertas en Kant –grandiosamente abiertas, hay que decir– se encuentra también esta.

Ahora bien, querría llamar la atención de ustedes sobre algo que se torna perceptible en las modificaciones en la función y en la forma del sistema de la filosofía. Sería muy superficial (y no querría hacer esto a ningún precio) que se quisiera decir, por ejemplo: "Pues bien, si Heidegger, *malgré lui-même*, es un sistema, es entonces, pues, idealismo", y de esta manera se despachara la cuestión. No quiero negar con esto que considero a la filosofía de Heidegger encubiertamente idealista. Pero lo que aquí se dirime, a saber: que el concepto de sistema ya no se manifiesta como tal, sino que, como dije previamente, se vuelve latente; que, pues, todo lo existente ya no es deducido explícitamente o reducido a su concepto constitutivo, generador, esto modifica, con todo, también en términos cualitativos el propio concepto de sistema. Así pues, el camino –y no me avergüenzo en absoluto de decir que experimento algún contacto en este punto– que en cierta medida seculariza al sistema en una fuerza latente de interconexión entre las perspectivas individuales (en lugar de sus ordenamientos arquitectónicos) me parece, de hecho, el único camino que le queda a la filosofía; solo que es un camino diferente de aquel que pasaría a través del concepto de ser y se serviría allí de la neutralidad del concepto de ser. Y bajo este aspecto querría pedirles que entiendan el concepto de una dialéctica negativa: como la conciencia, como la conciencia crítica y autocrítica de una tal transformación de la idea del sistema filosófico que desaparece pero que, en su desaparición, libera sus fuerzas de manera similar a lo que puede decirse de la teología, cuya secularización, en su momento, fue la idea de sistema como la idea del mundo cerrado en sí mismo y pleno de sentido. Después de lo que les dije, sentirán como algo menos propio de un anticuario y menos académico la pregunta por si algo así como la filosofía es posible de otra manera que como sistema. En este contexto hay que recordar una vez más que Benjamin, en su período temprano, dijo muy enfáticamente que la filosofía solo es posible como sistema;[76] y el camino que lo apartó de esta convicción ha sido extremadamente arduo y doloroso, y quedó en un estado bastante fragmentario. No creo exagerar si digo que, hasta hoy, la pregunta por si es posible la filosofía sin sistema no ha sido abordada con la seriedad y el énfasis necesarios. Pues, ante todo, las cosas parecen tales como si el pensamiento, que se ha enajenado completamente de la unidad en el sistema, el pensamiento que, por así decirlo, piensa allí sin más, suelto (si se quiere expresar esto de manera tan poco amigable), quedara puesto en manos de la contingencia y la arbitrariedad. Y precisamente me ha sido hecha esta objeción, la de ser un *aperçu*, durante mucho tiempo, hasta que poco a poco —simplemente por el hecho de que, a fin de cuentas, existen tantas cosas que se han engranado entre sí y han pasado a representar un contexto— esta objeción ha retrocedido frente a otra; sin que yo mismo haya colocado, hasta ahora, las cartas sobre la mesa,[77] es decir, sin que haya mostrado qué es lo que constituye esta conexión, esta unidad. Y las reflexiones de las que querría, al menos, comunicarles algunas en esta lección son el intento para retomar finalmente esto.

La respuesta, la respuesta muy provisoria a la pregunta por si el pensamiento, que ya no está seguro de que la totalidad de todo lo que existe y puede ser pensado pueda ser desarrollada a partir de un momento de unidad; la respuesta que hay que proporcionar a esa pregunta se relaciona muy estrechamente con las reflexiones sobre el concepto de positividad y con la crítica de la positividad que formulamos en las últimas clases. Podrá decirse quizás que este pensamiento está

---

[76] Cf. *supra*, p. 85 y nota 64.

[77] La metáfora de las cartas sobre la mesa es empleada por Adorno en el prefacio a *Dialéctica negativa* para indicar la función de esta obra dentro del conjunto de su obra; cf. GS 6, p. 9 [*Dialéctica negativa*, ob. cit., p. 9].

conducido por la forma de positividad –por cuestionable que sea– que tiene frente a sí. La estructura del pensamiento ya no le es impuesta por la autoridad y superioridad con que producía y generaba sus objetos a partir de sí, sino por la forma de aquello que el pensamiento tiene ante sí; y, en un sentido más estrecho dentro de la filosofía –y esto, por cierto, no es nada nuevo, sino que siempre ha sido así a través de la historia de la filosofía–, por la forma históricamente presente del pensar hacia la que este se extiende. La unidad del pensar, podría decirse, reside siempre, en este sentido, realmente en aquello que él niega en su posición histórica, en su situación específica; de acuerdo con la proposición de Hegel según la cual una filosofía es su época comprendida en pensamientos.[78] Podría decir, pues, que el pensamiento que quiera ser vinculante sin sistema se orienta de acuerdo con la resistencia que se le contrapone; que, pues, el momento de unidad proviene de la coacción que la cosa ejerce sobre el pensamiento, en lugar de la "acción libre" del pensamiento mismo, que, siempre de manera oculta y de ningún modo siempre abierta como en Fichte, ha sido el centro del sistema. Les pido que relacionen esto con un pensamiento que les sugerí en un contexto muy diferente, a saber: con el pensamiento de secularización del sistema o de transformación del motivo sistemático; con el proceso por el cual los sistemas filosóficos se volvieron imposibles. Permítanme decirles esto una vez más, de momento, de manera más programática, permítanme formularlo más a la manera de una tesis de lo que podría desarrollarlo ante ustedes ahora en detalle. El postulado diría que la fuerza del sistema, lo que alguna vez fue la fuerza de unidad de una construcción intelectual como un todo, debe ser traspuesta a la crítica de lo individual, a los

---

[78] "Concebir *lo que es* es la tarea de la filosofía, pues *lo que es* es la razón. En lo que concierne al individuo, cada uno es *hijo de su tiempo* y también la filosofía *concibe su tiempo en pensamiento*. Es tan insensato figurarse que una filosofía cualquiera sobrepasará su mundo actual como figurarse que un individuo saltará por encima de su tiempo" (G. W. F. Hegel, *Rasgos fundamentales de la filosofía del derecho*, ob. cit., p. 26).

fenómenos individuales. Crítica significa aquí, por cierto, algo doble; crítica significa aquí –y me rehúso a separar esos dos momentos, como nos lo inculca la práctica científica–, por un lado, *crítica en el sentido noológico*; es decir, simplemente la crítica acerca de lo verdadero y lo falso en proposiciones y juicios y acerca de concepciones como un todo. Pero esa crítica también coloca a este momento crítico en una relación necesaria con la *crítica de los fenómenos*, que aquí deben ser medidos a partir de su concepto, ya que su no identidad consigo mismos –que los fenómenos, con todo, afirman poseer– dice al mismo tiempo algo sobre el carácter correcto o incorrecto de esos propios fenómenos. No puedo explayarme más ahora sobre ese doble sentido del concepto de crítica. Querría solo indicarles que precisamente siempre que hablo de crítica se hace referencia a esa duplicidad que es, al mismo tiempo, una unidad. Y puedo remitir, por lo demás, a aquellos que asignan valor precisamente a este punto, a la discusión con el lógico de las ciencias sociales inglés Popper que apareció en el volumen que contiene las exposiciones en la así llamada Pequeña Jornada Sociológica de Tübingen;[79] quizás puedan pegarle una ojeada. Ese sería, pues, realmente el programa que tengo que darles aquí. Y a lo que más se aproxima este programa históricamente es quizás a aquello que tenía en mente Nietzsche a este respecto. El pensar sería un pensar que, sin duda, no es sistema, pero asimila dentro de sí el sistema y también el impulso sistemático; que, en su análisis de lo individual, preserva justamente la fuerza que alguna vez ha querido ser la fuerza de la formación de sistema. La fuerza, quiero decir, que se libera cuando estallan los fenómenos individuales por efecto del pensar que insiste ante ellos; esta fuerza es la misma que una vez animó al sistema, pues es aquella a través de la cual los fenómenos individuales, en cuanto no idénticos, en cada caso, con su concepto, son más de lo que ellos mis-

---

[79] Cf. Theodor W. Adorno, "Zur Logik der Sozialwissenschaften", en *Kölner Zeitschrift für Sociologie und Sozialpsychologie* 14 (1962), pp. 249 y ss. (fasc. 2); ahora en GS 8, pp. 547 y ss. ["Sobre la lógica de las ciencias sociales", en *Escritos sociológicos I*, ob. cit., pp. 509 y ss.].

mos son. Hay que salvar, pues, en la filosofía algo del sistema; a saber: el hecho de que los fenómenos conforman objetivamente –y no solo a través de la clasificación impuesta sobre ellos por el sujeto del conocimiento– un conjunto. Este conjunto en la cosa misma, sin embargo, no debe ser hipostasiado, es decir, no debe ser convertido en un absoluto, y tampoco debe serle impuesto a la cosa desde afuera; sino que debe encontrarse en las cosas mismas, en su determinación interna. Y dialéctica negativa, en la medida en que ella es método –y lo es solo desde una de sus perspectivas–, tiene que ayudar precisamente a esto.

Damas y caballeros, en este punto –al margen de que todo esto posea ya necesariamente un carácter programático; pero tengo que desarrollar ante ustedes mi programa a fin de volverles plausibles los pasos a través de los cuales se consuma– espero que ustedes hagan una objeción. Dirán, pues: en realidad, atribuyes aquí, con alguna ingenuidad, a la filosofía algo que ya no puede proporcionar. En la época en la que surgieron los grandes sistemas –es decir, en la Modernidad; digamos: de Descartes a Hegel–, el mundo poseía una visibilidad general que, hay que agregar, no se correspondía totalmente con la visibilidad general de esos sistemas –y me limito a recordar el infinitamente complejo sistema hegeliano–. Pero, de todos modos, ha sucedido que los sistemas surgieron en un mundo en el que uno aún se orientaba. No quiero decir, Dios lo sabe, que el mundo era entonces lo que la sociología, por ejemplo, de Cooley denomina *primary community*, es decir, una comunidad primitiva; sin duda no era eso.[80] Pero, hasta comienzos de la revolución industrial, tuvo preci-

---

[80] Cf., por ejemplo, Charles Horton Cooley, *Organization: A Study of the Larger Mind*, Nueva York, 1909, pp. 23 y s.: "Al hablar de grupo primario me refiero a aquellos caracterizados por una íntima asociación y cooperación cara a cara. Son primarios en varios sentidos, pero principalmente en el de que son fundamentales en la formación de la naturaleza y los ideales sociales del individuo. El resultado de la asociación íntima, en términos psicológicos, es una cierta fusión de individualidades en un todo común, de modo que el propio yo, para muchos propósitos al menos, es la vida y el propósito común del grupo. Quizás el modo más simple de describir esta totalidad es decir que es un

samente un carácter de visibilidad general que, por ejemplo, corresponde a una pequeña ciudad en comparación con una inmensa metrópolis con un alboroto infinito de trenes elevados, subterráneos, triángulos de vías e instituciones similares. Y creo que corresponde a eso –si se habla de filosofía con una pretensión tal como la que yo tengo– que, si uno se torna alguna vez consciente de, querría decir, esa ingenuidad que consiste en que, en toda la filosofía de hoy, en los modelos que ella aplica a la realidad, en verdad se comporta como si la visibilidad general de las relaciones reales permitiera calar en cierta medida todo lo que repta y vuela y reducirlo a un concepto unitario. Hay en la propia filosofía hoy, podría decirse, un momento de provincialismo; como, por lo demás, pertenece a la signatura de la época el hecho de que lo que se resiste, lo que no se prescribe, siempre tiene en sí, frente a la tendencia universal –aunque sea cualitativamente mucho más progresista y avanzada–, este momento de una cierta candidez y retraso. Y, en esa medida, los momentos provincianos que he destacado en *Jerga de la autenticidad* no son en absoluto accidentales,[81] sino que pertenecen, hasta un cierto grado, a la cosa misma, ya que el concepto tradicional de filosofía solo puede ser recuperado si el pensar se comporta como si se desarrollara aún en las mismas circunstancias tradicionales con las que alguna vez operó la filosofía. Precisamente, una vez que se ha reconocido esta necesidad de provincianismo de la filosofía, que no enuncié de ningún modo tan incondicionalmente como sería preciso en *Jerga de la autenticidad*,

---

'nosotros'; implica la clase de simpatía e identificación mutua para la cual 'nosotros' es la expresión natural. Uno vive con el sentimiento del todo y encuentra los objetivos principales de su voluntad en ese sentimiento [...]. Las esferas más importantes de esta asociación y cooperación íntimas –aunque de ninguna manera los únicos– son la familia, el grupo de juegos de los niños y la vecindad o el grupo comunitario de los mayores. Estos son prácticamente universales, y pertenecen a todas las épocas y estadios de desarrollo; y son, en consecuencia, una base fundamental de lo que es universal en la naturaleza humana y los ideales humanos".

[81] Cf. GS 6, pp. 446, 448 [*Jerga de la autenticidad*, ob. cit., pp. 424, 427].

precisamente entonces tiene uno el deber de hacer dos cosas. Por un lado, desprenderse totalmente de ese provincianismo, es decir, no hablar ya como si ante todo pudiera uno desarrollar un mundo sustantivo —cuya sustantividad hace tiempo que se le escapó a la conciencia filosófica— tal como aún podía imaginarse Hegel estar en condiciones de hacerlo. Pero, por otro lado, igualmente uno tiene que lograr, y esto es ineludiblemente necesario —si uno quiere filosofar y no quiere conducirse como si se confundiera una casita confortablemente amueblada con el Pentágono—, describir el camino o, al menos, si no describirlo —también esto supera cualquier exigencia sensata—, reconstruir intelectualmente de manera abreviada el camino que conduce nuestro pensamiento de regreso a la filosofía. Y solo si uno, diría yo, toma conciencia de esta renovada necesidad de la filosofía, es posible curar a esta de aquel momento de provincianismo que reside ya en el gesto con que alguien se sienta hoy en su cuarto de estudio o —puesto que eso ya no existe— en su aula de seminario, o —puesto que eso en realidad ya no existe— en su oficina y cree que a partir de allí, teniendo a mano papel, lápiz y libros escogidos, podría concebir el todo. Me refiero, por cierto, a que un pensar que fracase frente a esta exigencia no posee, desde el vamos, ninguna justificación para la existencia. Y opinaría además que precisamente la resistencia de las corrientes positivistas contra las corrientes filosóficas que renuncian a esa exigencia también tiene su parte de razón por el hecho de que huele, por así decirlo, el aire viciado que domina en aquella "casita" de la filosofía. Y si la filosofía en general ha de ser todavía algo, debe, por cierto, demoler con la mayor premura la casita y no debe, ante todo, confundir a ningún precio la casita con el viejo o incluso con un nuevo resguardo.[82]

Ahora bien, esto es más o menos claro para todos ustedes. Menos clara les resultará la pregunta por la necesidad de la filosofía o,

---

[82] Alusión al libro de Otto Friedrich Bollnow *Neue Geborgenheit*, Stuttgart, 1956; cf. también GS 6, pp. 419 y s., *passim* [*Jerga de la autenticidad*, ob. cit., pp. 399 y s.].

antes bien, la pregunta por el camino que reconduce el pensamiento a la filosofía. Creo que sería lo mejor aquí que les recuerde simplemente la posición que es posible considerar, con fundamento, como un final de la filosofía, a saber: las *Tesis contra Feuerbach*[83] de Marx, la más célebre de las cuales reza que los filósofos se han limitado siempre a interpretar de diferentes formas el mundo, pero de lo que se trata es de transformarlo.[84] Mediante esta proposición se le ha colgado a la filosofía el cascabel de no ser otra cosa que ideología. Y, por el otro lado, ha sido formulada la exigencia implícita de que, en la medida en que finalmente se realizan los ideales de la filosofía, es decir, ante todo, el ideal de libertad de los seres humanos respecto de las instituciones heterogéneas frente a ellos; la exigencia de que a través de esa realización se tornaría superflua la filosofía como, por su parte, una forma de reflexión abstracta, aislada, meramente espiritual.[85] Y la tradición de la que yo mismo

---

[83] *Sic* en el original; Adorno hace referencia, obviamente, a las *Tesis* sobre *Feuerbach*. [N. del T.]

[84] "Los filósofos se han limitado a *interpretar* el mundo de distintos modos; de lo que se trata es de *transformarlo*" (Karl Marx, "Tesis sobre Feuerbach", en Karl Marx y Friedrich Engels, *La ideología alemana*, ed. de Néstor Acosta, trad. de Wenceslao Roces, Buenos Aires, Pueblos Unidos-Cartago, 1985, p. 668).

[85] Esta idea central fue formulada por Marx en su tesis de doctorado, en la que se dice, sobre el sistema filosófico: "Entusiasmado por el impulso a realizarse, entra en tensión con otro. La autosuficiencia interna y el redondeo están quebrantados. Lo que era luz interior se convierte en llamas ardientes que se dirigen hacia el exterior. Resulta así, en consecuencia, que el volver filosófico el mundo es al mismo tiempo un volver mundana la filosofía; que su realización es al mismo tiempo su perdición; que lo que ella combate hacia fuera es su propia imperfección interna" (Karl Marx, *Diferencia entre la filosofía de la naturaleza de Demócrito y la de Epicuro*, trad. y notas de Esteban Ruiz, Buenos Aires, Gorla, 2014, pp. 107 y s.). En la *Crítica de la Filosofía del derecho de Hegel*, de 1844, Marx relaciona concretamente la idea con el momento histórico: "En Alemania, no es posible abatir *ningún* tipo de servidumbre sin abatir *toda* servidumbre en general. La *meticulosa* Alemania no puede hacer la revolución sin revolucionar *desde el fundamento* mismo. La *emanci-*

provengo —en la medida en que es una tradición de la filosofía crítica— ha tenido dentro de sí este motivo como un motivo muy esencial. Ahora bien, lo que quiero decir es que, por cierto, ese punto a partir del cual la filosofía aparece como anticuada entretanto se ha tornado él mismo anticuado; y que, por su parte, sería ideológico, es decir, dogmático no querer admitir ante todo esto. La transición que ha sido vista por Marx como, por así decirlo, inminente, a la vuelta de la próxima esquina, es decir, en el período de 1848, no se produjo. No se produjo el salto cualitativo a través del cual el mundo habría sido transformado. Y el proletariado no se constituyó como ese sujeto-objeto de la historia como el cual habría debido constituirse de acuerdo con la teoría de Marx. Difícilmente se exagere, y difícilmente se vaya demasiado lejos si a partir de estas observaciones —cuyas consecuencias para una teoría crítica de la sociedad no querría discutir aquí; se trata allí de cuestiones extremadamente complejas—, en todo caso, podrá decirse que, por el hecho de que la transposición de la teoría filosófica en praxis, la teoría filosófica tampoco puede ser pensada como superada, anticuada, superflua en el sentido en que debería serlo de acuerdo con aquella representación de Marx. Y de ese pensamiento —esto es: deducir, por así decirlo, la actualidad de la filosofía[86] del hecho de que su abolición ha fracasado— querría partir en la próxima clase.

---

pación del alemán es la *emancipación del hombre*. La *cabeza* de esta emancipación es la *filosofía*; su *corazón*, el *proletariado*. La filosofía solo llegará a realizarse mediante la abolición del proletariado, el cual no podrá abolirse sin la realización de la filosofía" (Karl Marx, *Escritos de juventud*, trad. de Wenceslao Roces, México, FCE, 1982, p. 502).

[86] "La actualidad de la filosofía" era ya el título de la conferencia inaugural dictada en 1931 por Adorno en la Universidad de Frankfurt, cf. GS 1, pp. 325 y ss. [*Actualidad de la filosofía*, trad. de José Luis Arantegui Tamayo, Barcelona, Altaya, 1994, pp. 103 y ss.].

Lección 5
23/11/1965
Anotaciones

23/11/65[87]

<u>Ninguna</u> *dicotomía entre teor[ía] y praxis: las* Tesis sobre Feuerbach <u>no</u> *deben ser interpretadas de ese modo. No se pretende decir que la fil[osofía] queda rezagada detrás del aspecto de su realización. Por un lado, es decir, de acuerdo con el estado de las fuerzas productivas, sería de hecho más factible que nunca; impedido por las relaciones de producción. Pero:*

1) esto no puede ser pensado como si fuera inminente de acuerdo con <u>la tendencia</u>, en vista de que, en M[arx], la posibilidad va en contra de la tendencia. Aquel que desconoce esto, se consagra a lo peor;

2) no es posible deducir de la praxis ninguna limitación del pensar. Brecht y el idealismo. Pero el hecho de que el idealism[o] fil[osófico] solo haya sido criticado dogmáticamente por Lenin es un momento de la praxis falsa, es decir, heterónoma;

3) interpret[ar] significa indagar, no necesariamente reconocer. Mi tesis: interpretación es crítica. Sin interpret[ación] en este sentido no hay praxis verdadera. M[arx] ha querido <u>realmente</u> decir, por cierto, que los fil[ósofos] deberían abandonar su actividad en función de la política;

4) en M[arx], ambivalente: por un lado, promueve la plena objetividad científica; por otro, denuncia a la fil[osofía]. Aquí hay un <u>problema</u>; pero hay que pensar sobre esto;

---

[87] La fecha del comienzo de las anotaciones para la quinta lección señala el día de la redacción; la del final, la del día en que Adorno la interrumpió; como, en el presente caso, ambas son idénticas, las anotaciones fueron realizadas en la mañana del día en que la clase fue dada durante la tarde.

5) ninguna recaída en la mera contemplación. No es posible pensar un pensamiento correcto si no se quiere lo correcto. El propio pensar es un momento de la praxis. La intención sigue siendo la transformación. – Pero en contra de la seudoctividad. Contra la pregunta demasiado apresurada por la praxis, que encadena la fuerza productiva. Volverse práctico solo puede posiblemente el pensamiento no restringido.
23/11/65

Acta de la lección

Damas y caballeros, me llegó desde el ámbito de ustedes una carta que me conmovió de manera extraordinaria, y que se relacionaba con las cuestiones conectadas con lo que dije, en la última clase de las lecciones, a propósito de las *Tesis sobre Feuerbach* y, en general, conectadas con ciertas formulaciones del trabajo "¿Para qué aún la filosofía?" incluido en *Intervenciones*.[88] Antes de que me ocupe de esa carta (querría hacerlo) quizás pueda volver a continuar, ante todo, con las consideraciones que, en la última clase, apenas si pude rozar en realidad, de modo que resultaron, obviamente, mucho menos específicas (como ocurre siempre en tales momentos) de lo que pretendían ser. Quería ante todo decir de manera muy simple que si, para un pensar, el "núcleo temporal"[89] y la transición a la praxis son tan decisivos como sucede en la concepción de Marx, entonces uno no

---

[88] Cf. GS 10.2, pp. 459 y ss. [*Crítica de la cultura y sociedad II*, pp. 401 y ss.]
[89] Concepto de Benjamin adoptado por Adorno; la formulación ha sido extraída de una de las anotaciones para la *Obra de los Pasajes*: "Hay que apartarse decididamente del concepto de 'verdad atemporal'. Sin embargo, la verdad no es —como afirma el marxismo— únicamente una función temporal del proceso de conocimiento, sino que está unida a un núcleo temporal, escondido a la vez tanto en lo conocido como en el conocedor. Tan verdadero es esto que lo eterno es en todo caso más bien el volante de un vestido que una idea" (Walter Benjamin, *Libro de los pasajes*, trad. de Luis Fernández Castañeda, Isidro Herrera y Fernando Gamerro, Madrid, Akal, 2005, p. 465).

puede conducirse de manera, por así decirlo, indiferente en la teoría frente al hecho de que la transición a la praxis no se produjo tal como él pronosticó. No es posible inmovilizar el instante de la transición –casi habría dicho, con el término de Kierkegaard o Tillich:[90] el instante–; no es posible inmovilizar, conservar el instante. Y no es posible hoy pensar ya en absoluto como lo hacía Marx, a saber: que la revolución está ante nosotros como algo inminente; simplemente por el hecho de que, por un lado, ni el proletariado estaba entonces integrado a la sociedad burguesa, ni, por el otro, la sociedad burguesa se había formado ya los enormes medios de poder –tanto los físicamente reales como los, en el sentido más amplio, psicológicos–; ambas cosas, junto con la creciente integración, vuelven hoy sumamente problemático el concepto de una revolución. Las representaciones acerca de la propia praxis no pueden permanecer indiferentes frente al hecho de que, por un lado, la revolución se convirtió en una dominación forzada administrativamente introducida, pero, por otro lado, la mera posibilidad técnica de la bomba atómica se contrapone a esto –Jürgen von Kempski ha escrito una vez sobre esto un trabajo muy interesante que querría pedirles a ustedes que consulten en

---

[90] Es decir: en el fondo, el instante entendido enfáticamente *es* precisamente la detención del tiempo o la historia. Para Kierkegaard, el instante es "la categoría de la transición en general μεταβολή" (Sören Kierkegaard, *El concepto de angustia*, México, Austral, 1994, p. 83, n. 22); en última instancia, la categoría de transición entre tiempo y eternidad, finitud e infinitud; en *El concepto de angustia* escribe Kierkegaard: "El momento es esa cosa ambigua en que entran en contacto el tiempo y la eternidad, contacto con el cual queda puesto el concepto de la *temporalidad*, en la que el tiempo desgarra continuamente la eternidad y la eternidad traspasa continuamente el tiempo" (ibíd., p. 88). Paul Tillich hablaba del instante adecuado, propicio de una "nueva plenitud temporal" en que "la lucha entre lo divino y lo demoníaco [puede] ser decidida en un instante a favor de lo divino, aunque no hay ninguna garantía de que así deba ocurrir" (Paul Tillich, *Gesammelte Werke*, ed. de Renate Albrecht, volúmenes complementarios y obra póstuma, vol. 4: *Die Antworten der Religion auf Fragen der Zeit*, Stuttgart, 1975, p. 131).

Merkur–.[91] Solo que ya todo el problema del reformismo,[92] por el hecho de que la posibilidad de una toma violenta del poder por parte del proletariado ha asumido algo de…, sí, querría decir casi: conmovedoramente inocente en cuanto idea; incluso la célebre idea de reformismo, que, como ustedes saben, ha sido atacada con extrema vehemencia por el marxismo clásico, adquiere a través de ello (para

---

[91] Así también en la discusión sobre el movimiento estudiantil de protesta en 1969: "El gesto pseudorrevolucionario es el complemento de la imposibilidad técnico-militar de la revolución espontánea, de la que ya hace tiempo habló Jürgen von Kempski. Las barricadas son ridículas contra quienes administran la bomba; por eso se juega a las barricadas y los que mandan permiten el juego durante algún tiempo" (GS 10.2, pp. 771 y s. [*Crítica de la cultura y sociedad II*, ob. cit., p. 686]).

[92] En el movimiento obrero consiguió tener un cierto peso, a partir del Programa de Erfurt y después de él, la concepción según la cual para conquistar el socialismo no se necesita ninguna revolución, sino que sería posible alcanzarlo mediante reformas, por vía parlamentaria. El principal representante de la teoría y la política reformista-revisionista, que había alcanzado la supremacía hacia 1910 en la socialdemocracia alemana, fue Eduard Bernstein (1850-1932). Sobre el reformismo y el revisionismo, cf., en general, Predrag Vranicki, *Geschichte des Marxismus*, trad. de Stanislava Rummel y Vjeskoslava Wiedmann, Frankfurt, 1972, vol. 1, pp. 277 y ss. La posición de Adorno frente al reformismo –que no sufrió cambios a raíz de sus diversas funciones históricas– siguió siendo siempre la misma; en 1942, en *Reflexiones sobre la teoría de las clases*, su posición era la de la teoría ortodoxa, que rechazaba el reformismo: "Solo los reformistas debatieron sobre la cuestión de las clases para, con la negación de la lucha, de la apreciación estadística de las capas medias y el elogio del progreso transformador, encubrir la traición que empieza a apuntar" (GS 8, p. 381 [*Escritos sociológicos I*, ob. cit., pp. 354 y s.]). Todavía en 1969, en las "Notas marginales sobre teoría y praxis", se dice, con la misma radicalidad, aunque también de manera crítica frente a los seudoactivistas entre los estudiantes rebeldes: "Quien no da el paso hacia la violencia irracional y ruda acaba encontrándose cerca de ese reformismo que es cómplice de la subsistencia del todo malo. Pero los atajos no sirven de nada, y lo que sirve de algo está tapado. La dialéctica se echa a perder como sofística en cuanto se concentra de manera pragmatista en el siguiente paso, más allá del cual llega desde hace tiempo el conocimiento de la totalidad" (GS 10.2, p. 770 [*Crítica de la cultura y sociedad II*, ob. cit., p. 685]).

hacer referencia únicamente a lo más drástico) un valor posicional plenamente distinto del que poseía en aquel entonces. Y, ante todo, no querría hacer otra cosa que llamar la atención de ustedes sobre toda esta problemática. Una praxis que ha sido aplazada durante un período infinitamente largo y que debe seguir siéndolo *ad calendas graecas*,[93] o que debe asumir formas totalmente diversas, ya no puede ser la instancia de apelación para desautorizar a la filosofía como algo anticuado. Yo diría que reflexionar sobre por qué *no* ocurrió esto y por qué no *podía* ocurrir, que esta cuestión teórica es en una medida nada pequeña el contenido de una filosofía actual hoy en día; es decir, el contenido –permítanme que lo formule así– de una antropología dialéctica que, seguramente, constituye incluso una parte nada menor de la problemática filosófica actual.[94] Por otro lado, la filosofía –cuya propia pretensión de identidad, como fue anunciada por Hegel, fracasó en lo más decisivo, es decir, en la transición a la praxis, en la cual, de acuerdo con la teoría de Marx, el reino de la libertad debía coincidir realmente con el reino de la necesidad– también necesita de una autocrítica extremadamente radical y debe tomar conciencia de *por qué* todo eso no se consiguió.[95] Cuando, en la última

---

[93] Latín: literalmente, "hasta las calendas griegas". Esta expresión, muy habitual en el latín, se aplicaba a un suceso que no habría de producirse nunca, en vista de que en el calendario griego no existen las calendas (esto es: los meses) del romano. El sentido es equivalente a la expresión castellana "cuando las vacas vuelen". [N. del T.]

[94] De una antropología dialéctica se trata, en una medida importante, en *Dialéctica de la Ilustración*; ante todo, en los "Apuntes y esbozos" (cf. GS 3, p. 17 [*Dialéctica de la Ilustración*, ob. cit., p. 57]); cf. también las *Notizen zur neuen Anthropologie* [Anotaciones sobre la nueva antropología] de Adorno en el octavo y último volumen de las *Frankfurter Adorno Blätter* (Múnich, 2003).

[95] El célebre pasaje de Marx se encuentra en el tercer volumen de *El capital*: "De hecho, el reino de la libertad solo comienza allí donde cesa el trabajo determinado por la necesidad y la adecuación a finalidades exteriores; con arreglo a la naturaleza de las cosas, por consiguiente, está más allá de la esfera de la producción material propiamente dicha. Así como el salvaje debe bregar con la naturaleza para satisfacer sus necesidades, para conservar y reproducir su

clase, desarrollé ante ustedes la idea de una desprovincianización de la filosofía, pensaba, en buena medida, precisamente en eso; es decir, precisamente en que la filosofía –y precisamente allí donde se ha interpretado a sí misma como una filosofía de la historia, como lo hizo el idealismo alemán– tampoco ha tomado realmente ningún conocimiento de esas perspectivas histórico-universales genuinamente decisivas. Si puedo decirles quizás aquí algo personal: cuando, en el escrito *Jerga de la autenticidad* –al que volveré a referirme–, he atacado a algunos representantes de la filosofía, como, por ejemplo, mi colega de Tübingen Bollnow, al citarlos, no he querido expresar con ello un sentimiento en contra de los caballeros en cuestión. No conozco al propio señor Bollnow; no lo vi jamás en mi vida. Solo quería –y harán bien en leer tales libros bajo este aspecto filosófico– mostrarles realmente, a partir de algunos modelos muy drásticos, en qué consiste de hecho ese provincianismo de la filosofía, del que esta debe ser curada. Quería promover la antítesis del "mundo ideal", a fin de que la filosofía realmente vaya más allá de la esfera del edificante palabrerío dominical. Pues, sin duda, ella es, en el sentido muy poco regocijante, una secularización de la teología cuando en gran medida –y

---

vida, también debe hacerlo el civilizado y lo debe hacer en todas las formas de sociedad y bajo todos los modos de producción posibles. Con su desarrollo se amplía este reino de la necesidad natural, porque se amplían sus necesidades; pero al propio tiempo se amplían sus necesidades; pero al propio tiempo se amplían las fuerzas productivas que las satisfacen. La libertad en este terreno solo puede consistir en que el hombre socializado, los productores asociados, regulen racionalmente ese metabolismo suyo con la naturaleza poniéndolo bajo su control efectivo, en vez de ser dominados por él como por un poder ciego; que lo lleven a cabo con el mínimo empleo de fuerzas y bajo las condiciones más dignas y adecuadas a su naturaleza humana. Pero este siempre sigue siendo un reino de la necesidad. Allende el mismo empieza el desarrollo de las fuerzas humanas, considerado como un fin en sí mismo, el verdadero reino de la libertad, que sin embargo solo puede florecer sobre aquel reino de la necesidad como su base. La reducción de la jornada laboral es la condición básica" (Karl Marx, *El capital. Crítica de la economía política*, ed., trad. y notas de Pedro Scaron, 8 vols., México, Siglo XXI, 1975, vol. III/8, p. 1044).

esto, infelizmente, puede observarse ya en Hegel, en algunas ocasiones– se ha degradado a un tono de prédica del que a la teología, en la medida en que sea progresista, hoy no se creería capaz en ese modo.

Ahora bien, querría ocuparme de aquella carta de vuestro compañero de estudios. Creo que ella ha expresado y, sin duda, de un modo muy bello y, como habría que decir, muy preciso lo que seguramente ha movido a muchos de ustedes en las cuestiones que rocé al final de la última clase y al comienzo de esta. Y precisamente porque sé que, en muchos de los aquí presentes, han sido alcanzados afectos muy fuertes; querría decir: espirituales, es decir, el interés que ustedes tienen en la filosofía, creo que tengo que abordar esto de manera un poco detallada. Querría decir ante todo que, seguramente –y a esto hacía referencia aquella carta, pero creo que, si ustedes reflexionan un poco, no me considerarán sospechoso de eso–, no existe ninguna dicotomía simple entre teoría y praxis;[96] y que cabe presumir que el propio Marx no tenía en mente una dicotomía simple como esa. Y, con total certeza, las *Tesis sobre Feuerbach* serían interpretadas erróneamente si se las entendiera en el sentido de un puro practicismo. Habla en contra de esto incluso, ante todo, la crítica a la teoría de la acción absoluta que Marx aplicó a las diversas corrientes anarquistas de su época, cuyo puro activismo él equiparó con esa falta de teoría. Cuando, en Marx, se habla acerca de la ciencia, se entremezclan elementos diversos; con seguridad, en parte, el modelo de las ciencias naturales, que en su época lo movilizaba más, se encontraba

---

[96] Con sus exposiciones acerca de la teoría y la praxis en las lecciones de 1965-1966, Adorno anticipa la problemática que luego condujo a arduos conflictos entre el profesor y sus discípulos en el contexto del movimiento estudiantil en 1968; cf. al respecto también la documentación "Kritik der Pseudo-Aktivität. Adornos Verhältnis zur Studentenbewegung im Spiegel seiner Korrespondenz", en *Frankfurter Adorno Blätter VI*, Múnich, 2000, pp. 42 y ss. La reflexión de Adorno sobre la relación entre teoría y praxis encontró su formulación definitiva en el trabajo "Notas marginales sobre teoría y praxis", compuesto en 1969 (cf. GS 10.2, pp. 759 y ss. [*Crítica de la cultura y sociedad II*, ob. cit., pp. 675 y ss.]).

más inmediatamente presente ante sus ojos, en cuanto modelo para la ciencia de la sociedad, de lo que es posible hoy para nosotros –o, en todo caso, precisamente para las orientaciones no conformistas de la sociología–. Pero, por otro lado, ese concepto de ciencia siempre significa en él algo así como que hay que concebir teóricamente la sociedad y desarrollarla a partir de su propio concepto –es decir: el concepto de intercambio– para poder actuar correctamente. Este era el modo de ver. Y cuando él dijo: "hasta ahora los filósofos solo han interpretado de diversos modos el mundo", seguramente, en ese "hasta ahora" no está simplemente la renuncia a la teoría y el modo de ver según el cual solo se necesita, por así decirlo, dar golpes, y con ello uno está dispensado de pensar. Precisamente esta representación es, de hecho, fascista, y uno le haría sin duda la injusticia más brutal a Marx si pretendiera atribuirle algo de esta clase. Tampoco he querido decir que la filosofía puede recaer detrás del aspecto de su "realización" y que ahora, por así decirlo, debamos sentirnos cómodamente en casa en el modelo de la virtud dianoética de Aristóteles, en la cual la filosofía se contenta consigo misma.[97] Pues la filosofía –creo que es, por cierto, importante que se retenga este elemento simple– se diferencia del arte por el hecho de que no es una construcción autónoma que descansa sobre sí misma, sino que ella siempre se relaciona con algo objetivo, algo real externo a ella misma, externo a sus pensamientos; y que precisamente esa relación entre el pensamiento y lo que, por su parte, no es pensamiento, constituye realmente, sí podría decirse, el tema central de la filosofía. Pero si la filosofía en general tiene algo que ver con lo real, está claro que una relación meramente contemplativa con eso real, una relación autosuficiente, es

---

[97] En sus lecciones sobre *Metafísica* de 1965, Adorno define la ética de Aristóteles en el sentido de que "en esta, incluso las así llamadas virtudes dianoéticas, es decir, las virtudes que consisten en la contemplación y autorreflexión puras, sin consideración a una actividad, tienen la primacía frente a todas las otras virtudes. El pensamiento se contenta consigo mismo frente a la praxis" (NaS IV-14, p. 145).

decir, que no apunta a la praxis, es, pues, absurda porque en realidad ya el propio acto de pensar sobre lo real es –por más que no sea aún consciente de sí mismo– un acto *práctico*.

Pero si uno dice que la filosofía no debería recaer detrás del aspecto de su realización, hay que remitirse allí a algo mucho más drástico de parte del objeto; y, por cierto, a algo que se olvida con demasiada facilidad precisamente a raíz de la sensación de cautiverio, de encierro que tenemos todos. Y estoy tan agradecido con aquel de ustedes que escribió aquella carta porque me llamó la atención sobre el hecho de que es preciso decir algo que es para mí quizás tan obvio que no lo he expresado; y que, a través de ello, se ha introducido una perspectiva errónea en lo que pretendía decir. Esto es también, en efecto, algo muy drástico: el hecho de que, según un aspecto, esto es, según el estadio de las fuerzas productivas, una organización del mundo en la que no hubiera ya ninguna carencia y, en consecuencia, ninguna negación y ninguna presión, hoy es aquí inmediatamente posible. En esa medida, pues, el pensamiento de "ahora o en cien años" que formuló en su momento Franz Pfemfert[98] sigue siendo tan actual como lo fue en el pasado. Y si no se expresa este aspecto –que, de acuerdo con las fuerzas productivas, sería muy simple que la humanidad fuera satisfecha y arribara a un estado humanamente digno–, entonces, por cierto, uno está en peligro de colaborar con la ideología. Esto es impedido, de hecho, solo por las *relaciones* de producción y por la prolongación de las relaciones de producción en los aparatos del poder físico y espiritual. Creo, pues,

---

[98] La copista ha entendido el nombre como "Franz Tempert", lo que debió de significar un error de comprensión auditiva por Franz Pfemfert. De todos modos, no fue posible ubicar la formulación en Pfemfert (1879-1954), el editor de la revista expresionista *Aktion* y amigo de Trotski [cabría aclarar que la formulación de Pfemfert es "Jetzt – oder nicht in hundert Jahren!", "¡Ahora… o no durante cien años!"; la expresión, que forma parte de un llamamiento a la revolución, apareció en el número 45/46 de la revista *Aktion*, del 16 de noviembre de 1918; N. del T.].

que es preciso decir esto ante todo y que el punto de partida posible para una praxis correcta reside en que, por cierto, uno vuelva a pensar de manera exhaustiva cómo puede arribar a lo apropiado una sociedad que, sin duda, desde el punto de vista de las relaciones coaguladas en ella, y de la conciencia modelada de acuerdo con tales relaciones, amenaza con volverse estacionaria, pero que, por otro lado, produce incesantemente las fuerzas que, por cierto, de vez en cuando están esencialmente al servicio de la aniquilación, pero a través de las cuales —si he de decirlo alguna vez crasamente— hoy o mañana sería efectivamente posible el Paraíso en la Tierra. Pero no hay que pensar estas cosas como si —y creo que esta es una especificación; el caballero que escribió la carta ha exigido también especificaciones; y con gusto accederá a esa demanda—, en vista de las relaciones de producción concentradas en una desmesura inimaginable, el paso a un reino de la libertad fuera inminente de manera simple de acuerdo con la tendencia histórica. Sino que esta sociedad ha encontrado medios y vías para canalizar también el incesante progreso de las fuerzas productivas, para mantenerlo en su cauce, de modo que la equivalencia —aún obvia para Marx— entre el progreso de las fuerzas productivas y la liberación de la humanidad ya no vale, en todo caso, de esa manera; de modo que ya no puede esperarse que la historia de la humanidad se mueva espontáneamente hacia el estado correcto y que solo, por así decirlo, se necesite de una sacudida en los bastidores para que todo esté en orden. Aunque —también aquí querría ser prudente— no es posible pasar de largo junto a esto; y, de esa manera, ha tenido razón seguramente Marx en que en las fuerzas productivas —es decir, en las fuerzas humanas y su prolongación en la técnica— reside una tendencia propia, a pesar de todo, a superar también los límites que les han sido impuestos socialmente. Presuponer solo esta superación como una suerte de ley natural y representarse que eso *debe* ocurrir así y que tiene que ocurrir incluso *de manera inmediata* sería volver inofensiva la entera situación, de un modo tal que, sin duda, condenaría a la impotencia a toda praxis que se entregue a esto. Y, en definitiva, justamente cuando se toma muy en serio la conexión entre teoría y praxis, es una de las tareas más esenciales pensar de modo tal que los pensamientos no sean desde el vamos impotentes frente a una praxis posible. Precisamente ese era el sentido de la crítica marxiana a la utopía abstracta.

Aquel que ignora esto, aquel que ignora que hoy la posibilidad que hay que retener no es simplemente una que está *a favor* de la tendencia, *a favor* de la tendencia histórica, sino una que está *en contra* de ella, es alguien de quien yo diría que muy probablemente se consagra a la mala tendencia, a la negativa, es decir, a la tendencia destructiva. Diría además —y este es, creo, un punto que posee una importancia inmediata para ustedes; y les pido que disculpen si hablo muy *ad hominem*– que es un gran peligro que el pensamiento sobre la praxis conduzca, por su parte, a un encadenamiento del pensamiento teórico; es un gran peligro que todos los pensamientos posibles sean detenidos con la indicación: "Sí, pero ¿qué haré con él en la praxis, qué puedo hacer entonces con él?"; o incluso: "Sí, si planteas esas reflexiones, ¿entonces con ello obstaculizas una praxis posible?". Uno experimentará una y otra vez que, si se expresan las enormes barreras para una praxis política de intervención que existen en las relaciones de producción y, en general, en las formas sociales adecuadas a ellas, se le responde de inmediato a uno con un gesto de "Sí, pero..." que considero uno de los mayores peligros en cuestiones espirituales: "Sí, pero ¿adónde llegaremos si se piensa de esa manera? ¡Entonces no le queda a uno nada posible para hacer; entonces uno tiene que cruzarse de brazos!". Y yo diría: el momento que me parece residir hoy en la aplicación, en la aplicación firme de la tesis sobre Feuerbach, es precisamente aquel momento de que la propia teoría ha de ser capturada partiendo del *terminus ad quem*. Puedo contarles quizás un acontecimiento que tuvo lugar hace muchos años, hace veinticuatro años, y en el que participamos Brecht y yo, en Los Ángeles.[99] Por aquel entonces acababa de terminar la concepción –que

---

[99] Cf. también *supra*, p. 67.

me parecía decisiva– del libro que luego, mucho más tarde, apareció con el título de *Sobre la metacrítica de la teoría del conocimiento*, y que se propone la tarea, no de enfrentar dogmáticamente al idealismo una filosofía materialista, sino de socavar el idealismo filosófico según su propia medida, de manera inmanente. Y le expuse esto a Brecht. Este estuvo muy lejos de comentar, aunque más no sea, esta concepción, y dijo, en cambio: "Sí, pero existe ya un libro que, por así decirlo" (como él se expresaba en tales casos), "es un libro clásico" –él se refería al libro de Lenin sobre el empiriocriticismo– "en el que eso ha sido despachado; este libro dispone de la autoridad a través de la cual ha sido realizada esa tarea; y si uno se empeñara en seguir haciendo eso de acuerdo con la medida de la filosofía, entonces eso sería un trabajo despilfarrado…". Y no pude contener la impresión de que él pensaba un poco de esta manera; que, pues, si Lenin había hecho eso ya en una obra tal, entonces era un poco una desfachatez que alguien que no tenía a sus espaldas el logro político que Lenin había alcanzado se arrogara la función de hacer eso que es afirmado y reiterado –siempre solo a través de repeticiones incesantes y, debo decir: desoladoramente monótonas– en ese libro. Yo diría que el punto de vista que Brecht –a quien habría que tomar muy en serio, en definitiva, en tales cuestiones– defendió entonces no solo es, me parece, teóricamente insuficiente; me parece que no solo representa el dogma en lugar del trabajo y esfuerzo del concepto,[100] sino que diría –y lo digo muy especialmente para aquellos de ustedes que tienen la inclinación a concederle la primacía incondicional al practicismo– que un modo de ver tal contribuye a una *mala* praxis. Pues una dogmatización de aquel libro de Lenin o, en general, de todos los libros de Lenin; o, en general, de todos los libros producidos por el marxismo es el estricto equivalente de aquello por lo que las administracio-

---

[100] Alusión, empleada recurrentemente por Adorno, a la formulación de la *Fenomenología del espíritu:* "Los pensamientos verdaderos y la intelección científica solo pueden ganarse en el trabajo del concepto" (G. W. F. Hegel, *Fenomenología del espíritu*, ob. cit., p. 135).

nes que se instituyeron bajo el nombre del marxismo se dispensan de toda reflexión ulterior y no hacen otra cosa que fundamentar sus propias medidas de violencia invocando precisamente esas teorías que no han de ser pensadas a fondo de manera crítica ni han de seguir siendo desarrolladas. Creo que este es un ejemplo especialmente drástico. Aquellos de ustedes que han huido del Este –y presumo que ese es el caso en no pocos de ustedes– recordarán que se plantea allí realmente de manera dogmática el materialismo como una especie de visión del mundo y se impone a los seres humanos la obligación de comprometerse con él; pero precisamente a través de ello se retrocede, al mismo tiempo, detrás de la propia aspiración de la teoría; es decir, de la aspiración científica a que la conciencia que hay allí sea la más avanzada y de que uno se cerciore de que esa conciencia es la propia forma de pensar. Esta aspiración es simplemente aplastada. Y este es el factor decisivo, y yo diría que él le sustrae simplemente el piso a un tipo determinado de practicismo –dejando de lado la ingenuidad y torpeza de este último en la situación contemporánea–.

En la carta también se planteó la pregunta por el significado de la palabra, y se adujo también una frase de Marx según la cual interpretar equivale a reconocer.[101] Cabe presumir que Marx pensó también aquel concepto de "reconocer" en relación con el concepto de "interpretar". Si el autor de la carta (si puedo llamarlo de esta manera) me pregunta si realmente en el concepto de interpretación

---

[101] Cf., al comienzo de *La ideología alemana*: "En vista de que, según su fantasía [scil.: la de los jóvenes hegelianos], las relaciones entre los hombres, todos sus actos y su modo de conducirse, sus trabas y sus barreras, son otros tantos productos de su conciencia, los neohegelianos formulan consecuentemente ante ellos el postulado moral de que deben trocar su conciencia actual por la conciencia humana, crítica o egoísta, derribando con ello sus barreras. Este postulado de cambiar de conciencia viene a ser lo mismo que el de interpretar de otro modo lo existente, es decir, de reconocerlo por medio de otra interpretación. Pese a su fraseología supuestamente 'revolucionaria', los ideólogos neohegelianos son, en realidad, los perfectos conservadores" (Karl Marx y Friedrich Engels, *La ideología alemana*, ob. cit., p. 18).

–y lo pregunta muy amigablemente, lo pregunta con confianza– debe estar necesariamente incluido aquel gesto de reconocer, le diría: no, no debe estar allí; en cambio, lo que pienso desarrollarles en esta lección es en verdad, esencialmente –y este es un momento decisivo–, que la propia interpretación es equivalente a *crítica*; que no puede haber realmente interpretación sino como interpretación crítica, y no, por ejemplo, como interpretación afirmativa. Esta es, pues, por así decirlo la tesis general que querría exponer aquí. Pero sin una interpretación *tal*, esto es, sin los pensamientos desarrollados y dueños de sí mismos, no existe, tendería a creer, una praxis verdadera. Por lo demás, creo que Marx realmente se ha representado –y aquí debemos pensar ante todo en la época en que fueron redactados los escritos a los que estamos haciendo referencia, es decir: hacia 1848– que los filósofos no podrían hacer nada mejor que empacar e irse y convertirse en revolucionarios; es decir, trepar a las barricadas –que, como es sabido, hoy ya no pueden verse por todas partes y que probablemente podrían ser removidas mediante un llamado a la policía y a las fuerzas de seguridad si hoy fueran erigidas de algún modo en un país avanzado–. Pero él quiso decir ya algo de esta clase. Y la representación era ya –creo que no es posible tampoco mitigarla– que el fin de la filosofía clásica alemana (como se decía entonces) fue sucedido por la herencia del socialismo, en el que esa filosofía, en la medida en que se realiza –y en esto eran Marx y Engels totalmente hegelianos–, es negada, superada, de modo pues que ya no queda realmente un lugar para la filosofía. Creo que si aquí se pregunta por Marx, su posición frente a este problema era muy ambivalente. Y esta ambivalencia señala, por su parte, un problema que alguna vez habría que pensar de nuevo de manera exhaustiva e indagando los principios. Pues siempre que, en pensadores de la fuerza de Marx, o de Hegel, o de Kant, una cuestión permanece como una antinomia, usualmente no está bien que se disuelvan indiscretamente esas antinomias; sino que es mucho mejor, en general, cerciorarse acerca del carácter necesario de una antinomia tal. Por un lado, Marx, por así decirlo, como el discípulo de la economía política clásica que fue, demanda la objetividad científica plena. Si releen, por ejemplo, el pasaje que Horkheimer y yo citamos en el prefacio al libro sobre Marx del señor Dr. Schmidt,[102] verán cuán decididas parecen en él tales formulaciones frente a una ciencia que tiene un *thema probandum*. Por otro lado, sin embargo, él ha denunciado con la más extrema aspereza a la filosofía que se contenta consigo misma. La respuesta posible que se impone es naturalmente que el ámbito para el cual se ha promovido la autonomía en ese sentido era el de la ciencia, y que él ha puesto a jugar, de un modo relativamente ingenuo, a la ciencia contra la filosofía, a la que consideraba, por así decirlo, como una reliquia, mientras que juzgó acorde con la época la ciencia orientada según el modelo, ante todo, de las ciencias naturales darwinistas. Entretanto, sin embargo, se ha puesto en evidencia lo que él y Engels, por el otro lado, sabían muy bien, esto es: que la propia ciencia no es solo una fuerza productiva, sino que se encuentra también entretejida en el estado de las relaciones sociales de poder y disposición; y que, en consecuencia, no es posible traspasar simplemente a la ciencia la autoridad arrebatada a la filosofía, o la autoridad de la que se ha visto privada críticamente la filosofía. La ciencia sin concepto, entretanto –también ella estaba sujeta a la dialéctica histórica; ya no es aquello que les pareció alguna vez a Marx y Engels–, se desarrolló precisamente hacia una crisis en la cual, con total seguridad, ya no cumple la función crítica que le había sido asignada por los fundadores del así llamado socialismo científico, y asumió más bien la tendencia opuesta. Y, a través de ello, los así llamados problemas científicos se convierten inevitablemente

---

[102] Cf. Max Horkheimer y Theodor W. Adorno, "Vorbemerkung zu Alfred Schmidt. Der Begriff der Natur in der Lehre von Marx", Frankfurt, 1962, p. 8 (ahora en GS 20.2, p. 655 [*Miscelánea II*, ob. cit., p. 682]): "Marx hablaba con desprecio de los intelectuales que, en interés de un *thema probandum* práctico, de algún efecto buscado, se dejaban sustraer parte de su conocimiento: los llamó traperos". El pasaje en Marx no es citado ni referido; tampoco ha sido posible ubicarlo.

en cuestiones de la autorreflexión de la ciencia, de la crítica de la ciencia, de la autocomprensión de la ciencia. Es decir, en otras palabras: son reconducidos a la filosofía, de la que alguna vez fueron despojados. Y justamente ese proceso de reconducción de la ciencia a la filosofía, en virtud de la propia reflexión de esta, se encuentra por cierto, me parece, estrechamente relacionado con aquella demanda de actualidad de la filosofía que he planteado aquí.

Pero querría finalmente decir, al respecto, que no puede pensarse en una recaída en la contemplación, como la que tenía lugar en la gran filosofía idealista y, finalmente, a pesar de la gran posición de la praxis en el sistema hegeliano, también en Hegel. Si el difunto Karl Korsch –quien, como tal vez saben, fue el maestro filosófico de Brecht–, ya en Estados Unidos, y luego aún más ásperamente después de la aparición de *Dialéctica de la Ilustración*, planteó la objeción, contra Horkheimer y yo, de que en cierto modo habíamos retrocedido al punto de vista del hegelianismo de izquierda,[103] me parece que eso precisamente no es correcto porque el punto de vista de la mera contemplación resulta ya insostenible. Ante lo cual, por lo demás, acaso deba decirse también que la antítesis construida por Marx entre la pura contemplación por un lado y su filosofía política por el otro, además solo hace justicia de manera parcial a las intenciones del hegelianismo de izquierda. Esta es una cuestión ardua, que, por lo demás, en realidad solo puede ser decidida completamente mediante los análisis detallados –que ahora están intensificándose lentamente– de los pensadores hegelianos de izquierda;[104] ante lo cual, por cierto,

---

[103] Karl Korsch (1889-1961): político, jurista, filósofo, colaborador de la *Zeitschrift für Sozialforschung* de Horkheimer. Al parecer, durante un tiempo Horkheimer pensó trabajar sobre dialéctica junto con Korsch (cf. las cartas de Korsch en Max Horkheimer, *Gesammelte Schriften*, vol. 18, ob. cit.). Su crítica a *Dialéctica de la Ilustración* no pudo ser localizada; probablemente se trate de declaraciones verbales de Korsch.

[104] Adorno piensa entre otras cosas, si no ante todo, en la investigación de Helms sobre Stirner; cf. Hans G. Helms, *Die Ideologie der anonymen Gesellschaft. Max Stirners "Einziger" und der Fortschritt des demokratischen Selbstbewußtseins*

tampoco puede negársele aquí a Marx el grandioso instinto político que lo instruyó sobre el potencial retrógrado, ante todo nacionalista,

---

vom Vormärz bis zur Bundesrepublik, Colonia, 1966; sobre el hegelianismo de izquierda continúa siendo útil consultar Karl Löwith, *Vom Hegel bis Nietzsche. Der revolutionäre Bruch im Denken des 19. Jahrhunderts*, en *Sämtliche Schriften*, vol. 4, Stuttgart, 1988, pp. 87 y ss. En lo demás, el reproche de recaída en el hegelianismo de izquierda ha sido el reproche más frecuente en contra de Adorno y de la teoría crítica en general; en primera línea, desde la perspectiva neomarxista, pero no solo desde esta. El propio Adorno jamás hizo suyo sin restricciones el tratamiento despiadado que hace Marx de los hegelianos de izquierda históricos –tal como se advierte en *La ideología alemana*–; como de Kierkegaard, él también podría haber dicho sobre sí mismo que él *no* "menospreciaba a los neohegelianos de izquierdas" (GS 6, p. 134 [*Dialéctica negativa*, ob. cit., p. 127]). Mientras Marx, reivindicando "la herencia de la filosofía alemana clásica argumentaba contra Feuerbach y los hegelianos de izquierda" (GS 8, p. 231 [*Escritos sociológicos I*, ob. cit., p. 215]), Adorno descubría, en la profundidad de las argumentaciones hegelianas, por así decirlo, temas hegelianos de izquierda y legitimaba, en esa medida, al hegelianismo de izquierda: "cuando, al hacer el total, entra todo, en definitiva, en el sujeto en cuanto espíritu absoluto (como sucede con Hegel), el idealismo se deja en suspenso a sí mismo al hacerlo, dado que no sobrevive ninguna diferencia en la que cupiese captar al sujeto como algo distinto, como sujeto: una vez que, en lo absoluto, el objeto es sujeto, deja aquel de ser inferior con respecto a este. (En su ápice, la identidad se convierte en agente de lo no idéntico.) Por infranqueablemente que se trazaran en la filosofía hegeliana las fronteras que prohíben dar tal paso en forma manifiesta, su propia sustancia es, sin embargo, igual de inevitable; y el hegelianismo de izquierda no constituyó un desarrollo histórico-espiritual por encima y más allá de Hegel que lo malentendiese y desfigurase, sino, con fidelidad a la dialéctica, una parte de la autoconciencia de su filosofía –parte que esta tenía que denegarse para seguir siendo filosofía–" (GS 5, p. 308 [*Tres estudios sobre Hegel*, ob. cit., pp. 95 y s.]). A la salvación de honor filosófica inmanente del hegelianismo de izquierda corresponde, al mismo tiempo, una salvación impuesta por el desarrollo histórico, que hace tiempo hace parecer vano cada pensamiento de una "realización de la filosofía" y al mismo tiempo incauta, con ello, la esperanza en algo así como la praxis revolucionaria. En ese sentido expuso Adorno, por ejemplo, en la discusión vinculada, en la jornada de trabajo interna de la DGS [Sociedad Alemana de Sociología] de 1961 en Tübingen, con las exposiciones de Karl Popper y él mismo sobre la lógica de las ciencias sociales: "La realidad social se ha transformado de

presente en pensadores tales como Bruno Bauer, como Stirner, como Ruge. Ahora bien, creo que a través de aquello que ha ocurrido entretanto en el plano teórico y en el real, no cabe temer una regresión semejante de una teoría dialéctica que, precisamente, no es ingenua. Al menos querría esperarlo. Quiero decir que no es posible pensar un pensamiento correcto si no se *quiere* alcanzar lo correcto; es decir, si no se encuentra detrás de este pensamiento, como la fuerza que lo anima, el hecho de que deba ser correcto; de que los hombres vayan a ingresar a un estado en el que cesa el sufrimiento sin sentido y en el que –solo puedo expresarlo siempre de manera negativa– sea suprimido el hechizo que pesa sobre los seres humanos. Pues el propio pensar es siempre también un modo de comportamiento;[105] es,

---

tal modo que uno se ve desplazado coercitivamente hacia el punto de vista del hegelianismo de izquierda, criticado con tanta sorna por Marx; simplemente porque, en primer lugar, la propia teoría desarrollada por Marx y Engels ha asumido entretanto una forma completamente dogmática; en segundo lugar, porque, en esa forma de teoría dogmatizada y paralizada, la propia idea de transformación del mundo se convirtió en una abominable ideología que está al servicio de justificar la más mezquina praxis de represión de los seres humanos. Pero, en tercer lugar –y esto es lo más serio–, porque la idea de que, a través de la teoría y la expresión de la teoría es posible aferrar a los seres humanos e inducirlos a una acción, se ha vuelto doblemente imposible a través de la constitución de los seres humanos, que, como se sabe, de ningún modo se dejan inducir a eso a través de la teoría, y a través de la forma de la realidad, que excluye la posibilidad de acciones tales como las que parecen inminentes al día siguiente en Marx. Si uno quisiera actuar, pues, como si mañana se pudiera transformar el mundo, se convertiría en mentiroso" (cit. por Ralf Dahrendorf, "Anmerkungen zur Diskussion der Referate von Karl R. Popper und Theodor W. Adorno", *Kölner Zeitschrift für Soziologie und Sozialpsychologie* 14 [1962], pp. 268 y s. [fasc. 2]).

[105] Idea central de Adorno en los años tardíos; empleada, ante todo, en la discusión con el movimiento de protesta estudiantil. Cf., por ejemplo, en las "Observaciones sobre el pensamiento filosófico": "El pensamiento no se agota ni en el proceso psicológico ni en la lógica atemporal, pura, formal. Es un modo de comportamiento, y necesita la relación con aquello con lo que se relaciona" (GS 10.2, p. 602 [*Crítica de la cultura y sociedad II*, ob. cit., p. 534; la traducción ha sido levemente modificada]). O en las "Notas marginales sobre

quiéralo o no, aun en las operaciones lógicas más puras, un momento de la praxis. Transforma a través de cada síntesis que consuma. Todo juicio que une entre sí dos momentos que antes estaban separados es siempre, como un trabajo tal, al mismo tiempo una pieza, querría decir casi, de transformación del mundo. Y una vez que el pensar, por así decirlo, se aplica en el punto más pequeño, de acuerdo con su forma pura, a aquello que hay que transformar, entonces no habrá instancia en el mundo, cualquiera sea, que pueda separar absolutamente al pensar de la praxis. La separación entre teoría y praxis es, por su parte, una forma de la conciencia cosificada. Y corresponde precisamente a la filosofía revocar y abolir la petrificación y el carácter dogmático e irreconciliable de esa separación. Pero lo que quiero decir aquí, si no opero con el concepto de praxis tal como muchos lo hacen, y como resulta seguramente atractivo para muchos de ustedes, es que no querría permitir que se confunda la praxis con la seudoactividad;[106] que querría, pues, impedir que ustedes –no dándome aires de autoridad, sino simplemente por el hecho de que a través de reflexiones como las que hoy planteé, pueda incidir un poco en ustedes, y que ustedes realicen esa reflexión un poco a partir de ustedes mismos– crean que, por el hecho de que de algún modo se "hace" algo –por ejemplo, en cuanto *organizer*, como se designa a este tipo en Estados Unidos–, es decir, en la medida en que se reúne, organiza, agita a algunos seres humanos y se hacen cosas de ese tipo, se habría realizado *eo ipso* algo esencial. En toda actividad debe encontrarse la relación con la relevancia, con el potencial posible que

---

teoría y praxis": "El pensamiento es una actuación, la teoría es una figura de la praxis; la ideología de la pureza del pensamiento nos engaña sobre esto. El pensamiento tiene un carácter doble: es inmanente y riguroso, pero también es un modo de comportamiento real en medio de la realidad" (ibíd., p. 761 [p. 677]).

[106] El concepto de seudoactividad fue empleado más tarde por Adorno para criticar el movimiento de protesta estudiantil; cf., por ejemplo, GS 10.2, pp. 771 y s. [*Crítica de la cultura y sociedad II*, ob. cit., pp. 686 y s.]; cf. también *supra*, nota 96.

está contenido en ella. Muy fácilmente ocurre precisamente hoy –por el hecho de que la actividad decisiva ha sido cercenada y, por otro lado, por razones que les he indicado con bastante frecuencia, el pensar mismo está bastante paralizado– que la praxis impotente y contingente se convierta en una suerte de sucedáneo para lo que no ocurre. Y cuanto más profundamente se sabe que en realidad no es la verdadera praxis, tanto más encarnizada y apasionadamente se aferra la conciencia a una praxis tal. Y por ello querría presentar reparos en contra de la pregunta demasiado rápida por la praxis, contra la cuestión de los "controladores de pasaportes" que ahora ya no le exigen justificación teórica a toda praxis –lo que, seguramente, también es errado–, pero, a la inversa, le exigen de inmediato el visado a todo pensamiento: "Sí, ¿qué puedes hacer con eso?". Pensaría que un modo de comportamiento tal no propicia, por ejemplo, la praxis, sino que la obstaculiza. Y diría que la posibilidad de una praxis correcta presupone, por su parte, ante todo la conciencia plena y carente de toda inhibición acerca de la *obstaculización* de la praxis. Si se mide el pensamiento inmediatamente según su posible realización, la fuerza productiva del pensar se ve encadenada por ello. Volverse práctico puede probablemente solo aquel pensamiento que no está restringido de antemano por la praxis a la que ha de ser inmediatamente aplicable. Así de dialéctica es, pensaría yo, la relación entre teoría y praxis. Y espero, hasta donde es posible para mí en mi menesteroso estado, haber satisfecho al menos la demanda de una cierta especificación de lo expuesto en la última clase.

Lección 6
25/11/1965
Anotaciones

El instante de la transición es inconservable. No se puede pensar ya como si fuera inminente la revolución que, por un lado, se convirtió en dominación forzada; por otro, ya no es posible (acto de administración, Ejército Rojo).
La praxis infinitamente postergada ya no es la instancia de protesta contra la filosofía. – La reflexión sobre por qué eso no ocurrió es la filosofía. A esto pertenece la comprensión social más avanzada: ninguna carcasa.
A la inversa, la filosofía, cuya aspiración a la identidad fracasó en el punto más decisivo, la transición a la praxis, necesita de la autocrítica radical. Desprovincianización. Por eso, ataque a Bollnow.[107]
¿Es posible aún la fil[osofía]? = ¿es posible la dialéctica? Un concepto no excesivamente puntilloso de esta última.
Pues esta es la forma superior de la filosofía, como la tentativa para incorporar en esta lo no conceptual, lo heterogéneo a la fil[osofía], extender, pues, la fil[osofía] hacia lo esencial, que ella omite en su forma tradicional, afirmativa.
Situación: los pensamientos han de ser devueltos a la filosofía. Además: que la pausa para tomarse un respiro hoy preserva la posibilidad de esto.
El mundo no fue transformado además porque fue demasiado poco interpretado. P. ej., la adopción intacta del dominio de la naturaleza en Marx. – Esto tiene su consecuencia práctica.

---

[107] Cf. *supra*, nota 82 y p. 110.

Por otro lado, la fil[osofía] en su forma más alta hasta hoy no puede ser salvada. La aspiración a la identidad entre ser y pensar fue a protesto. Si el mundo fuera = espíritu, sería significativo.

A grandes rasgos: como el mundo ya no puede ser afirmado como racional, significativo: el pensamiento es afectado hasta lo más ín[timo] por la historia real.

Filosóficamente: porque la identidad, en cuanto pensamiento teórico, es falsa. Mostrar esto en el primer paso de la Lógica *h[egel]iana.* Lógica I, *110*.[108]

(2)[109] *Para poder enseñar la identidad de ser + nada, el ser, en cuanto indeterminado, es convertido en* indeterminidad, *en concepto, y a través de ello es anticipado, mediante una jugarreta, el resultado del espíritu absoluto.*

Por lo tanto, aporía: *remisión a la fil[osofía] y: esto ya no alcanza. No funciona con la filosofía y no funciona sin ella. Pero se trata de indagar si la fil[osofía] puede hablar aún con fundamento sobre lo objetivo, sobre el contenido y, de esa manera, sobre lo esencial.*

De otro modo, recae o bien en el formalismo, o bien en la contingencia de frases inconexas e irresponsables.

La recaída en el formalismo y en la irresponsabilidad es aguda en la historia de la fenomenología[,] hoy, en la abstracción creciente de H[eidegger].

Contingencia como peligro en el filosofar sin orden ni concierto en cuanto a los contenidos; por lo demás, J[erga] d[de] la a[utenticidad]

---

[108] Las referencias del pasaje remiten al volumen 4 de la *Jubiläumsausgabe* de Glockner (Stuttgart, 1928); cf. también *infra*, nota 113.

[109] A partir de aquí, los números que aparecen entre paréntesis, así como ocurre en las anotaciones para las siguientes lecciones, remiten al texto de la conferencia reproducido en el apéndice del presente volumen; cf. también *supra*, nota 66.

también siempre que la nueva ontología habla de contenidos: hipótesis de relaciones tan transitorias como agrarias.

25/11/65

Acta de la lección

Nos hemos ocupado, al final de la penúltima clase y luego casi durante toda la última, de los problemas muy pormenorizados de la relación entre teoría y praxis. Querría volver ahora sobre las reflexiones dentro de las cuales aquellas consideraciones un tanto ampliadas tenían su lugar; a saber: a las formulaciones específicamente filosóficas, en la medida en que ellas, si puedo decirlo de manera tan abreviada, conciernan al programa de una dialéctica negativa. La reflexión sobre por qué *no* ocurrió, es decir: por qué la praxis se encuentra en aquellas dificultades o en aquella situación de inmovilidad, es una parte esencial de aquello que hoy puede llamarse filosofía. Así pues, en cierto sentido, el proceso de teoría y praxis, por el hecho de que la transición de la teoría a la praxis no se produjo, se ve conducido de nuevo a la teoría. A eso mismo corresponde, por cierto, la comprensión más avanzada de los procesos sociales; y si intento desarrollar ante ustedes un concepto de filosofía que se contraponga del modo más extremo al de filosofía como una ciencia de los fundamentos o una ciencia que todo lo abarca; en suma, al concepto de la filosofía como una "carcasa", esto tiene precisamente allí su razón de ser. E igualmente pueden ustedes reconocer aquí (sin que esta vez, en esta lección, pretenda explayarme largamente sobre el punto) la motivación de por qué no reconozco la separación usual, en términos de división del trabajo, entre filosofía y sociología. Por otra parte, sin embargo, hay que decir que, con el hecho de que, desde Hegel, no haya tenido lugar la transición a la praxis implícita en la propia filosofía, también se aviene bien el hecho de que la propia filosofía se someta a la más dura autocrítica; a una autocrítica, obviamente, que debe vincularse con las últimas formas visibles que ella ha encontrado.[110] (No pienso aquí en la crítica de los trabajos incontables, totalmente irrelevantes, que circulan con el nombre de filosofía, y que aparecen, pues, todos los años como productos de la empresa académica, y que incesantemente encuentran también sus editores e impresores).

Hay que preguntar, pues, si la filosofía es aún posible. Si equiparo esta pregunta a la pregunta por la posibilidad de la dialéctica, tengo que justificarles esto también desde el punto de vista positivo. El negativo es que las filosofías antidialécticas no están en condiciones justamente de hacer aquella autorreflexión que pienso que es necesaria. Aquí querría pedirles una vez más que tengan de la dialéctica un concepto lo menos pedante posible, es decir, que no tengan un concepto ligado al filosofar esquemáticamente dialéctico de abordar la materia, si es que quieren entender a qué me refiero con la pregunta por la posibilidad de la dialéctica. Esta representa el intento de incorporar a la filosofía lo que es heterogéneo a esta, su otro; podría decirse, a modo de anticipo: lo no conceptual; en Hegel, en el sentido de la identificación de lo no idéntico;[111] en el sen-

---

[110] Al menos hasta aquí, es posible comparar esto también con las anotaciones para la lección 5.

[111] Lo no idéntico es un –en cierto sentido: el– concepto clave o central de la filosofía de Adorno; dicho concepto designa aquello de lo que esta filosofía debe ocuparse. Con la antítesis entre lo no idéntico y lo idéntico debería coincidir ampliamente lo que, de acuerdo con la terminología tradicional, se dice acerca de lo material en su diferencia respecto de lo ideal; de lo mucho en su diferencia respecto de lo uno: no lo universal, sino lo particular, el *individuum ineffabile*. En esa medida, el pensamiento de Adorno sigue también la consigna, formulada por Husserl: "¡Volver a las cosas mismas!", que debía colocarse en el lugar de la circunscripción a la conceptualidad abstracta, tal como dominaba, ante todo, en el neokantismo. Si es materia de *Dialéctica negativa* ofrecer retrospectivamente una "metodología de los trabajos materiales del autor" (GS 6, p. 9 [*Dialéctica negativa*, ob. cit., p. 9]), entonces la introducción (y la lección correspondiente a ella) debe exponer el procedimiento con ayuda del cual Adorno espera hacer justicia a lo no idéntico de sus materiales. Para esto son útiles tanto Hegel como Kant y, más que aquel, este último. El "principio de la idealidad absoluta", tal como lo ha defendi-

tido de las formulaciones que *yo* expongo ante ustedes, es, en una medida mucho mayor, no *incorporar* lo no conceptual, sino *concebirlo*

---

do el idealismo hegeliano, perpetúa "la no identidad como oprimida y dañada. Una huella de esto se incluyó en el esfuerzo de Hegel por absorber la no identidad en la filosofía de la identidad y hasta determinar la identidad por la no identidad. Él deforma sin embargo las cosas al afirmar lo no idéntico, admitir lo no idéntico como algo por supuesto necesariamente negativo y desconocer la negatividad de lo universal. Le falta simpatía para con la utopía de lo particular sepultada bajo la universalidad, para con la no identidad que solo existiría cuando la razón realizada hubiera dejado por debajo de sí a la particular de lo universal" (GS 6, p. 312 [*Dialéctica negativa*, ob. cit., p. 293]). Kant, en cambio, hizo más bien justicia a lo no idéntico en la medida en que lo mantuvo fuera del sistema; todavía en uno de sus últimos trabajos, en la octava de las tesis *Sobre sujeto y objeto*, Adorno intentó una interpretación y crítica de Kant que se refería a la relación de la cosa en sí con lo no idéntico (cf. GS 10.2, pp. 752 y ss. [*Crítica de la cultura y sociedad II*, ob. cit., pp. 659 y ss.]). Que en la cosa en sí sobrevive el "recuerdo del momento rebelde contra la lógica de la consecuencia, la no identidad" fue ya anteriormente retenido en *Dialéctica negativa* (GS 6, p. 286, nota [*Dialéctica negativa*, ob. cit., p. 267, nota]), en la que Adorno desarrolló la idea para la propia teoría bajo el título de "primacía del objeto". En cierto sentido, *Dialéctica negativa* es la tentativa, emprendida ya en *Sobre la metacrítica de la teoría del conocimiento*, de finalmente "hacer hablar a la lógica" (GS 5, p. 47 [*Sobre la metacrítica de la teoría del conocimiento*, ob. cit., p. 55]). "Realizado" sería el "concepto del concepto", del que se trata aquí, en todo caso a través del nombre, si él fuera a tenerlo; en el nombre habría que introducir aquello que la filosofía ha buscado en vano bajo el título de intuición intelectual: lo determinado no idéntico, el color indeleble de lo concreto. En *Origen del 'Trauerspiel' alemán*, Benjamin ha reclamado sin más para la filosofía el acto adamítico de conceder un nombre, la "palabra [...] que exige nuevamente sus derechos denominativos" (Walter Benjamin, *Origen del 'Trauerspiel' alemán*, introd. de Miguel Vedda, trad. de Carola Pivetta, Buenos Aires, Gorla, 2012, p. 71). Adorno no lo siguió en este punto. Adorno sospechaba que lo no idéntico, es decir, lo no idéntico con el concepto especulativo, es "lo que Kant bosquejó con el concepto de idea" (GS 10.2, p. 752 [*Crítica de la cultura y sociedad II*, ob. cit., p. 669]). "Lo no idéntico", se dice con razón en un artículo de Ritsert, "no es una sustancia misteriosa", sino que se erige en "expresión abreviada de una plétora de problemas de los cuales se ocupa la teoría crítica de Adorno y que en parte plantea" (Jürgen Ritsert, "Das Nichtidentische bei Adorno – Substanz- oder Problembegriff?", en *Zeitschrift für kritische Theorie*, año 3, fasc. 4, 1997, p. 48).

en su no conceptualidad. Y, a través de ello, la filosofía, a fin de ser capaz de hablar acerca de lo esencial, que de tan variadas formas se le escapa, se entregaría precisamente a aquello que ella, en su forma tradicional, hasta llegar a Hegel –hoy hablaré todavía sobre esto–, precisamente nos oculta; aquello que la filosofía, en su forma tradicional y, como puedo quizás añadir, afirmativa, deja pasar concienzudamente por sus redes. La situación es tal, pues, que el pensamiento ha recaído en la filosofía, mientras que, al mismo tiempo, la propia filosofía se ha vuelto problemática; no solo problemática en el sentido de una disciplina aislada que sigue siendo desarrollada de manera inconexa y displicente, sino también en el sentido mucho más serio de que ella evidentemente, en su forma actual, no alcanza lo que se ha propuesto. Esta recaída en la filosofía también tiene ahora, en la propia situación, su equivalente real. Nos encontramos en una especie de respiro histórico. Estamos en una situación en la que es nuevamente posible para nosotros reflexionar con seriedad, de acuerdo con las condiciones materiales y también de acuerdo con una cierta calma en las circunstancias; en todo caso, si se trata de la República Federal. Y los intentos de desconcertarlo a uno y gritar ininterrumpidamente "¡El lobo, el lobo!" son, en este instante, una ideología porque, sobre la base de un análisis social, *à la longue* ya no se puede contar con que se mantenga este estado, en el que es posible realmente reflexionar; de modo que no se debe desaprovechar este estado. Y diría que en esta posibilidad reside, para todos nosotros y de manera muy particular para ustedes, una especie de obligación de reflexionar realmente y no dejarse desconcertar subordinando la actividad espiritual al emprendimiento general; hay algo así como una obligación moral que emana para ustedes, así como para mí, desde la figura de la realidad (si es posible decirlo de ese modo). El mundo no solo no fue transformado, indudablemente, por razones espirituales, sino que *también* no lo fue, probablemente, porque fue demasiado poco interpretado.

Les recuerdo aquí un problema que Marx no aborda de manera exhaustiva y en el que vemos algo muy esencial tanto yo como las pocas personas que piensan del mismo modo. En Marx las cosas son tales que él acepta de manera realmente ingenua el principio del *dominio de la naturaleza*. Se modifica alguna cosa, según la concepción de Marx, en las relaciones de dominación entre los seres humanos –ha de modificarse significa: deben desaparecer–, pero el dominio incondicionado de los seres humanos sobre la naturaleza permanece intacto en él, de modo que podría decirse que la imagen de la sociedad sin clases en Marx, como formuló en una ocasión Horkheimer, tiene algo de una gigantesca sociedad anónima para la explotación de la naturaleza. El hecho de que, según Marx, a partir del trabajo que realizan los animales –aunque a menudo, en ellos, los costos de reproducción son menores que el tiempo gastado, o la energía gastada–, de que de los animales, según un pasaje expreso de *El capital*,[112] no se extraiga ningún plusvalor, es quizás solo el símbolo más craso de esto. No querría enredarme en consideraciones románticas sobre la naturaleza, pero creo que si digo: "Ha sido demasiado poco interpretado", reside aquí un momento muy central; no es posible, si existe *una sola* verdad, criticar, por un

---

[112] No ha sido identificado. Como Adorno en otro pasaje habla acerca de la teoría marxiana sobre el "trabajo vivo del que surge exclusivamente, según su concepto, la plusvalía" (GS 8, p. 359 [*Escritos sociológicos I*, ob. cit., p. 334]), y en *Minima Moralia* se dice que a los animales Marx ni siquiera les "concede que puedan, como trabajadores, producir plusvalía" (GS 4, p. 261 [Theodor W. Adorno, *Minima Moralia. Reflexiones desde la vida dañada*, trad. de Joaquín Chamorro Mielke, Madrid, Taurus, 1999, p. 230]), así podría estar recordando un pasaje del capítulo 5 del primer volumen de *El capital*, del que cabe *deducir* que el plusvalor no es producido por los animales: "Concebimos el trabajo bajo una forma en la cual pertenece exclusivamente *al hombre*. Una araña ejecuta operaciones que recuerdan las del tejedor, y una abeja avergonzaría, por la construcción de las celdillas de su panal, a más de un maestro albañil. Pero lo que distingue ventajosamente al peor maestro albañil de la mejor abeja es que el primero ha modelado la celdilla en su cabeza antes de construirla en la cera. Al consumarse el proceso de trabajo surge un resultado que antes del comienzo de aquel ya existía en la *imaginación del obrero*, o sea *idealmente*" (Karl Marx, *El capital*, ob. cit., vol. I, p. 216).

lado, radicalmente el principio del dominio, pero, por el otro, aceptarlo en un ámbito ilimitado de manera simplemente no dialéctica, firme, positiva. Si es cierto –como han enseñado Marx y Engels, y es algo de lo que no estoy, por cierto, convencido desde ninguna perspectiva– que el dominio sobre la naturaleza externa (que durante milenios también necesitó de relaciones sociales de poder, ya que de otro modo, sin estas relaciones, no habría funcionado) ahora súbitamente habrá de modificarse radicalmente, entonces para ello se requiere una fe muy intensa (para decir las cosas de manera refinada) en que las formas de dominio de la naturaleza han de persistir puramente en el sentido del idealismo, en un sentido fichteano de subjetividad absoluta, *sin* que se reproduzcan también las formas de dominación. Si en los países del Este las burocracias se han adherido como sanguijuelas y se han convertido en una clase, eso se relaciona allí, sin duda, ante todo con la industrialización y con las demandas, admitidas de manera totalmente despiadada y adialéctica, del dominio de la naturaleza; mientras que, para una representación seriamente liberada de la sociedad, que también comprenda dentro de sí la relación entre los seres humanos y la naturaleza, precisamente por ello debería ser transformada también la relación con el dominio de la naturaleza, si es que este no ha de volver a reproducirse en formas de dominación internas a la sociedad… Solo les presento este modelo para mostrarles la eminente importancia práctica que posee precisamente aquello que puede ser denominado interpretación; es decir, filosofía, reflexión libre.

Por otro lado, la filosofía, en la forma más elevada que tuvo hasta ahora, y que fue la hegeliana, con su tentativa para concebir precisamente lo no idéntico, aunque también *identificándolo*, no puede ser salvada. La aspiración a la identidad entre ser y pensar, que está precisamente detrás de toda la tradición filosófica, ha pasado insalvablemente a protesto. Si el mundo realmente fuera lo mismo que el espíritu, si el mundo fuera producto del espíritu, estuviera dominado enteramente por el espíritu, e incluso hubiera sido producido por el espíritu, entonces eso querría decir con ineludible necesidad que el mundo, en su forma existente, está cargado de sentido. Precisamente, el hecho de que el mundo, pues, como se dice, posee un sentido, es algo que ya no puede de ningún modo afirmarse en vista de lo que hemos experimentado en nuestro período histórico. Y una filosofía que permaneciera ciega ante esas experiencias y que, en lugar de eso, se aferrara en cierto modo, en el ámbito de la epistemología y de una metafísica equiparada con ella, a la tesis de la plenitud de sentido del mundo, sin dejarse desconcertar por el hecho de que este mundo realmente ya no está cargado de sentido; una filosofía tal se degradaría real y necesariamente a un vacío palabrerío y a una afirmación corporativa merecedora del escarnio que algunas orientaciones filosóficas, como los positivistas y, seguramente, la conciencia cotidiana tienen preparado para la filosofía. El pensamiento, pues, si se lo mide a partir de la tesis de la identidad de pensar y ser, se ve afectado hasta lo más íntimo por la experiencia histórica de su disociación. Pero esto posee igualmente una figura filosófica, y no solo una figura que emanaría de la conciencia prefilosófica. Y la conciencia filosófica es aquí la realmente vinculante. Si uno dice: el pensamiento no puede volverse ciego frente a la experiencia, esto tendría, si el pensamiento permanece en sí mismo coherente, el carácter de una afirmación dogmática; como también lo tendría, a la inversa, el pensamiento al que no le importa el mundo, con el que pretende al mismo tiempo ser idéntico; así como *esta* afirmación es vacía y estrecha, también carecería de validez, por el otro lado, una crítica tal. Puede mostrarse, pues, que la identidad, en cuanto pensamiento teórico, es ella misma errada; que ha sido lograda de manera capciosa. Y considero que esta demostración, esta demostración forzosamente *negativa*, es, ante todo, el problema central de la crítica filosófica hoy.

Querría al menos indicarles esto a partir de un modelo extraído del texto más importante sobre la teoría de la identidad filosófica, es decir, de la *Lógica* de Hegel y, por cierto, ya de su comienzo, del pasaje donde Hegel enseña la transición desde el ser, como la más determinada de todas las categorías, a la nada. Creo que allí hay algunas formulaciones, en la primera parte de la *Lógica* y, por cierto, en el parágrafo que lleva el título "Calidad"; está más o menos en la página 110 de la edición de Glockner del primer volumen de la *Ciencia de la Lógica*,[113] si es posible recurrir a ella. Sabrán quizás que la *Lógica* hegeliana comienza apoyándose en Aristóteles, pero introduciendo un cambio subjetivo implícito; comienza con el concepto de ser, que es postulado, y de este ser se dice entonces –casi podría decirse: se deduce; o se demuestra a través de su fenomenología– que es idéntico a la nada. Si se trata aquí de un análisis del concepto o de un análisis ya orientado él mismo hacia la cosa, es una pregunta que debemos dejar de lado, ya que Hegel diría que, frente a un universal tan absoluto como lo es el ser, ya una diferencia como aquella entre concepto y cosa sería una definición que haría violencia al carácter de indeterminidad del sustrato "ser" aquí pensado. Ahora bien, hay que considerar con precisión qué ocurre con esta tesis que aparece aquí, según la cual el concepto de "ser" es indiferente frente a la distinción entre el concepto "ser" y la cosa "ser", hay que considerar qué ocurre. En el pasaje que he indicado, él se ocupa ante todo de la nulidad empírica de conceptos como el de espacio vacío, que son resultados de la abstracción, así como él lo admitiría, por lo demás, sobre el concepto de ser, como un concepto en sí mediado en el curso de la *Lógica*. Y el propio desarrollo de la *Lógica* es, si ustedes quieren, la definición, la indicación de los niveles de abstracción que deberían consumarse para que surja realmente algo así como el concepto de ser. En esa medida, pues, los movimientos, los movimientos hacia delante de la *Lógica* hegeliana, ya en su primer paso, son al mismo tiempo también movimientos *retrógrados*. Así pues: el ser es lo indeterminado –y, por cierto, él lo llama de ese modo remitiéndose a ciertas reflexiones de Jacobi, con el que no es benévolo–, lo indeterminado es el ser. Pero, en la frase siguiente: "Ellos [scil.: "los pensamientos del puro espacio y tiempo, de la pura conciencia, del puro ser"] son resultados de la abstracción; son expresamente determinados

---

[113] La página 110 del volumen 4 de la *Jubiläumsausgabe* de Glockner (Stuttgart, 1928) se corresponde con las pp. 103 y s. en la edición de Hegel de Moldenhauer y Michel consultada en la presente edición, cf. nota 30.

como *indeterminados*, lo cual –para volver hacia su más simple forma– es el ser".[114] ¡Ahora bien, presten atención a cómo prosigue! En transiciones lingüísticas muy sutiles reside, en una obra como la *Ciencia de la lógica*, en general, lo decisivo. Y bien podría ser que aquí, en un desplazamiento verbal mínimo, ya se oculte una decisión previa de un alcance filosófico inconmensurable, y de una falta de credibilidad igualmente grande. Hegel prosigue, pues: "Pero precisamente esta indeterminidad es lo que constituye la determinación" de aquel, es decir, del ser; "en efecto, la indeterminidad es lo opuesto de la determinación; por lo tanto, como lo opuesto, es ella misma lo determinado o negativo, y justamente lo negativo puro, completamente abstracto. Esta indeterminidad o negación abstracta, que de este modo el ser tiene en él mismo", en sí mismo diríamos hoy; que tiene en sí mismo, "es lo que tanto la reflexión exterior como la interior expresan, en cuanto lo oponen [al ser] como igual a la nada, y lo declaran un vacío ente de razón, una nada".[115] Ahora bien, damas y caballeros, tengan en cuenta aquí que Hegel, ante todo, cuando habla del ser, habla sobre lo *indeterminado*; pero que luego, de manera subrepticia, en lugar de lo indeterminado coloca la expresión "la *indeterminidad*". Creo que la mayoría, quienes leen a Hegel con una cierta ingenuidad, pasarán por alto este matiz lingüístico y estarán inclinados a cargarlo en el haber de aquel tipo algo laxo de expresión que domina en Hegel, y cuyas razones intenté desarrollar en "Skoteinos".[116] Pero creo que uno no puede ponerse tan cómodo ante este pasaje decisivo, sino que debe tomarle realmente la palabra a Hegel. Reflexionen durante un segundo sobre la

---

[114] G. W. F. Hegel, *Ciencia de la lógica*, ob. cit., p. 125; la traducción ha sido levemente modificada. La argumentación que, en Hegel, sigue a la oración citada es sintetizada por Adorno, en su ejemplar de mano de la *Lógica*, en una observación manual al margen: "Ser indeterminado. En cuanto indeterminado, determina, en cuanto negación, a lo determinado. Por ende = nada".

[115] Ibíd., pp. 125 y s.

[116] Cf. "Skoteinos oder Wie zu lesen sei", GS 5, pp. 326 y ss. ["Skoteinos o cómo habría de leerse", en *Tres estudios sobre Hegel*, ob. cit., pp. 119 y ss.].

diferencia entre "lo indeterminado" y "la indeterminidad"; el lenguaje establece aquí una distinción con fundamento. "Lo indeterminado": esto tiene carácter de sustancia. Sin duda, en el concepto de lo indeterminado, con toda certeza, no se diferenciará entre la cosa y el concepto, sino que, precisamente porque no se ha producido una determinación, no aparece la diferencia entre lo determinante —es decir: la categoría— y la cosa como tal en la expresión "lo indeterminado". Pero, en esta indiferenciación, en todo caso, que le corresponde, posee justamente ambas cosas: tanto el concepto como la cosa, que es indeterminada. Pero, en la medida en que Hegel sustituye esto por "la indeterminidad", es endosado —Kant diría: con una subrepción— ya el concepto, es decir, la indeterminidad *en sí*, en lugar de aquello *que* es allí indeterminado. El mero pasaje lingüístico desde "lo indeterminado", que remite al sustrato, a la indetermin*idad* es ya el pasaje en dirección al concepto. Y solo esta esencia conceptual, que a través de ello es equiparada al ser —es decir, en el fondo, aquí ya un acto originario de la identificación, a través del cual es suprimido aquello que, en el ser, es el ente; es decir, aquello que no sería indeterminidad sino *indeterminado*—, solo este acto de identificación, digo, le permite a Hegel equiparar de inmediato este ser, como algo puramente conceptual, a su pura conceptualidad, es decir, justamente a esa *indeterminidad*. Pueden ver, pues, que la equivalencia entre ser y nada está fijada en el hecho de que el ser es concebido como indeterminidad; en otras palabras: que ya desde el vamos aparece en la esfera conceptual. Pero si fuera lo indeterminado —tal como dice él en un comienzo y tal como lo toma un tanto despectivamente de Jacobi–, entonces no sería posible la equiparación con la nada, pues un algo puede ser totalmente indeterminado, pero no puede decirse de él que es "igual a la nada". La indeterminidad, sin embargo, como una forma intelectual general de la que ha sido ahuyentado todo recuerdo sobre su sustrato, ya no puede ser tratada del mismo modo que algo contrapuesto al concepto; es, de hecho, aún solo concepto, concepto puro, y precisamente *por ello* se convierte en nada. Y a través de esto se pone recién en marcha todo ese tipo de dialéctica que desarrolla del modo más grandioso la *Lógica* hegeliana.

Lo que creo haber mostrado aquí, a propósito de esta individualidad lingüística micrológica, designa un carácter mucho más general; a saber: que la entera filosofía hegeliana alcanza realmente la identidad solo por el hecho de que lo no conceptual es escamoteado desde el vamos. Esta es la mayor tentación para la filosofía. Y es mucho más fácil sucumbir a esta tentación e interpretarla, por su parte, como el movimiento de la filosofía que darse cuenta de lo no verdadero en ella. Pues si hablamos, si filosofamos, nos la tenemos que ver *siempre* de hecho con conceptos. Aunque hablemos sobre el ente, no podemos hacer como Braque y Picasso en ciertos cuadros del período cubista, y como intentó hacer la temprana pintura dadaísta, a saber: no podemos pegar, por así decirlo, un fragmento del ente en nuestros textos filosóficos.[117] Y, si quisiéramos hacerlo, probablemente eso no nos habría ayudado mucho en el plano filosófico. Dicho sea de paso: el hecho de que el arte justamente se ha empeñado una y otra vez en ello con una especie de desesperación debería mostrar que los estímulos de los artistas en este preciso punto han olfateado algo, se han percatado de una cosa que sería realmente un tema de la filosofía, pero de la cual la filosofía, a causa de su cómodo retraso, justamente nunca se ha cerciorado tan bien. En la filosofía tenemos que atenernos, pues, a hablar *con* conceptos y *sobre* conceptos, y a causa de esto, ya desde el vamos, está excluido de ella aquello de lo que se trata en la filosofía –a saber: lo no conceptual, aquello con lo cual se relacionan los conceptos–. Ya a través de su propio *medium*, a través de su propio enfoque, ella impide lo que realmente debería hacer, a saber: impide la posibilidad de juzgar sobre aquello que no es ella misma, aquello que no es concepto. Y formularía ante todo, de manera muy simple como programa –creo que esto resultará comprensible para cada uno de ustedes–, que la filosofía reflexiona conceptualmente sobre este proceso, que ella solo trata acerca de conceptos y, en la

---

[117] Cf. al respecto también GS 6, p. 535 [*La jerga de la autenticidad*, ob. cit., p. 505] y GS 7, pp. 382 y s. [*Teoría estética*, ob. cit., pp. 339 y s.].

medida en que ella eleva ese proceso, eleva al concepto, lo revisa y, en la medida en que esto es posible con los medios del concepto, lo revierte. Si Freud, en un pasaje grandioso de las *Lecciones de introducción al psicoanálisis*, habló de que el psicoanálisis tiene que vérselas con la escoria del mundo de los fenómenos,[118] podría entonces decirse que la filosofía en realidad tiene su objeto precisamente en lo que ella, según su enfoque, en general se niega a sí misma: la escoria del concepto, es decir, en aquello que no es concepto.[119] Y la pregunta por la posibilidad de una dialéctica negativa es la pregunta por

---

[118] Cf. en "Los actos fallidos", en la segunda lección: "El psicoanálisis, eso es verdad, no puede gloriarse de no haberse dedicado nunca a pequeñeces. Al contrario, su material de observación lo constituyen por lo común aquellos sucesos inaparentes que las otras ciencias arrojan al costado por demasiado ínfimos, por así decir la escoria del mundo de los fenómenos" (Sigmund Freud, *Conferencias de introducción al psicoanálisis*, en *Obras completas*, orden., coment. y notas de James Strachey, con la colaboración de Anna Freud, trad. de José L. Etcheverry, Buenos Aires-Madrid, Amorrortu, 2006, vol. 15, p. 24). Adorno, por lo demás, ha citado con bastante frecuencia esta formulación; cf. por ejemplo, GS 1, pp. 232 y 336; GS 4, p. 273; GS 6, p. 172; GS 8, pp. 188 y 552; GS 10.1, pp. 73 y 262; GS 13, pp. 187 y 417; GS 1, pp. 232 y 336; GS 4, p. 274; GS 6, p. 172; GS 8, pp. 188 y 552; GS 10.1, pp. 73 y 262; GS 13, pp. 187 y 417 [*Escritos filosóficos tempranos*, trad. de Vicente Gómez, Madrid, Akal, 2010, p. 216; "Actualidad de la filosofía", ob. cit., p. 91; *Minima Moralia*, ob. cit., p. 243; *Dialéctica negativa*, ob. cit., p. 163; *Escritos sociológicos I*, ob. cit., pp. 175 y 514; *Crítica de la cultura y sociedad I*, ob. cit., pp. 64 y 230; *Monografías musicales. Ensayo sobre Wagner. Mahler. Una fisonomía musical. Berg. El maestro de la transición mínima*, trad. de Alfredo Brotons Muñoz *et al.*, Madrid, Akal, 2008, pp. 185 y 407].

[119] De manera similar formulaba Adorno ya en 1931, en su lección inaugural, su programa filosófico: la construcción a partir de "pequeños elementos carentes de toda intención se cuenta según esto entre los presupuestos fundamentales de la interpretación filosófica; el viraje hacia la 'escoria del mundo de los fenómenos' que proclamara Freud tiene validez más allá del ámbito del psicoanálisis, así como el giro de la filosofía social más avanzada hacia la economía proviene no solo del predominio empírico de esta, sino asimismo de la exigencia inmanente de interpretación filosófica" (GS 1, p. 336 [*Actualidad de la filosofía*, ob. cit., p. 91]).

si este proceso de desentrañamiento puede dar buen resultado; si, pues, es posible, para la autorreflexión del concepto, precisamente atravesar el muro que el concepto, a través de su propia esencia conceptual, erige alrededor de sí mismo y de aquello de lo que él trata. Ustedes verán en eso –en la demanda que la filosofía tiene ante sí y en sus dificultades casi prohibitivas– que hoy en día ser una persona que filosofa no es, como se dice en Suabia, deleitarse con pasteles. Por un lado, realmente no es posible dispensar de la filosofía. La ingenuidad de la praxis que prescinde de la cavilación filosófica no solo es estrecha de miras, sino también –por las razones que intenté desarrollar ante ustedes– en sí misma problemática; es decir: se convierte en praxis *falsa*. Pero, por el otro lado, el propio estado de la filosofía es tan problemático y cuestionable hasta lo más íntimo que hay que proponer, como cura, un medio del que uno no solo no sabe bien *cómo* funciona, sino que es también sumamente incierto determinar *si* funciona. Y creo que dedicarse seriamente a la filosofía solo tiene realmente un sentido si uno se enfrenta con esta situación aporética (como se dice esto de manera culta), es decir, con esta dificultad endiablada y, ante todo, sin salida de la que no estoy seguro si realmente se puede salir; y, por cierto, en el sentido de que uno se plantee si la filosofía puede realmente, y si puede aún con fundamento, pensar sobre algo objetivo, de contenido; y si de esta manera se halla aún realmente legitimada a decir algo sobre lo esencial. Si no asume esta tarea, si fracasa en este movimiento, entonces quedan abiertas para la filosofía dos posibilidades igualmente malas. Por un lado, la amenaza la recaída en el formalismo. Los movimientos intelectuales de la generación pasada –les recuerdo solo el célebre título del libro de Scheler sobre el *Formalismo en la ética*,[120] pero también la íntegra obra de Bergson, que estuvo dedicada a la crítica del concepto universal

---

[120] Cf. Max Scheler, *Gesammelte Werke*, vol. 2: *Der Formalismus in der Ethik und die materiale Wertethik. Neuer Versuch der Grundlegung eines ethischen Personalismus*, 6ª ed., Berna-Múnich, 1980.

abstracto[121]– fueron un único intento de escapar a este formalismo en el que se había enredado la filosofía epistemológica. Ahora bien, es sumamente característico de la agudización de la aporía de la que les hablé que la filosofía fenomenológica, que ha emprendido la orientación hacia lo material, justamente en Scheler o también en el Heidegger temprano, ha involucionado hacia el formalismo, con una violencia muy aplastante. Pues, con la mera aseveración de que el "ser" no es abstracto, no es realmente un concepto, sino lo más concreto, no se ha conseguido nada en absoluto. Ante todo, el ser, así como ha establecido una y otra vez Hegel con el mayor énfasis frente a Jacobi, es el concepto más abstracto. Y el hecho de que Heidegger se haya entregado a este concepto tiene seguramente su razón –que querría mencionarles aún a modo de complemento– en que, si la filosofía *no* se repliega en esa abstracción extrema, está entonces en peligro de perderse en postulaciones irresponsables, contingentes, arbitrarias. Y, por cierto, tradicionalmente, en el modo en que ciertas determinaciones que han sido extraídas de la historia, y que solo poseen su valor posicional dentro de la historia, son hipostasiadas tal como si ellas simplemente existieran como "disposiciones" del Dasein o incluso como atributos del ser. Creo que no cometo ninguna injusticia si digo que la evolución de Heidegger, desde *Ser y tiempo* hasta el así llamado viraje, se relaciona con esto; es decir que él ha consumado aquella descontenidización de su filosofía que, finalmente, condujo al culto de la palabra "ser", porque percibió que las determinaciones materiales de *Ser y tiempo* –que, por lo demás, han concedido

---

[121] Cf. *infra*, pp. 152 y s. Las exposiciones de Adorno sobre Bergson en *Dialéctica negativa* (cf. GS 6, pp. 27 y s. y 327 y s. [*Dialéctica negativa*, ob. cit., pp. 20 y s. y 306 y s.]) fueron precedidas por el tratamiento más detallado en *Metacrítica de la teoría del conocimiento* (cf. GS 5, pp. 52 y ss. *passim* [*Sobre la metacrítica de la teoría del conocimiento*, ob. cit., pp. 61 y ss.]); instructiva acerca de la relación entre la teoría crítica y Bergson es, además de los dos artículos importantes de Horkheimer, también la tesis, dirigida por Adorno, de Peter Gorsen *Zur Phänomenologie des Bewußtseinsstroms. Bergson, Dilthey, Husserl, Simmel und die lebensphilosophischen Antinomien*, Bonn, 1966.

a esta obra su influencia– justamente no son de ningún modo sin más determinaciones del *Dasein* o del ser, sino que, en ellas, se halla contenido infinitamente más de específico y –según la medida de una filosofía del origen–, por ende, de contingente, de arbitrario, de lo que él admitió en aquel entonces. Han existido, de hecho, otros "proyectos" de estas disposiciones, que luego se tornaron cada vez más optimistas con el bienestar creciente, de modo que, por ejemplo, en lugar de la angustia, la cura y la muerte, se ha operado con conceptos como el de sinceridad. Es en sí sumamente instructivo seguir esta transición desde las disposiciones negativas a las positivas; puedo encomendarla al interés de ustedes. Llegaría incluso a decir casi que la filosofía, en su estado académico actual, no solo se polariza en dirección a lo arbitrario-causal, por un lado, y lo formal por el otro, sino que, entre estos dos polos, existe algo así como una interrelación funcional; es decir que si la filosofía dedicada a los contenidos, en su forma actual, no logra lo que hoy intenté desarrollar ante ustedes como programa, se ve compelida a recaer justamente en aquellos formalismos de los que intentó alguna vez liberarse. Y la pregunta o el problema que se plantea la filosofía es muy simplemente cómo puede ser al mismo tiempo una filosofía de contenidos *y* consistente. Y esto, por cierto, solo es posible si se deshace de la equiparación entre lo conceptual en general y lo solamente sustancial; una equiparación acerca de la cual están de acuerdo los filósofos hasta el día de hoy.

Lección 7

30/11/1965

Anotaciones

En Hegel, lo individual determinado ha de dejarse determinar por el espíritu porque su determinación no es otra cosa que espíritu: por ende, "concepto".

(3) De otro modo, la fil[osofía] debería resignarse, entre otras cosas, a ser metodología de las ciencias.

<u>Diferencia inicial</u> *con H[egel]: la fil[osofía] posee su interés allí donde él y toda la fil[osofía] están desinteresados, en lo <u>no</u> conceptual. La pluma de Krug. Correcto e incorrecto. Lo no conceptual – pero donde el concepto de esto se da cuenta de algo.*

Entonces, por así decirlo, en la escoria del pensamiento fil[osófico], en aquello que no es en sí mismo pensamiento. – Remisión a Freud: escoria del mundo de los fenómenos. – Lo no conceptual mediado como lo desdeñado, excluido, en donde reside el parti pris[122] *del concepto.*

Tanto Bergson como Husserl han estimulado eso, el interés en lo no conceptual:

B[ergson] en el estrato que se halla <u>debajo</u> de lo conceptual, en las imágenes amorfas.

Husserl, en la esencia que ha de extraerse de lo <u>individual</u>, es decir, no en términos clasificatorios.

En ambos, sin embargo, <u>persiste</u> algo espiritual, inclusive subjetivo, en lo que ya siempre reside, en verdad, el concepto.

---

[122] Francés: inclinación, favoritismo. [N. del T.]

En B[ergson], adopción arbitraria, dualista de un modo de conocimiento <u>particular</u> que, sin embargo, sigue estando referido al concepto. No mediado Resignación a la poesía. N.B.: Proust no carente de concepto. En Husserl, las esencialidades <u>son</u> conceptos, como el resto.

(4) Las tentativas de ruptura de ambos son idealistas y, por ello, fracasadas. La objetividad es en ambos algo meramente subjetivo. – Ruptura no es posible como acto, sino solo mediante la autorreflexión.

La filosofía está ante la tarea de romper <u>a pesar de todo</u>; sin una confianza aunque más no sea mínima en ello, no funciona.

La filosofía debe decir lo que <u>no</u> puede decirse. Contra Wittgenstein. Ella debe trabajar en esta contradicción.

En esa medida, su propio concepto es contradictorio, dialéctico en sí.

Utopía del conocimiento: abrir lo no conceptual mediante el concepto sin igualarlo a este.

Cambio de función de la idea de <u>infinito</u>.[123]

---

[123] Sobre el "cambio de función de la idea de infinito", que es desarrollado a continuación por Adorno, cf. también los esfuerzos paralelos, aunque orientados en una dirección totalmente diversa, de Emmanuel Lévinas para impugnar que la síntesis del saber, la totalidad de lo existente abarcada por el *yo trascendental* es "entidad válida en última instancia" para garantizar concordia de un mundo y, de ese modo, representar la *razón* hasta el final de esta. La razón hasta su final o la libertad entre los seres humanos; en lugar de esto, el pensamiento de Lévinas se vuelve hacia la escatología profética: esta "es la relación con *una excedencia siempre exterior a la totalidad*, como si la totalidad objetiva no completara la verdadera medida del ser, como si otro concepto –el concepto de *infinitud*– debiera expresar esta trascendencia con relación a la totalidad, no englobable en una totalidad y tan original como ella" (Emmanuel Lévinas, *Totalidad e infinito. Ensayo sobre la exterioridad*, trad. de Daniel E. Guillot, Salamanca, Sígueme, 2002, p. 49). Si esto significa retraducir a la filosofía en una teología, algo que Adorno habría evitado tanto como el lenguaje heideggeriano, el filósofo de la religión judío y el dialéctico negativo coinciden en el primado que ambos le reconocen a la moral, un nuevo "imperativo categórico". (Sobre el concepto de infinito en Lévinas, cf. también, de este último, *Jenseits des Seins oder anders als Sein geschieht*, trad. de Thomas Wiemer, 2ª ed., Múnich, 1998,

La fil[osofía] no debe "agotar", no debe reducir los objetos a un mínimo de proposiciones.

(5) Ella debe tratar lo que le es heterogéneo <u>sin</u> reducirlo a categorías prefabricadas.

30/11/65

Acta de la lección

En la última clase, hacia el final, les hablé acerca de la tendencia de las nuevas orientaciones ontológicas en la filosofía a recaer, o bien en un puro formalismo (precisamente aquel formalismo contra el cual las orientaciones ontológicas, vueltas hacia el contenido, se habían dirigido de manera polémica), o bien en proposiciones de contenido relativamente contingentes. En lo que atañe a esta contingencia, podrían decir ustedes que ese, por un lado, es en general el peligro de toda filosofía que no esté dirigida a partir de un punto fijo; y que, por el otro, hasta un cierto grado la idea que intento desarrollar aquí ante ustedes encierra algo similar. Querría dejar abierto, de momento, esto último; sobre eso, obviamente, hablaremos de manera muy seria. En lo que atañe a la primera, estaría bien quizás que recuerden aquí que las filosofías sistemáticas, y así, por ejemplo, la hegeliana, tenían una ventaja infinita –si tengo que expresarme, como se dice, de acuerdo con una especie de balance filosófico– frente a las ontologías, ya que partían de que el espíritu es lo único real y de que todo lo real puede ser reducido al espíritu. A través de esa tesis general, la filosofía hegeliana, naturalmente, nunca tuvo que temer hundirse en lo meramente existente de la manera en que deben hacerlo las ontologías, que en todo caso no

---

pp. 43 y ss., 316 y ss. *passim*; también *Ethik und Unendliches. Gespräche mit Philippe Nemo*, trad. de Dorothea Smidt, Viena, 1996).

formulan expresamente una aspiración tal. La contingencia de lo empírico es aquí, en esta filosofía, inevitable en el instante en que regresa desde sus abstracciones extremas –de las que, por lo demás, niega que sean abstracciones–. Y en este contexto debe entenderse quizás el hecho de que el aspecto material, por ejemplo, de la filosofía heideggeriana posea aquel carácter peculiarmente arcaizante –quiero decir: orientado según las circunstancias de la pequeña ciudad o del campo– que en *Jerga de la autenticidad* intenté exponer en términos críticos.[124] Pero, naturalmente, en tales casos no basta con que uno se cerciore críticamente de tales fenómenos, sino que la tarea filosófica –aquello a través de lo cual la filosofía se diferencia aquí realmente... sí, del mero parloteo cultural– es que también se pueda deducir lo criticado, que se ponga en movimiento lo criticado concibiéndolo en su necesidad. Esta filosofía, que formula la aspiración de ser precisamente no formal y que, a pesar de todo, debe replegarse en las categorías superiores, las más abstractas; esta filosofía, si ingresa en lo material, tiene todo su interés puesto en hacer que esta transición a lo material no aparezca como azarosa, como debe serlo, en realidad, justamente en vista de la vaguedad del concepto de ser. En consecuencia, en sus proposiciones materiales se relaciona casi ineludiblemente con lo pasado, con circunstancias que se han vuelto históricas y que, a causa de su historicidad, poseen una suerte de aura: la de que las cosas han ocurrido así y no de otro modo; y que además, si es posible decirlo así, en cierto sentido se encuentran dadas de antemano. Y esto conduce luego a que esa filosofía, por lo demás, también arcaíza porque la idea de lo concreto[125] que tiene en mente es ella misma algo que no puede

---

[124] Cf. por ejemplo GS 6, pp. 450 y 452 y s. [*Jerga de la autenticidad*, ob. cit., pp. 428 y s. y 430 y s.].

[125] Sobre la idea de lo concreto en la filosofía moderna, cf. NaS IV-13, pp. 352 y s. y nota 354; también el posfacio de Adorno a *Personas alemanas* de Benjamin, GS 11, pp. 688 y s. [*Notas sobre literatura*, trad. de Alfredo Brotons Muñoz, Madrid, Akal, 2003, pp. 669 y s.].

hallarse en la sociedad presente, en cuanto sociedad despiadadamente abstracta, funcional; de modo que, si lo concreto ha de poder ser presentado, al margen de toda crítica, como algo existente, justamente puede ser buscado solo en aquellas circunstancias más o menos naturales que, por el hecho de haber sido condenadas por la marcha de la historia y haber caducado, asumen una apariencia de reconciliadoras... Esta sería, pues, por así decirlo, la historia filosófica de aquellos arcaísmos y de aquellas implicancias socialmente restauradoras que asumen las orientaciones ontológicas cuando, en general, se entregan a ámbitos materiales. Son pues, podría decirse, hipóstasis de lo transitorio como si fuera algo perteneciente al propio ser, a fin de que, al atribuir al ser lo transitorio en cuanto cualidad, por un lado, se eluda su transitoriedad y contingencia; por otro, se otorgue, a lo histórico y lo devenido, aquel color de concreción que es lo que concede a aquella filosofía su fuerza de atracción.

Ahora bien, les dije que, en Hegel, por el contrario, lo individual determinado debe ser determinado por el espíritu porque su propia determinación, en el fondo, no es otra cosa que espíritu. Y esto sucede –lo desarrollé ante ustedes en la última clase a partir de un modelo muy puntual del comienzo de la *Ciencia de la lógica*– justamente por el hecho de que, en Hegel, también el ente es presentado anticipadamente en su forma conceptual; es reducido, por así decirlo, al concepto; que, pues, alivia enormemente aquel acto de identificación. Esta es, pues, la causa más profunda, algo que permite comprender filosóficamente por qué la filosofía hegeliana, cuyo *terminus ad quem* es el concepto absoluto, desde el vamos solo trata acerca de conceptos. Si no se condujera de ese modo, la filosofía debería, según Hegel, resignarse a ser una mera metodología de las ciencias y otras cosas similares. Creo que a partir de esto es posible determinar con mucha precisión la diferencia entre aquello que desarrollo programáticamente ante ustedes y la filosofía de Hegel, a la que está, al mismo tiempo, tan próximo. En efecto, querría decir, frente a esto, que la filosofía tiene su interés exactamente en aquel aspecto en el que Hegel, y con él realmente toda la tradición filosófica, no están interesados, a saber: lo *no conceptual*. Ha sido objetado ya tempranamente, en contra de la filosofía hegeliana, por uno de sus enemigos –se llamaba Krug[126]– que si él realmente tuviera la osadía de hacer justicia a la aspiración de su filosofía, debería en verdad poder deducir también la pluma con la que ha escrito su obra: la célebre "pluma de Krug". Hegel rechazó el argumento de un modo muy caballeroso, es decir, ex cátedra, diciendo –un τόπος apologético de Hegel, por lo demás, que reaparece en él en las estructuras más diversas– que no es, justamente, misión de la filosofía tener trato con algo tan insignificante como las plumas, sino que tiene que ver con lo esencial.[127] Creo que esta controversia es, como la mayoría

---

[126] Wilhelm Traugott Krug (1770-1842); kantiano, enseñó en Königsberg y Leipzig.

[127] Cf. el tratamiento que hace Hegel en el *Kritischer Journal der Philosophie*, en el que se dice que a Krug le habría llamado la atención –por lo demás, en Schelling– "que se prometiera deducir el íntegro sistema de nuestras representaciones; y si él ha encontrado ya un pasaje, en el idealismo trascendental [de Schelling], en el cual el sentido de esta promesa es interpretado de manera expresa, no puede sustraerse a olvidar realmente de nuevo que aquí se trata de filosofía. El señor Krug no puede evitar entender la cosa como la plebe más ordinaria y exigir que sean deducidos cada perro y gato, e incluso la pluma del señor Krug, y como esto no sucede, opina él, debe recordarle a su amigo el monte que da a luz así como el pequeño, pequeño ratoncito; *uno no tendría* que jactarse de pretender deducir el íntegro sistema de las representaciones" (G. W. F. Hegel, *Werke*, vol. 2, p. 194). En uno de los agregados de la *Enciclopedia*, Hegel vuelve sobre la pluma de Krug: "El señor Krug ha exigido en este sentido a la filosofía de la naturaleza (y al mismo tiempo en otro sentido enteramente ingenuo) que lleve a cabo la obra maestra de deducir *tan solo* la pluma con la que él escribe. Para esta tarea y respectiva glorificación de su pluma sería preciso poder concebir la esperanza de que la ciencia hubiera progresado tanto que ya hubiera despachado [la deducción de] todo lo importante del cielo y de la Tierra, del presente y del pretérito, y que ya no quedara nada más importante por concebir [que su pluma]" (*Enciclopedia de las ciencias filosóficas en compendio*, ob. cit., p. 310, nota). Cf. también GS 6, p. 49 [*Dialéctica negativa*, ob. cit., p. 46].

de las controversias, sumamente difícil de conciliar. Por tonto que parezca el ejemplo de Krug –pues quién pretende haber deducido una pluma que alguien tiene en la mano–, se revela en él un interés; y, por cierto, el interés que no satisface la filosofía hegeliana. Y siempre que Hegel –si puedo darles esta pequeña instrucción para leer a Hegel– pasa de largo ante algo con particular arrogancia, uno tiene razones para asumir que hay algún gato encerrado. A pesar de la mezquindad del ejemplo que aduce –Platón era ya del parecer de que los ejemplos pueden muy bien ser mezquinos; como en otros puntos,[128] no estoy en este *d'accord* con Platón–, en todo caso, Krug ha visto que la filosofía, la filosofía enfática, en este preciso punto fracasa ante uno de sus temas esenciales, a saber: el intento de concebir lo no conceptual. Eso está formulado en esa objeción de Krug. Por otro lado, hay que decir que Hegel, a su vez, tiene la razón contra Krug en la medida en que no puede ser misión de la filosofía ocuparse de algo existente tan insignificante. Creo que es este un punto en el que realmente no es posible avanzar con construcciones *a priori*. Pues lo que a uno se le revela en un algo determinado y, si

---

[128] Así, por ejemplo, en el *Sofista*, el forastero explica, frente a Teeteto, a partir del ejemplo de una definición conceptual del sofista –con una instancia menos "pobre" que pequeña e insignificante de "grandeza"–: "Respecto de todo, siempre es necesario ponerse de acuerdo acerca del objeto mismo gracias a las definiciones, en vez de atenerse al nombre solo, sin su definición. Qué es la raza que ahora nos proponemos investigar, la del sofista, no es más fácil de captar que las otras. No obstante, todos saben desde muy antiguo que los grandes problemas, aquellos que cuesta mucho esfuerzo resolver adecuadamente, deben abordarse en ejemplos pequeños y fáciles antes de encararse con los casos importantes. Por eso, Teeteto, te propongo ahora lo siguiente: como ambos pensamos que la especie del sofista es difícil y dura de capturar, practiquemos en un objeto más fácil el camino que nos llevará a ella, a no ser que tú propongas una vía de acceso más directa. *Teeteto*: No tengo ninguna que proponer. *Extranjero*: ¿Quieres entonces que, ocupándonos de un objeto simple, intentemos ponerlo como modelo de algo más grande? *Teeteto*: Sí" (Platón, *Diálogos V*, trad., introd. y notas de María Isabel Santa Cruz, Álvaro Vallejo Campos y Néstor Luis Cordero, Madrid, Gredos, 1988, 339-341).

ustedes quieren, no conceptual, lo que el concepto extrae de ese algo, no puede ser observado desde el vamos en ese algo no conceptual, opaco, de tales características. En efecto, si ya se conociera eso, si estuviera ya garantizado, entonces no serían necesarios el esfuerzo y el trabajo de la filosofía, que se proponen obtenerlo. Pero, por otro lado, naturalmente debe haber algo en esto que atrae la atención y que ahora probablemente —y esto, querría decir, es a su vez un momento de verdad de la filosofía idealista—, en cierta medida, solo puede ser anticipado por la reflexión teórica anticipatoria. Para dar el ejemplo más célebre del tiempo reciente: la dedicación de la psicología freudiana a los residuos, a la "escoria del mundo de los fenómenos", a fenómenos por lo demás totalmente desdeñados, como, por ejemplo, las promesas o las acciones contingentes o los actos fallidos o cosas de esta clase; lo que estas cosas *significan* en el plano individual, naturalmente, no puede ser anticipado, y un esfuerzo tal podría igualmente, *a priori*, fracasar por completo. Pero si, por otra parte, se tiene un concepto teórico como el freudiano y, por ejemplo, una teoría desarrollada de la represión, entonces podrá anticiparse que justamente en tales objetos, que no están expuestos a la luz de la razón, que no son conceptuales, se ha modificado el interés en algo esencial. Y, de hecho, los tres temas principales de la psicología freudiana —justamente, estos actos fallidos y contingentes, los sueños y las neurosis— se caracterizan todos por el hecho de que, en ellos, un momento de, digamos, no conceptualidad o, como se diría hoy, de absurdidad, de irracionalidad, se une con su relevancia, su esencialidad *para el concepto*.

Me refiero, pues, a que la filosofía y, por lo demás, también casi todas las disciplinas materiales, deberían seguir aquí, de hecho, este modelo freudiano verdaderamente genial y concentrarse en lo que no se encuentra elaborado ya previamente por el mecanismo categorial de la sociedad, del pensar y la ciencia difundidos socialmente. Habla también a favor de esto el hecho de que, en objetos en los que no ha dejado su huella dactilar la conciencia universalmente dominante y conformista, es posible percibir esto mucho más que allí donde no ha sido ese el caso. El movimiento francés del surrealismo ha demostrado tener un instinto extraordinariamente refinado para eso en el sentido de la filosofía de la historia y de la metapsicología. Podría decirse que lo no conceptual mismo, cuando uno lo aborda, cuando uno se vuelve por primera vez hacia él, en este aspecto se encuentra mediado por el concepto en un sentido negativo, a saber: como lo desdeñado, lo excluido; y que precisamente por el hecho de que el concepto no lo ha incorporado dentro de sí, es posible reconocer algo del orden del prejuicio, del *parti pris* y del bloqueo por parte del concepto. Así como, de hecho, los grupos de fenómenos a los que dirigió su atención Freud se caracterizan por el hecho de que –por razones que él mismo desarrolla teóricamente con mucha precisión– están sometidos al mecanismo de la represión en una medida muy particular. Existe también algo así como una represión social, y al órgano del que piensa filosóficamente, si es posible hablar de otra manera acerca de un órgano tal, pertenece sin duda la capacidad de percibir algo de esa represión en los objetos; algo de lo que, en los objetos, es reprimido por la conciencia universal, como también el hecho de verse atraído exactamente por aquello ante lo cual pasa de largo la conciencia aprobada, o a lo que esta preferiría no convertir en absoluto en objeto de consideración. Si el método del que querría darles una noción tiene una y otra vez una tendencia a la micrología; es decir, una tendencia a sumergirse en los detalles más pequeños, pero no por puntillosidad filológica, sino para extraer justamente de ahí la chispa, entonces eso se relaciona justamente con estos momentos. Pues el concepto es en general una ampliación de sus objetos; él solo percibe en ellos lo que es suficientemente grande para ser comparable con otros objetos. Y aquello que logra evadirse entre las redes es precisamente lo más pequeño, aquello en lo cual suele hallarse contenido lo que aguarda la interpretación. Este interés de la filosofía en lo no conceptual, este interés del que hablo tan insistentemente, no es de ningún modo nuevo, sino que puede decirse que en la generación anterior de filósofos –o, para ustedes, ya en la antepenúltima generación; es decir, la generación que puedo considerar como la de mis padres espirituales– esta necesidad ha estado obrando ya de manera extraordinariamente intensa. Y lo que puede presentarse, en los productos de aquella generación, con la pretensión de lo *moderno*, está marcado por esa necesidad.

Como representantes más importantes de esto les menciono solo dos nombres porque, en ellos, esta necesidad de la que les hablo no solo aparece como una necesidad a nivel de la visión del mundo, como por ejemplo en Klages,[129] sino que, a través de una simbiosis peculiar con la ciencia, al mismo tiempo ha percibido dentro de sí el impulso de alcanzar validez. Me refiero a Bergson y Husserl, quienes a su manera y, al mismo tiempo, de modos muy diversos, han iniciado, en la filosofía, un interés en algo que no es, por su parte, el concepto clasificatorio; por lo demás, ambos lo hicieron bajo la coacción de la misma situación, es decir, a partir de la resistencia contra la omnipotencia del pensar mecánico-causal y del aspecto insatisfactorio que conlleva necesariamente el pensar mecánico-causal para el propósito de concebir. Bergson consideró lo no conceptual, en oposición justamente a aquellos conceptos clasificatorios, como la verdad más elevada, y la buscó en un estrato de imágenes más o menos amorfas que se encontrarían localizadas debajo de la conciencia y debajo de lo conceptual; es decir, un mundo de imágenes inconsciente para nada diferente, quizás, de las imágenes a las que se remite una y otra vez el psicoanálisis freudiano y que, frente a la conciencia organizada, generada a través de la abstracción, representaría algo así como un saber inmediato acerca de las propias cosas. Esta es al menos la teoría que él desarrolló en la que es quizás su obra más productiva y llamativa, *Matière et mémoire*.[130] En cambio, Husserl –quien tiene algunos temas en común con Bergson, aunque, por otro lado, en él la racionalidad, en

---

[129] Sobre la posición de Adorno frente a Ludwig Klages, cf. también NaS IV-7, nota 316.

[130] Cf. Henri Bergson, *Matière et mémoire. Essai sur la relation du corps à l'esprit*, París, 1896.

el sentido tradicional, se mantuvo mucho más intacta que en Bergson– ha enseñado que las "esencialidades", es decir, lo filosóficamente relevante (hay que decir, por cierto: los conceptos) deberían ser extraídos de lo individual; que, pues, las esencialidades serían los frutos de una "actitud" frente a lo experimentado, lo concreto y lo individual estructurada de un modo determinado; y no, como se supone en general, a través de una abstracción comparativa. Esto se relaciona, en Husserl, con un enfoque realista en relación con los conceptos, a saber: que la unidad lógica de los tipos, de las especies posee una objetividad que no es producida solo a través de los actos abstractivos del sujeto. Y el sujeto del conocimiento ha de tomar conciencia de esa objetividad, al dirigirse hacia cada ser individual, de un modo comparativamente simple: dejando de lado lo que, en ese ser, es meramente individual, es decir: lo que está ligado a condiciones espaciotemporales. El viraje en contra de la determinidad espaciotemporal es algo que él tiene en común, por lo demás, de manera llamativa, con la teoría bergsoniana de las imágenes. El concepto, en función de su objetividad, tiene que hallarse inserto ya en lo individual en cada caso, y no ser descubierto solo a través de las intervenciones mediadoras del sujeto: Husserl intentó representar y refinar esto en toda una serie de análisis, comenzando por el trabajo sobre "La unidad ideal de las especies" y la disputa sobre las "nuevas teorías de la abstracción" en las *Investigaciones lógicas*;[131] luego, en la "Sexta investigación lógica", referente a la intuición categorial, que instruye sobre la perceptibilidad de lo intelectual en una medida extrema;[132] y, finalmente, en el capítulo introductorio sobre la esencia y la existencia que abre las *Ideas para una fenomenología*

---

[131] Cf. Edmund Husserl, *Logische Untersuchungen*, vol. 2, parte I: *Untersuchungen zur Phänomenologie und Theorie der Erkenntnis*; ahora en *Gesammelte Schriften*, ed. de Elisabeth Ströker, Hamburgo, 1992, vol. 3, pp. 113 y ss.

[132] Cf. ibíd., vol. 4: *Elemente einer phänomenologischen Aufklärung der Erkenntnis* (*Logische Untersuchungen*, vol. 2, parte II).

pura y para una filosofía fenomenológica.[133] Pero, en ambos, lo no conceptual, en lo que se concentra su esfuerzo filosófico, sigue siendo, por su parte, algo espiritual, algo subjetivo. Y en verdad, por cierto, el concepto está metido ya en lo no conceptual.

En Bergson, con una cierta clase de arbitrariedad, es asumida dogmáticamente una duplicidad en el conocimiento: por un lado, existe este conocimiento esencial profundo, alimentado de imágenes; por el otro, el conocimiento de la ciencia clasificatoria usual; ambos coexisten simplemente, en términos dualistas, como dos posibilidades; así como, en realidad, todo el pensar de Bergson –algo muy sorprendente en un metafísico de la vida como él ha sido–, aún en su obra tardía sobre *Las dos raíces de la moral y de la religión*,[134] ha preservado un carácter rigurosamente dualista. Se le escapa el hecho de que aquellos conocimientos así llamados intuitivos, o aquellas imágenes que tendrían objetividad en el sujeto como algo preconceptual, no pueden ser expresados sino a través del concepto en general; y la relación entre estas dos posibilidades del conocimiento, o entre estos dos tipos de conocimiento, no es desarrollada, como tampoco es concretizado por él en cuanto conocimiento, en realidad, ese conocimiento, según su parecer, más elevado, que reside en la "duración". Podría decirse que hay en él algo así como una resignación a la poesía; se le asigna, pues, realmente, como misión a la poesía lo que se había planteado como misión la filosofía. Y tenemos incluso aquí el grandioso experimento de un poeta, el mayor novelista de nuestra época, que intentó poner a prueba precisamente esta tesis bergsoniana.[135] Me refiero a Proust, quien –y esto es muy inte-

---

[133] Cf. ibíd., vol. 5: *Ideen zu einer reinen Phänomenologie und phänomenologischen Philosophie*.

[134] Cf. Henri Bergson, *Les deux sources de la morale et de la religion*, París, 1932.

[135] En sus *Pequeños comentarios sobre Proust* escribe Adorno, sobre la relación del poeta con el filósofo: "En su *Introducción a la metafísica*, Henri Bergson, pariente no solo espiritual de Proust, compara los conceptos clasificatorios

resante, y no ha sido considerado suficientemente por el palabrerío dominante sobre Proust– ha tenido que servirse en una medida incomparablemente más elevada de las formas racionales del conocimiento de lo que ocurría en el programa de Bergson, que, por lo demás, Proust nunca suscribió completamente. Podría decirse casi que justamente la tentativa de la novela de Proust de poner a prueba la filosofía de Bergson ha refutado justamente esta tentativa de evasión bergsoniana hasta un cierto punto al servirse Proust de aquel instrumental del conocimiento racional –lo que también quiere decir: en gran medida, del conocimiento psicológico del yo– para acceder a lo concreto, a lo indisoluble que él se representaba; algo que habría estado excluido, justamente, de acuerdo con la epistemología bergsoniana… En lo que concierne a Husserl, en la *Metacrítica de la teoría del conocimiento* intenté mostrar por qué también la tentativa de evasión husserliana ha fracasado. Ahora querría añadir a eso solo un momento, porque no me gusta repetir en las lecciones cosas que ustedes podrían de todos modos consultar en mis trabajos publicados. Lo singular en Husserl –y también a esto se ha concedido un valor sorprendentemente escaso, me parece, en la bibliografía– es que aquello que surge por el hecho de que extraigo las esencialidades a partir de las individuaciones o de los fenómenos individuales

---

de la ciencia causal-mecánica con vestidos de confección que le vinieran anchos al cuerpo de los objetos, mientras que las intuiciones, que él loa, se ajustarían al asunto tan exactamente como modelos de *haute couture*. Aunque en Proust podía expresarse asimismo una cuestión científica o metafísica en un símil extraído de la esfera de la *mondanité*, él en cambio se rigió por la fórmula bergsoniana, la conociera o no. Por supuesto, no por mera intuición. Las fuerzas de esta se equilibran en su obra con las de la racionalidad francesa, una porción conveniente de sentido común con experiencia mundana. Solo de la tensión y la combinación de ambos elementos surge el clima proustiano. Pero sin duda le es propia la alergia bergsoniana a la confección del pensamiento, al cliché establecido por anticipado; a su tacto le resulta insoportable lo que todos dicen; tal sensibilidad es su órgano de la no verdad y, por tanto, de la verdad" (GS 11, pp. 204 y s. [*Notas sobre literatura*, ob. cit., pp. 195 y s.]).

(y no me cercioro solamente de estos de manera comparativa) no es en el fondo otra cosa que los viejos y buenos conceptos de la lógica clasificatoria. Se trata, pues, en verdad aquí, realmente, de algo así como el intento de justificación ontológica de los conceptos, que no serían primero conceptos fundados por la conciencia que conoce, sino que se encontrarían ya contenidos en las cosas mismas. Pero, si se observa lo que se ofrece, en Husserl, a la experiencia individual, lo que se abre a la experiencia individual, se trata simplemente de categorías abstractas que son exactamente iguales a las del pensar científico usual, con el que Husserl, consecuentemente, pudo ponerse de acuerdo sin esfuerzos en su fase tardía, cuando trató de socavar toda esta teoría mediante una lógica trascendental.[136]

Así pues, hay que considerar como fracasadas las dos grandes tentativas de evasión intentadas,[137] con una energía extraordinaria, hace aproximadamente cincuenta o sesenta años para escaparse de la filosofía, del ámbito de los conceptos ya "fabricados"; y, por cierto, porque ambas eran idealistas, porque ambas habían creído consumar la evasión de la esfera conceptual considerando, al mismo tiempo, al concepto de inmanencia de la conciencia, de "flujo de la conciencia" —en coincidencia con toda la epistemología idealista dominante— como el auténtico fundamento del conocimiento; y creyeron que solo con una suerte de acto de voluntad podían investir con la dignidad y el predicado de una objetividad superior a este elemento subjetivo que ellos encontraron disponible en el flujo de la conciencia. Querría sacar de esto, ya ahora, una conclusión de la que pensaría que es fructífera para el método que querría seguir desarrollando ante ustedes. A saber: esa clase de evasión no es posible como un acto que, por así decirlo, se arroja de cabeza en aquello que sería el conocimiento no producido por el sujeto; es

---

[136] Cf. Edmund Husserl, *Formale und transzendentale Logik. Versuch einer Kritik der logischen Vernunft*, Halle, 1929.

[137] La repetición ("versuchten Ausbruchsversuche") aparece en el original. [N. del T.]

decir, no se arroja en la presunta objetividad de las esencialidades o en un mundo de imágenes presuntamente transsubjetivo, pero localizado de algún modo en el sujeto. Una tentativa de evasión, por así decirlo, efectuada solo por el sujeto, consumada a partir de la arbitrariedad subjetiva; podría también decirse: a partir de la libertad subjetiva, está signada por la inutilidad de que ella, justamente en función de su origen en la arbitrariedad subjetiva, necesariamente recae una y otra vez en la esfera de la que quiere salir; podría decirse, pues, que la objetividad en la que dicha tentativa se sumerge posee realmente el carácter de un efecto especular. Si es posible algo así como una evasión, no puede producirse mediante una tal postulación de algo que no es propio del sujeto, mediante la postulación del no yo; sabemos incluso, gracias a la historia de la filosofía, que la postulación subjetiva del no yo, precisamente ha sido la cumbre del idealismo.[138] En cambio, si existe realmente una posibilidad tal de evasión, el camino hacia ella es solo el de una autorreflexión crítica de la esfera subjetiva, en la que esta reconoce la comprensión de sí misma –y, por cierto, de manera forzosa y consistente– como algo que, por su parte, no es *mera* subjetividad, sino que presupone necesariamente la relación con aquello que ella pretende solo fundar de manera idealista; así pues, solo de tal modo que se le demuestra al sujeto que él mismo es algo postulado o, en todo caso, *también* algo postulado, y no a través de la demostración de que el no yo es una postulación. A esto se limita, por cierto, en aquellos dos filósofos la *tarea* de evasión. Y el poder enorme que ejerció Bergson sobre la cultura de su época y el poder, asimismo –poder que no habría que subestimar–, que Husserl ejerció al menos sobre la rama de la filosofía –no querría equiparar esta rama con la cultura– testimonian justamente algo de lo que, en lo que ellos pretendían hacer, era percibido como una necesidad colectiva, una necesidad muy profunda; solo que no lograron satisfacerla.

---

[138] Es decir: en Fichte.

Pero si uno no tiene la confianza puesta en que es posible esta evasión desde la esfera del concepto fabricado en dirección a lo no conceptual que pertenece esencialmente a ese concepto, entonces realmente no es posible filosofar. Pueden decir: "¿Por qué hay que filosofar?"; y a esto no puedo darles una respuesta. Pero, en todo caso: si uno percibe simplemente una necesidad tal, esta no puede ser realizada sin un momento de confianza en la posibilidad de la evasión. Y esta propia confianza no puede ser separada de la confianza *utópica* en que eso —esto es: lo no fabricado ya, lo no producido, no cosificado—, a pesar de todo, tiene que ser posible. Diría, pues, que la proposición de Wittgenstein según la cual hay que guardar silencio sobre aquello que no puede ser expresado claramente[139] es la proposición antifilosófica por antonomasia. En cambio, la filosofía consiste justamente en el esfuerzo de decir aquello que no puede ser dicho, a saber: lo que puede decirse, no de manera inmediata, no en una proposición aislada o en proposiciones aisladas, sino en un contexto. Y, en esa medida, hay que decir quizás que el propio concepto de filosofía es el esfuerzo contradictorio de decir, a través de su conexión y a través de su mediación, aquello que no puede decirse inmediatamente, *hic et nunc*; que, en esa medida, la filosofía, de acuerdo con su propio concepto, es contradictoria, es decir, en sí misma dialéctica. Y quizás sea esa realmente la más profunda justificación del proceder dialéctico, el hecho de que la filosofía en sí misma —como el intento de decir lo indecible, antes

---

[139] Cf. la última oración del *Tractatus logico-philosophicus:* "De lo que no se puede hablar hay que callar" (Ludwig Wittgenstein, *Tractatus logico-philosophicus. Investigaciones filosóficas. Sobre la certeza*, trad. de Jacobo Muñoz Veiga e Isidoro Reguera Pérez, Madrid, Gredos, 2009, p. 137). Cf. también GS 8, pp. 336 y s. [*Escritos sociológicos I*, ob. cit., pp. 313 y s.], así como GS 6, p. 21 [*Dialéctica negativa*, ob. cit., p. 21]: "Contra ambos habría que insistir en aquello que en vano persiguen: decir contra Wittgenstein lo que no se puede decir. La sencilla contradicción de esta demanda es la de la misma filosofía: califica a esta como dialéctica antes siquiera de que se enrede en sus contradicciones de detalle".

que cualquier contenido particular y cualquier tesis particular– está determinada dialécticamente. La *utopía del conocimiento* –si, a partir de lo que intenté desarrollar hoy ante ustedes, pretendiera extraer una cierta conclusión– no sería captar lo no conceptual, por ejemplo, a través de métodos no conceptuales, supuestamente más elevados, sino esclarecer lo no conceptual por medio del concepto y por medio de la autocrítica de los conceptos, sin que en ello lo no conceptual, lo concebido, deba ser asimilado violentamente desde afuera a los conceptos.[140]

Ahora bien, es mi intención desarrollar esto más detalladamente ante ustedes exponiéndoles el cambio en la posición de la filosofía frente a un concepto con el cual los filósofos en la Modernidad, pero muy especialmente desde Leibniz, el inventor filosófico del cálculo infinitesimal, se ocuparon en una medida especial, a saber: la idea de lo *infinito*.[141] En general, se dirá quizás que la filosofía,

---

[140] Cf. en *Dialéctica negativa* la formulación definitiva de la idea: "La utopía del conocimiento sería abrir con conceptos lo privado de conceptos, sin equipararlo a ellos" (GS 6, p. 21 [*Dialéctica negativa*, ob. cit., p. 21]).

[141] El cálculo infinitesimal ideado por Leibniz –e independientemente de él, también por Newton–, que abarca tanto el cálculo diferencial como el integral, cuenta con magnitudes infinitamente pequeñas y a partir de ellas llega al todo como su suma infinita. (Sobre el problema de la cuadratura y el de las tangentes, para cuya solución fue creado el cálculo infinitesimal, cf. por ejemplo Reinhard Finster y Gerd von den Heuvel, *Leibniz in Selbstzeugnissen und Bilddokumenten*, 4ª ed., Reinbek bei Hamburg, 2000, pp. 108 y ss.; sobre la importancia del cálculo infinitesimal para la filosofía, por ejemplo, Kurt Huber, *Leibniz*, Múnich, 1951, pp. 79 y s.). Así como el propio Leibniz se remitía a sus planteos matemáticos para explicar su metafísica, así también trataba Adorno acerca de la monadología y el cálculo infinitesimal de acuerdo con analogías. En *Dialéctica negativa*, por ejemplo, escribió: "La convergencia de todos los pensamientos en el concepto de algo que sería distinto del ente inefable, del mundo, no es lo mismo que el principio infinitesimal con que Leibniz y Kant pensaban hacer conmensurable la idea de trascendencia con una ciencia cuya propia falibilidad, su confusión entre dominación de la naturaleza y ser-en-sí es lo primero que motiva la experiencia correctora de la convergencia" (GS 6, p. 395 [*Dialéctica negativa*, ob. cit., pp. 368 y s.]). Lo que era

en todo caso la filosofía moderna, bajo un cierto aspecto equivale al esfuerzo de pensar lo infinito, así como la historia más reciente de la filosofía, durante largos períodos, ha trascurrido de manera homóloga a la expansión del cálculo infinitesimal en las ciencias positivas. A esto habría que replicar ante todo, de manera muy simple, que la misión de la filosofía no puede ser, como reza la frase del maestro de escuela: agotar. Ya en la escuela no entendía yo cuando un maestro escribía, al margen de una redacción, que el tema no había sido "agotado", ya que desde el comienzo yo tenía en claro que la posibilidad del espíritu debía ser la de la intensidad, la de la inmersión intensa, y no la de una suerte de completitud cuantitativa; completitud que tiene, por lo demás, su historia venerable; por ejemplo, en el *Discours de la méthode* de Descartes,[142] donde la completitud del conocimiento juega un papel enfático entre los criterios del conocimiento correcto.[143] La filosofía –este sería, por así decirlo, un axioma contrario al cartesiano– no debe agotar, no debe reducir sus objetos a un mínimo de conceptos o proposiciones; pues, precisamente en el hecho de que se reduce un máximo de objetos a un mínimo de categorías, está postulado ya el primado del concepto

---

importante para Adorno en el cálculo infinitesimal de Leibniz puede extraerse quizás del mejor modo de *Origen del 'Trauerspiel' alemán*, de Benjamin, en cuyas "Palabras preliminares sobre crítica del conocimiento" la idea filosófica es determinada con la ayuda del concepto leibniziano de mónada, y donde se dice, sobre el propio método: "Y así, bien podría el mundo real ser tarea, en el sentido de que se trata de penetrar tan profundamente en todo lo real que se revele en él una interpretación objetiva del mundo. Considerado desde el punto de vista de una tarea de inmersión tal, no parece enigmático que el pensador de la monadología haya sido el fundador del cálculo infinitesimal" (Walter Benjamin, *Origen del 'Trauerspiel' alemán*, ob. cit., p. 82).

[142] Cf. René Descartes, *Discours de la méthode pour bien conduire sa raison, et chercher la vérité dans les sciences*, Leyden, 1637.

[143] En *El ensayo como forma*, Adorno trata también la cuarta regla de Descartes, en la que se exige "hacer en todo recuentos tan completos y revisiones tan generales" que se "esté seguro de no omitir nada" (cit. en GS 11, pp. 23 y s. [*Notas sobre literatura*, ob. cit., p. 25]).

sobre lo no conceptual, al cual pensaría yo que la filosofía tiene que sustraerse a fin de cuentas con el rigor más extremo y con la más extrema decisión. La filosofía –con esto querría cerrar hoy de manera programática– debe ocuparse de lo que le es heterogéneo, de lo que no es ella misma, y no del intento de reducir todo lo que existe a ella misma y sus conceptos; es decir, no se trata de reducir el mundo a un sistema prefabricado de categorías, sino, exactamente al revés, de abrirse, en un sentido determinado, a la *experiencia* que se le ofrece al espíritu. Y sobre este concepto de experiencia y sobre la posición diferente frente a la infinitud querría continuar hablando el jueves.

Lección 8

2/12/1965

Anotaciones

Infinito equivale en Hegel al "Quieres avanzar hacia lo infinito" de Goethe.

Cambio de posición del concepto de infinito, que degeneró en imbecilidad en el idealism[o].

Razón de la futilidad: ensordecimiento de una <u>duda</u> profunda mediante propaganda.

En el idealism[o], mediante una ínfima finitud de categorías, habría de ser poseído un objeto infinito. A través de esto, la filosofía se torna finita, capaz de alcanzar un cierre. De ahí la estrechez, el modelo de pequeña ciudad. Incluso el provincianismo tiene su razón sistemática.

Cancelar esta pretensión.

La fil[osofía] ya no <u>dispone</u> de algo infinito.

La proposición de Epicarmo.[144] *Agregar que ella solo tiene algo inmortal en las configuraciones de lo mortal. – Ella solo <u>posee</u> algo finito, si es que posee algo.*

En cambio, ella misma se torna, en cierto sentido, infinita: ya no puede ser fijada en un corpus de teoremas contables, es en principio

---

[144] Referencia al fragmento 20, elegido por Adorno como epígrafe a la introducción de *Sobre la metacrítica de la teoría del conocimiento*; cf. en Diels/Kranz: "El mortal debe abrigar ideas mortales; no ideas inmortales el mortal" (Hermann Diels, *Die Fragmente der Vorsokratiker*, 6ª ed., rev. por Walther Kranz, Berlín, 1951, vol. 1, p. 201 [la edición en castellano de los presocráticos editada por Gredos no incluye a Epicarmo, según se justifica en el prólogo]). Cf. también *infra*, p. 170.

abierta. Pero no es como un molusco, sino determinada en su apertura: este es realmente el problema. Su <u>determinidad</u>, <u>no</u> su blandura, se <u>acrecienta</u> cuando se trasciende a sí misma; la determinidad procede del obj[et]o.

Ella tiene que buscar su contenido en la multiplicidad no reducida de los objetos. A ellos se libra ella seriamente; no los emplea como espejo, no confunde su propio reflejo con los elementos concretos.

Una filosofía tal sería la experiencia plena, no reducida, en el medium de la reflexión conceptual: "experiencia intelectual". También este viraje del concepto de experiencia está preparado en Hegel, y en el idealism[o] alemán, en contra de Kant. Los contenidos de la experiencia no son un ejemplo para las categorías (referencia a "Asa, jarra y experiencia temprana").[145]

Motor la expectativa no garantizada de que todo lo individual y particular que alcanza la filosofía debe representar en sí aquel todo que una y otra vez se le escapa; por cierto, más bien de acuerdo con la <u>desarmonía</u> preestablecida.

(6) Viraje metacrítico en contra de la prima philosophia; *este viraje está en contra de la finitud de una fil[osofía] que suelta peroratas acerca de la infinitud y no le presta atención.*

No toma conciencia de ninguno de sus objetos. No ha de preparar la alucinación de un todo, pero en ese viraje ha de cristalizarse la verdad.

Modelo: que las obras de arte se desarrollen en su interpretación filosófica.

Modelo: que las obras de arte se desplieguen en su interpretación filosófica.

Lo que puede ser considerado como el avance regulado de la abstracción o como subsunción bajo conceptos es, en el sentido más amplio, <u>técnica</u> (Bergson lo sabía), pero es indiferente para la filosofía que no se integra.

---

[145] Cf. *infra*, p. 175 y nota 161.

Fil[osofía] no tiene garantizado ningún objeto; puede, por principio, equivocarse siempre.

Esto es cierto para el escepticismo y el pragmatismo; pero el problema es no abandonar por ello una filosofía enfática, sino consignarle a esta el problema.

Solo que esto no coincide con la inducción, con meros hechos.

2/12/65

Acta de la lección

La última vez comencé a explicarles la diferencia entre el proyecto –empleo aquí ya la palabra;[146] pueden ver en ello en qué estado me encuentro– que querría desarrollar ante ustedes y la filosofía tradicional mediante reflexiones sobre el concepto de lo *infinito*. El concepto de infinito había estado originariamente, en la filosofía, en una conexión muy esencial con el método infinitesimal que Leibniz había descubierto independientemente de Newton.[147] Y Kant –que había partido de la escuela de Wolff; es decir, indirectamente de la de Leibniz– ha incorporado este tema; podría decirse quizás que en la base del capítulo sobre las antinomias se encuentra esencialmente el concepto matemático de infinitud, en el sentido del cálculo diferencial, con las paradojas que dicho concepto encierra.[148] Podría relacionarse con la alienación respecto de la matemática y las ciencias sociales que se consumó en la filosofía desde

---

[146] Sobre la crítica de Adorno, cf. ante todo GS 6, pp. 94 y s. [*Dialéctica negativa*, ob. cit., pp. 90 y s.] y 497 [*La jerga de la autenticidad*, ob. cit., p. 471]. El palabrerío acerca del "esbozo" se puso en boga a través de la filosofía de la existencia de Heidegger; Adorno tiene en vista ese término, y no los términos sartreanos de *projet* y *choix*.

[147] Cf. *supra*, nota 141.

[148] Sobre el concepto de infinitud en la *Crítica de la razón pura*, cf. también NaS IV-4, p. 348, así como las notas 289 y 290.

Fichte y, del modo más notorio, precisamente en el filósofo de la naturaleza Schelling, el hecho de que el concepto de infinito perdiera luego muy rápidamente esa centralidad. Creo que sería una tarea muy interesante —que aparentemente correspondería a la historia del espíritu, pero podría conducir a conexiones objetivas muy profundas— si alguna vez se escribiera una monografía sobre la historia del concepto de infinitud de Kant a Hegel. Saldrían allí a la luz los cambios de función de este concepto, que tendrían mucho que ver con todo, querría decir, el cambio climático subterráneo que se dirimió en esa época. Cuando, en Hegel, se habla acerca de lo infinito y de la infinitud, esto va realmente ya en el sentido de la sentencia de Goethe según la cual aquel que quiera avanzar hacia lo infinito solo debería avanzar hacia lo finito en todas las direcciones;[149] en el sentido de que, pues, la quintaesencia de los movimientos finitos, por el hecho de que todo movimiento finito debe negarse a sí mismo en cuanto finito, es ya el paso en dirección a la infinitud positiva. Ahora bien, el hecho de que la negación de lo finito contenga dentro de sí la postulación de la infinitud es en cierto modo, podría decirse, la tesis general de la filosofía hegeliana, si es posible deducir esta filosofía a partir de una tesis general. Pero, por otro lado, parece haberse consumado allí una transformación del concepto de infinitud respecto de su forma definida en términos matemáticos, que, querría decir casi, ha devorado realmente el núcleo de este concepto. Como quiera que sea, en todo caso puede decirse: cuando uno lee los grandes autores del idealismo alemán —ante todo, Fichte, Schelling y Hegel—, no puede sustraerse a la impresión de que todos estos filósofos emplearon la expresión "infinito" en un sentido amplio y algo irreflexivo y, en realidad, no percibieron realmente la responsabilidad que reside en este concepto. Intentaron

---

[149] Así dice una máxima de la colección "Dios, ánimo y mundo": "¿Quieres llegar a lo infinito? Escudriña doquiera lo finito" (Johann Wolfgang von Goethe, *Obras completas*, recopil., trad., pról. y notas de Rafael Cansinos Assens, vol. 4: *Poesía*, Madrid, Santillana, 2003, p. 313).

recién volver a tratarlo en su sentido estricto los neokantianos de Marburgo, en quienes realmente vuelve a ser, como en Leibniz, la categoría mediadora entre el *mundus sensibilis* y el *mundus intelligibilis*; mientras que no puede percibirse nada de esto en el idealismo clásico alemán –si es que puedo llamarlo de esta manera–. Esto significa que, en el idealismo, este concepto de infinitud, si puedo decir esto de manera categórica, degeneró en una especie de palabrerío, en una especie de parloteo trillado, como suele ocurrir siempre que algunos conceptos pertenecen al repertorio sin que se reflexione específicamente sobre ellos, es decir: sin que sean confrontados con los contenidos objetivos que han de ser designados por ellos.

A través de ello se introdujo ese carácter peculiar de futilidad en la discusión sobre lo infinito que luego domina en la filosofía; una futilidad que quizás ha contribuido más que todo lo demás a aproximar la filosofía académica oficial al parloteo dominical y a su vaguedad. Uno tiene a menudo la sensación de que la discusión sobre lo infinito querría ensordecer una duda profunda de que la filosofía, como algo en sí finito, domine justamente aquel infinito del que habla a tontas y a locas. Pues la pretensión de identidad, la pretensión de identidad absoluta de la filosofía, es decir, la aspiración a que absolutamente todo sea asimilado sin resto dentro de las determinaciones de la filosofía, es, naturalmente, de manera necesaria una pretensión a la infinitud positiva. Y me parece que es precisamente porque no se confía tanto en esta propia pretensión que se opera una y otra vez con la infinitud como una especie de *shibboleth*. Así pues, en el idealismo, así podría definírselo, algo infinito debe ser asimilado, un objeto infinito debe ser poseído por una exigua finitud de categorías –e incluso en Hegel representan las categorías algo finito; podría decirse casi: algo contable, una suerte de red o lista de categorías, a pesar de todo el palabrerío acerca de la dinámica–. A través de esto –y esta es la extrema antítesis a la pretensión de infinitud que presentan estas filosofías–, la propia filosofía se convierte en algo finito, capaz de alcanzar un cierre, que ahora cree haber absorbido, en su propia limitación, todo lo existente. Si en una clase anterior de estas lecciones les hablé de la estrechez, casi del clima de pequeña ciudad[150] que hoy afecta incluso a las más grandes concepciones filosóficas, tal como si uno quisiera albergar un cosmos infinito en una casita pequeña y abarcable con la mirada, este provincianismo se relaciona con lo filosófico objetivo; es decir, justamente con esta pretensión de capturar lo infinito en una red finita de categorías. Pueden reconocer aquí, al menos a través de una visión general, hasta qué punto ciertas definiciones, en la filosofía, que, si se las observa, les sonarán a muchos de ustedes sociológicas, si no sociologistas, en realidad se relacionan con la cosa misma, con la problemática filosófica.[151] Si ustedes leen bajo este aspecto, por lo demás, la *Crítica de la razón pura*, encontrarán que este carácter de estrechez que Benjamin trató en su libro de cartas *Personajes alemanes* directamente como una condición

---

[150] Cf. *supra*, p. 101.

[151] Sobre la deducción "sociológica" del concepto idealista de infinitud, cf. también el artículo "La sustancia experiencial" en los *Tres estudios sobre Hegel* de Adorno: "Así, pues, la experiencia del idealismo alemán poskantiano reacciona contra la limitación provinciana, contra el contento en la división del trabajo dentro de sectores de la vida prefijados de una vez para siempre y en el interior del conocimiento organizado; y por ello poseen peso filosófico escritos aparentemente periféricos y prácticos. Como el Plan razonado [para la creación de un establecimiento de enseñanza superior] fichteano y la Introducción a los estudios académicos schellinguiana. El santo y seña de la infinitud, por ejemplo, que a todos ellos les fluía la pluma con facilidad (a diferencia de Kant), adquiere color primeramente de cara a lo que para ellos era la miseria de lo finito, del interés propio endurecido y de la testaruda minucia del conocimiento en que aquel se refleja; mas a partir de entonces, la parla de la totalidad, privada de su sentido polémico, es solamente ideología antiintelectual, mientras que en el amanecer del idealismo la crítica de lo particular tenía muy otra dignidad (dado que en la subdesarrollada Alemania no había llegado a formarse como un todo, en absoluto, la sociedad burguesa)" (GS 5, p. 302 [*Tres estudios sobre Hegel*, ob. cit., pp. 87 y s.]).

de humanidad,[152] se filtra en Kant en las metáforas; así, en las comparaciones con las que él —yo mismo hablo necesariamente de este modo— habla sobre los territorios de la razón pura, que han de ser conquistados o excluidos por la crítica;[153] allí se escucha hablar sobre la tierra de la verdad —un nombre encantador, según agrega Kant—; o sobre la isla firmemente delimitada y segura en medio del océano, del océano infinito;[154] como, por lo demás, en Kant el concepto de infinitud parece vincularse, de un modo que remite ya al Sturm und Drang, con la representación de lo oceánico, con el así llamado sentimiento oceánico. Y precisamente por el hecho de que

[152] Cf. el comentario al escrito que el hermano de Kant dirigió al filósofo, y sobre el cual escribe Benjamin: "No hay duda de que respira humanidad verdadera. Pero, como todo lo perfecto, dice al mismo tiempo algo sobre las condiciones y límites de aquello a lo que concede una expresión tan perfecta. ¿Condiciones y límites de la humanidad? Por cierto, y parece que, desde nuestra perspectiva, son percibidos tan nítidamente como, por otra parte, se destacan respecto de las condiciones de existencia medievales. [...] Si esta remisión mutua de la existencia mezquinamente limitada y de la verdadera humanidad no aparece en ningún lugar tan inequívocamente como en Kant [...] esta carta del hermano muestra cuán profundamente estaba arraigado en el pueblo el sentimiento vital que se elevó hasta la conciencia en los escritos del filósofo. En suma, allí donde se trata de la humanidad, no hay que olvidar la estrechez del cuartito burgués al que la Ilustración arrojó su apariencia" (GS IV.1, pp. 156 y s.).
[153] No fue posible localizar la referencia.
[154] "No solamente hemos recorrido ya la tierra del entendimiento puro, y examinado cuidadosamente cada parte de ella, sino que además la hemos medido, y hemos determinado su lugar a cada cosa [de las que hay] en ella. Pero esta tierra es una isla, y está encerrada por la naturaleza misma en límites inalterables. Es la tierra de la verdad (un nombre encantador), rodeada de un océano vasto y tempestuoso, que es el propio asiento de la apariencia ilusoria, en el que mucho banco de niebla, y mucho hielo que pronto se derrite, fingen nuevas tierras, y, engañando incesantemente con vacías esperanzas al marino que viaja en busca de descubrimientos, lo complican en aventuras que él jamás puede abandonar, pero que tampoco puede jamás llevar a término" (Immanuel Kant, *Crítica de la razón pura*, trad., notas e introd. de Mario Caimi, Buenos Aires, Colihue, 2007, p. 329, A 236, B 294 y s.).

la razón ahora cree haberse acomodado firmemente en su estrechez, mientras al mismo tiempo debe anunciar la pequeñez de lo que ahora realmente ha de tener como algo seguro, precisamente por ello ingresa, en la filosofía crítica e insobornable de Kant, aquel armónico de lo conmovedor, de la inocencia que quizás más que otras cosas vuelve hoy imposible pensar de esta manera, o de alguna manera afín a esta. En suma, esta pretensión de que, con un sistema de categorías finito –piensen solo en la tabla de categorías kantiana, de la que, finalmente, no está separada la *Lógica* hegeliana por un abismo tan grande como le correspondería a Hegel–, uno tendría entre sus manos lo seguro del conocimiento y, por otra parte, se vería dispensado de todas las cuestiones que van más allá de esto; tengan presente testo, y creo que no es una enorme osadía decir que precisamente esta pretensión debe ser cancelada. Sería, pues, en este sentido axiomático que la filosofía ya no dispone de algo infinito.

Por ello antepuse como epígrafe a la *Metacrítica* aquel fragmento de Epicarmo que afirma que le corresponde al mortal pensar lo mortal y no pensar lo inmortal;[155] por lo demás, una proposición que, llevada más lejos, encierra dentro de sí algo así como la crítica de la pretensión de identidad tradicional. Fue, por lo demás, una sorprendente coincidencia que algunos años más tarde el difunto Reinhold Schneider, poeta y filósofo católico, haya antepuesto a su último libro –con plena seguridad, sin conocer el mío– el mismo epígrafe,[156] el cual, evidentemente, tiene un tipo de significación a la que uno difícilmente pueda sustraerse. Si la filosofía posee realmente algo, posee solo lo finito y no lo infinito. Creo que solo si comienza por esta limitación; es decir, solo si se reflexiona sobre el propio provincianismo –aquello que denominé provincianismo–,

---

[155] Cf. *supra*, nota 144.

[156] Cf. Reinhold Schneider, *Winter in Wien. Aus meinen Notizbüchern 1957/1958*, con el discurso fúnebre de Werner Bergengruen, Freiburg im Bresgau, 1958; ahora en *Gesammelte Werke*, ed. de Edwin Maria Landau, vol. 10: *Die Zeit in uns. Zwei autobiographische Werke*, Frankfurt, 1978, pp. 175 y ss.

puede uno elevarse hasta la conciencia; solo entonces hay una posibilidad de que la filosofía se deshaga de esta estrechez. Cabría agregar quizás que en ningún otro lugar que, precisamente, en las categorías de lo finito o –de acuerdo con aquella sentencia– del pensar sobre lo mortal, puede ser concebido realmente lo inmortal; mientras que todo intento para tratar acerca de la trascendencia que no se apoye en las categorías de lo finito está condenado de antemano; por lo demás, esta es precisamente una comprensión que ha sido pensada también en aquel modo de proceder de Hegel que caractericé ante ustedes al comienzo. Decía que justamente, en el hecho de que la filosofía, en oposición a la tradicional, renuncie a poseer lo infinito, reside su propia esperanza de ser algo más que la hipóstasis ingenua de su propia finitud. Esto podría formularse positivamente diciendo que, a través de aquella reformulación de la misión de la filosofía, esta se torna en cierto sentido infinita; es decir, ya no puede ser fijada en un corpus de teoremas contables, como el que representa el "sistema de los principios" kantiano, sino que es fundamentalmente abierta. Y de esta manera llego a la exigencia de un filosofar *abierto*, en oposición al filosofar sistemático. Surge aquí de inmediato la problemática –ante la cual sucumbe ante todo la filosofía de la vida, que, sobre la base de la antítesis entre lo vivo y lo petrificado, era también antisistemática y concebía algo así como la idea de lo abierto– de que una filosofía abierta puede degenerar tan fácilmente en un molusco o, como la denominó Theodor Haecker de manera muy maliciosa y lúcida,[157] en una "filosofía de algún modo". Y todo el artilugio de la filosofía –se trata una y otra vez del mismo artilugio, que voy circundando, pero que presenta un aspecto diferente según las categorías que discuto con ustedes– sería filosofar, pues, en forma abierta y, con todo, no a la manera de un molusco; es decir, no enganchándose discrecionalmente a todos los objetos imaginables, sino de modo tal que obedezca a su necesidad

---

[157] No fue posible localizar la referencia.

interna y, con ello, siga una coacción objetiva. Me atrevo a formular la tesis, que quizás suene paradójica de acuerdo con los hábitos filosóficos usuales, pero que es, por otro lado, muy clara e iluminadora, de que cuanto más se entrega realmente la filosofía a su objeto, cuanto menos maltrata, pues, a los objetos de los que se ocupa en cuanto objetos de demostración para, precisamente, aquel sistema de coordenadas que suele tener, tanto más elude la filosofía, de esa manera, el carácter de molusco. Pues este carácter, lo arbitrario, que entonces también es reprendido con tanta complacencia como la profundidad insondable, por ejemplo, por las filosofías restauradoras, en general suele no ser otra cosa que la expresión de una cierta arbitrariedad en la relación entre el pensamiento y lo pensado; suele consistir en que los pensamientos que, en general, justamente están preformados como un sistema de coordenadas tal, se enganchen a todos los objetos posibles, relativamente contingentes, y entonces manipulen estos objetos hasta que de estos surja lo que uno se representa. Si, en cambio, se corresponde con aquel desiderátum que considero como el auténtico desiderátum filosófico, a saber: el desiderátum de la incondicionalidad frente al objeto –aquello a lo que se refería Hegel con su concepto de "libertad hacia el objeto"[158]–, entonces, por el hecho de que el objeto no es pensado como algo absolutamente indeterminado, sino que el pensamiento, en la medida en que piensa espontáneamente el objeto, en que siempre, al mismo tiempo, se mide a sí mismo a partir de él, entonces el pensamiento consigue un más y no un menos en cuanto a estructuración, determinidad, precisión. Y esta, yo diría, es la única respuesta posible a la objeción acerca del carácter de molusco. Si, en cambio, se traspone la fijeza simplemente al sistema de categorías, es decir, a la quintaesencia de aquello con lo que se aborda alguna cosa, y si se dice:

---

[158] Formulación atribuida varias veces a Hegel por Adorno (cf. por ejemplo *infra*, pp. 298 y 353; también GS 6, pp. 38 y 58 [*Dialéctica negativa*, ob. cit., pp. 37 y 55], GS 7, pp. 33 y 409 [*Teoría estética*, ob. cit., pp. 31 y 364]; pero quizás es una formulación del propio Adorno.

"Yo, como ontólogo, como protestante, como marxista, pienso esto o aquello", entonces, precisamente entonces el carácter asume, frente a su objeto, aquel carácter contingente, es decir: determinado por punto de vista, que ya no puede convertirse en realidad en un conocimiento auténticamente vinculante.

La filosofía, en consecuencia, tendría que buscar su contenido en la multiplicidad irrestricta de sus objetos. Tendría que entregarse seriamente a ellos sin retrotraerse siempre en busca de seguridad mediante un sistema de coordenadas o mediante su así llamada posición. No debe usar sus objetos como los espejos a partir de los cuales se descubre una y otra vez a sí misma; y ella no puede confundir su propio reflejo con aquello a lo que en realidad apunta el conocimiento. Diría que esta confusión es realmente el πρῶτον ψεῦδος de toda la filosofía moderna. Puede ser expresada de manera muy simple en la forma –si uno toma a la filosofía kantiana, prototípica de este modo de pensamiento, en la que se dice que la naturaleza es algo producido por la razón–[159] de que, pues, el conocimiento, que desemboca justamente en esta *natura naturata*, no es ningún conocimiento en absoluto; sino que el conocimiento no tiene, en su objeto, otra cosa que al propio sujeto del conocimiento; y que, en consecuencia, el conocimiento, en la medida en que se acomoda, de manera heroicamente resignada, de esta manera, al mismo tiempo se pierde lo que constituye al concepto del conocimiento: que ella pasa por alto aquello que no es idéntico al conocimiento... Damas y caballeros: una filosofía tal, que por un lado no se arroga tener el poder sobre los objetos infinitos, pero, por el otro, tampoco se vuelve a sí misma finita; una filosofía tal equivaldría a la experiencia plena, no reducida, en el *medium* de la reflexión conceptual; o, como quizás podría también decirse: equivaldría a la experiencia intelectual. En la medida en que empleo el concepto de experiencia, señalo que el giro que estoy

---

[159] Aquí se alude al contenido del así llamado giro copernicano; cf. al respecto, por ejemplo, NaS IV-4, p. 358, nota 1.

tomando, o al cual querría hacer algunas contribuciones, y que querría volver plausible ante ustedes, encierra también, de un modo algo intrincado, dialéctico, una salvación del empirismo; es decir que aquí se trata siempre, por principio, de un conocimiento de abajo hacia arriba, y no de uno de arriba hacia abajo; se trata de un entregarse y no de un deducir; por cierto, con un carácter totalmente diferente, con un objetivo cognoscitivo totalmente diferente del que tiene en las orientaciones empiristas.[160] También este viraje del concepto de experiencia hacia un concepto de la experiencia intelectual está preparado en Hegel y en el idealismo alemán, en contra de Kant. Diría que solo habría que liberar este concepto de experiencia intelectual –que seguramente tuvieron en mente los pensadores entre Fichte y Hegel, y a través del cual la filosofía de estos ha conquistado su sustancialidad, aquello que los diferencia del mero formalismo– de sus presuposiciones idealistas; que solo habría que explorar este concepto de experiencia intelectual; e incluso, querría decir casi: solo habría que hacer realmente, y con toda seriedad, lo que los idealistas en realidad se han limitado a "mostrar" (¡la célebre diferencia entre el menú del restaurante y la comida que se sirve!) para, de ese modo, abandonar la esfera idealista. Los contenidos de esta experiencia –y también esto suena totalmente nominalista– son idénticos al concepto de experiencia, tal como este ha llegado a perfilarse en oposición con la deducción. Los contenidos de una experiencia tal no son un ejemplo

---

[160] Como preparación para el propio "viraje" hacia la salvación del empirismo entendió Adorno la filosofía de Benjamin, de la que escribió: "Paradójicamente, su método especulativo coincide con el empírico. En el prólogo al libro sobre la tragedia emprendió una salvación metafísica del nominalismo: en él, las conclusiones no se extraen en absoluto de arriba abajo, sino de un modo excéntrico, de manera precisamente 'inductiva'. La fantasía filosófica es para él la capacidad para la 'interpolación de lo más pequeño', y una célula de la realidad observada pesa para él –también esta su propia fórmula– tanto como el resto de todo el mundo. Benjamin está tan lejos de la arrogancia del sistema como de la resignación en lo finito [...]" (GS 11, p. 570 [*Notas sobre literatura*, ob. cit., p. 551]).

para las categorías, sino que se tornan relevantes por el hecho de que, en ellos, en cada caso, despunta algo *nuevo*; mientras que el error de todo el empirismo habitual, de todo el concepto de experiencia habitual, es, me parece, que esta filosofía empirista, en cuanto epistemología, trunca precisamente la posibilidad de la experiencia de algo diferente, por principio nuevo, mediante sus reglas de juego, de las que prescindía en los tiempos heroicos del empirismo; en la filosofía desbordantemente empirista de Bacon, por ejemplo. Si ustedes quisieran cerciorarse un poco mejor precisamente de este concepto de experiencia intelectual —en oposición, digamos, al vago "filosofar-acerca-de todo-y-de-nada" de la filosofía de la vida— que corresponde a mi posición; en el caso de que alguno de ustedes esté interesado en esto, puedo quizás remitirlos al breve texto sobre "Asa, jarra y experiencia temprana", que está al comienzo del volumen de homenaje a Ernst Bloch,[161] y en el que, partiendo justamente de lo que experimenté con la filosofía de Bloch cuando era muy joven, intenté explicitar mi concepto de experiencia intelectual, en oposición a la filosofía, temáticamente muy afín, de Simmel. Remitiéndolos a ese artículo, me veo quizás dispensado de seguir desarrollando ahora ese punto. El motor de esta clase de experiencia, lo que en general conduce a un ser humano a tener tales experiencias espirituales —y esto es lo único que importa en la filosofía—, es la expectativa ciertamente no garantizada, vaga, oscura de que todo lo individual y particular que se le presenta en definitiva —hablo en términos leibnizianos— represente en sí aquella totalidad que se le escapa una y otra vez; por cierto, más en el sentido de una desarmonía preestablecida[162] que se manifiesta en una experiencia tal que en el sentido de la tesis armonizadora

---

[161] Cf. Theodor W. Adorno, "Henkel, Krug und frühe Erfahrung", en *Ernst Bloch zu ehren. Beiträge zu seinem Werk*, ed. por Siegfried Unseld, Frankfurt, 1965, pp. 9 y ss.; ahora en GS 11, pp. 556 y ss. ["El asa, la jarra y la experiencia temprana", en *Notas sobre literatura*, ob. cit., pp. 537 y ss.].
[162] Concepto acuñado por Adorno en contraposición con la armonía preestablecida de Leibniz.

que ha guiado la experiencia en los grandes sistemas racionalistas, que en su forma tardía, asimismo (de manera similar al idealismo alemán), ya han sido una tentativa para unir entre sí las *vérités de raison* y las *vérités de fait*, es decir, el conocimiento racional y el conocimiento experiencial. El viraje metacrítico contra una *prima philosophia*, que intento hacer comprensible para ustedes desde diversas perspectivas, es el viraje en contra de la finitud de una filosofía que da peroratas acerca de lo infinito y, al mismo tiempo, no respeta realmente en cuanto infinito a lo infinito que se le sustrae. La filosofía, pues –y esto también pertenece a las determinaciones de la dialéctica en las que, en mi opinión, parece prepararse, si uno las toma de manera suficientemente enérgica, una dialéctica negativa–, no es dueña de ninguno de sus objetos. No debe preparar la alucinación de un todo, sino que en ella debe cristalizarse la verdad.

Lo último que les dije suena quizás tan apodíctico, y habla, *contre coeur*,[163] con tales tonos de fanfarronería que siento una cierta obligación de explicarles al menos, a pesar de todo el escepticismo que tengo frente a los ejemplos, a qué me refiero con esto. Y quizás me permitan (aunque habría que decir, sin duda, algo muy válido en contra de este proceder) que recurra a lo estético –a saber: a la relación entre obras de arte y filosofía del arte– simplemente porque creo que lo que intento decirles aquí –que la filosofía no es algo infinito; que no es enteramente dueña de ninguno de sus objetos, pero que la verdad se cristaliza en ella– puede ser demostrado del mejor modo a partir de fenómenos del arte. Podría incluso decirse que las obras de arte representan algo como la infinitud positiva –hablo aquí tácitamente solo de las obras de arte auténticas– en el sentido de que ellas, por un lado, son algo en sí finito, delimitado, dado en el espacio o en el tiempo; pero, por otro, tienen una medida infinita de implicaciones que de ningún modo se revela sin más y que requiere primeramente del análisis. La expresión, algo fatal y abierta a toda

---

[163] *Recte*: *à contre coeur* (francés): a regañadientes. [N. del T.]

clase de abusos, "pluralidad de niveles de las obras de arte" recuerda –lamento tener que concederlo– este estado de cosas que pertenece a las obras de arte y que, por lo demás, no puede ser confundido con un irracionalismo barato del arte. Si ustedes analizan obras de arte; es decir, todas las relaciones estructurales que hay en ellas, todas las implicaciones sensoriales que esas relaciones estructurales contienen, si elaboran todo lo que hay allí y, de ese modo, a través de un análisis inmanente de las obras de arte –que, por cierto, jamás carece de presupuestos, sino que, para hacer ese análisis, siempre es preciso saber ya algo a fin de extraerlo de la obra de arte; si no se quiere mentir, hay que decir todo esto por anticipado–, un análisis tal ayuda, precisamente, en una medida eminente a articular aquella infinitud encerrada en la obra de arte. Y uno puede decir, en cierto sentido, que las obras de arte realmente tienen su vida en ese despliegue que solo se torna posible y es concretado a través de una filosofía de las obras de arte –que, por cierto, encierra en su seno el análisis de dichas obras y, sin duda, su análisis micrológico–. Las obras de arte viven, en un cierto sentido, por el hecho de que el análisis progresivo se cerciora cada vez más del contenido espiritual que está contenido en ellas; es decir, a través de un análisis que se cerciora, en una medida progresiva, de su contenido de verdad. Pueden decir ustedes: con las obras de arte eso está bien, ya que las obras de arte *son* contextos de sentido; y acerca del mundo, ya hemos hablado de eso, no es posible, nunca es posible declarar que posea sentido de la misma manera que lo poseen las obras de arte en cuanto artefactos que, precisamente, son espíritu porque son producto del espíritu humano. Pero me refiero a que este proceder que nos prescribe la contemplación de las obras de arte en un sentido debe ser prototípico para el conocimiento, para el conocimiento filosófico de la realidad; que solo si se dispone de esta clase de posibilidad de experiencia que he intentado mostrarles a partir de las obras de arte, puede entonces constituirse realmente aquello a lo que me referí con el concepto de una experiencia intelectual, en oposición con la experiencia agudamente *no* intelectual de la ciencia empírica.

Todo eso que se enfrenta con esta experiencia intelectual como su contraparte, todo lo que puede ser considerado como el así llamado avance regulado de la abstracción o como mera subsunción bajo conceptos es, en el sentido más amplio, mera técnica. Y diría que si hay algo así como una crítica de la conciencia ilustrada también a la Ilustración, entonces reside precisamente aquí una pieza de dialéctica de la Ilustración; a saber: que la Ilustración, como punto de vista de la conciencia progresiva, en la medida en que permanece detenida ante el concepto de experiencia intelectual, o procura eliminarlo, como a algo inseguro e incierto, permanece detenida[164] en el ámbito de la mera dominación, del mero control sobre lo no concebido. Esta es la comprensión que en nuestra época, y frente a la presión infinita de las ciencias positivas y del mundo cosificado, ha expresado Bergson con una abstracción y una terquedad iguales a esta presión; pero que, una vez que Bergson ha conocido esto y Scheler lo repitió, ya no puede volver a perderse. Todos estos conocimientos que se ofrecen al avance regulado de la abstracción y de la mera subsunción bajo conceptos, para la filosofía, para un concepto enfático de filosofía que aquí tengo en vista, son en principio indiferentes, en el sentido en que los estoicos caracterizaron el concepto de lo indiferente:[165] son algo en lo cual la filosofía

---

[164] La repetición ("stehenbleibt [...] stehenbleibt") está en el original. [N. del T.]

[165] El concepto histórico de lo indiferente es ἀδιάφορος; al estoico le basta la virtud para conseguir la eudemonía, la bienaventuranza individual: por ende, todo lo que no es virtud es ἀδιάφορον, ni bueno ni malo; es una cosa intermedia (para emplear palabras de Kant) y, en cuanto tal, indiferente, carente de importancia y valor. Sobre el giro de la πόλις hacia el individualismo en "el breve pero misterioso período entre la muerte de Aristóteles y el ascenso del estoicismo", cf. Isaiah Berlin: "en menos de dos décadas, las escuelas filosóficas dominantes de Atenas cesaron de concebir a los individuos como inteligibles solo en el contexto de la vida social, cesaron de discutir las cuestiones conectadas con la vida pública y política que había preocupado a la Academia y al Liceo, como si esas cuestiones ya no fueran centrales o aun sig-

realmente no tiene ningún interés, y en lo cual no debe permanecer detenida si no quiere permanecer por debajo de lo que se le presenta objetivamente, quiera o no admitirlo la filosofía. Ahora bien, esto dice –en oposición a esos procedimientos bien cuidados y bien

---

nificativas, y súbitamente hablaron sobre los seres humanos puramente en términos de experiencia interna y salvación individual, como entidades aisladas cuya virtud consistía en su capacidad para aislarse aún más" (Isaiah Berlin, *The Sense of Reality. Studies in Ideas and their History*, ed. de Henry Hardy, introd. de Patrick Gardiner, Nueva York, Farrar, Straus and Giroux, 1997, pp. 168 y s.). Aunque, para la mirada desprovista de ilusiones de Adorno, "a la vista de la desesperación", la posición estoica haya podido ser una tentación, es, sin embargo, una a la que sucumbió tan poco como Berlin, un conocido de los días en Oxford y Nueva York; con el coraje de la desesperanza, él contrapuso al individualismo estoico la responsabilidad por lo universal: "Desde el momento histórico en que la conciencia griega puso en lugar central el concepto de individuo y la felicidad de este como supremo bien, el individuo fue perdiendo su relación con aquellos asuntos públicos cuya finalidad esencial era procurar la felicidad individual. Pero en el curso de este proceso, los individuos de la Antigüedad se mostraron dispuestos a seguir a déspotas y dictadores con tal que hasta cierto punto se respetase su precaria felicidad. Esta evolución no caracteriza principalmente a los tiempos de la Stoa y de Epicuro, sino que se perfila ya en Aristóteles. Con un sano sentido común que a veces hace recordar los usos intelectuales del siglo XIX, Aristóteles contrapuso a la utopía totalitaria de su maestro Platón las necesidades reales de los individuos. Pero ya no distinguía, como a pesar de todo hacía Platón, la idea suprema en la realización de esas necesidades mediante organizaciones estatales racionales. Lo supremo era para él la retirada a la contemplación intelectual, en la que está ya presente la resignación ante lo públicamente establecido. De ese modo se produce una contradicción en la relación entre el individuo y el Estado: cuantas menos trabas encuentra el individuo en la persecución de sus propios intereses, tanto más pierde de vista una forma de organización social en la que esos intereses están protegidos. Con su casi total liberación, el individuo en cierta manera prepara el terreno a su propia opresión. Pero esta evolución no beneficia al individuo en su constitución interior, sino que cuanto más se limita a sí mismo y a su círculo privado, olvidándose de lo general, se empobrece y atrofia cada vez más" (GS 20.1, pp. 288 y s. [*Miscelánea I*, trad. de Joaquín Chamorro Mielke, Madrid, Akal, 2010, p. 288]). Sobre la crítica de Adorno al punto de vista estoico, cf. también NaS IV-14, pp. 175 y s.

definidos– que precisamente la filosofía que realmente lo es constituye la antítesis de aquello que se les presenta a ustedes en su formación prefilosófica. La filosofía, en efecto, no tiene ningún objeto garantizado de manera absoluta; en realidad, solo se piensa filosóficamente cuando el pensamiento puede equivocarse, cuando él es falible. En el instante en que no puede pasarle nada al pensamiento filosófico, es decir, cuando está instalado en el ámbito de la repetición, de la mera reproducción, en ese instante la filosofía ha perdido ya su objetivo. Y, si me lo permiten, diría que el punto en el que hoy la filosofía –con toda la falta de credibilidad y la falibilidad que entretanto afectan a su concepto– muestra su verdadera actualidad, si es que tiene alguna, consiste en que ella resiste la necesidad de seguridad dominante según la cual han sido más o menos fabricados, de manera diletante, todos los modos del conocimiento; y que ella comprende que –para hablar con palabras de Nietzsche–[166] un conocimiento que no es peligroso no merece ser pensado. Con lo cual esta peligrosidad está menos orientada a los atentados nihilistas con bombas o a la pulverización de viejas tablas de valores que, de manera muy simple, a que un conocimiento que no esté en peligro de volverse falso y no verdadero y obsoleto por no ir más allá del saber ya sabido no puede ser verdadero. Lo que

---

[166] Cf. *Más allá del bien y del mal*, en la primera pieza principal, "De los prejuicios de los filósofos", el aforismo 23: "Pero suponiendo que alguien considere que incluso los afectos odio, envidia, avaricia, ansia de dominio son afectos condicionantes de la vida, algo que tiene que estar presente, por principio y de un modo fundamental y esencial, en la economía global de la vida, y que en consecuencia tiene que ser acrecentado en el caso de que la vida deba ser acrecentada, – ese alguien padecerá semejante orientación de su juicio como un mareo. Sin embargo, tampoco esta hipótesis es, ni de lejos, la más penosa y extraña que cabe hacer en este reino enorme, casi nuevo todavía, de conocimientos peligrosos: – ¡y de hecho hay cien buenos motivos para que de él permanezca alejado todo el que – *pueda!*" (Friedrich Nietzsche, *Más allá del bien y del mal. Preludio de una filosofía del futuro*, introd., trad. y notas de Andrés Sánchez Pascual, Madrid, Alianza, 2007).

es solo otra forma de expresar aquello sobre lo que vuelvo una y otra vez, a saber: que el propio contenido de verdad tiene dentro de sí un momento temporal, en lugar de aparecer meramente en el tiempo como algo indiferente frente a este y como lo eterno. Esto mismo es cierto a propósito del escepticismo y el pragmatismo, que, por ejemplo, en John Dewey,[167] ha representado con una apertura realmente grandiosa y una seriedad extraordinaria la posibilidad de una filosofía que se expone a sí misma a lo falso. El problema aquí es solo que, al hacer esto, uno no abandone la aspiración enfática de la filosofía en cuanto conocimiento de lo *esencial*, sino que consigne esta propia aspiración a la experiencia intelectual.

---

[167] Adorno, sin demasiada afinidad con la filosofía de su país de acogida estadounidense, habló siempre sobre John Dewey en un tono del mayor respeto, cuando no con admiración. Dewey, que llamaba "a su filosofía experimentalismo", y a quien sabía Adorno muy próximo a la orientación de su propio pensamiento hacia lo abierto, desprotegido, era para él: "Un pensador contemporáneo que, pese a su positivismo, se encuentra más cercano a Hegel de lo que lo están sus presuntos puntos de vista respectivos" (GS 5, p. 373 [*Tres estudios sobre Hegel*, ob. cit., pp. 48 y s.]). En este sentido le confirmaba Adorno también a Popper que él "apela, de forma análoga a como lo hacía Dewey en el pasado más reciente y lo hizo Hegel en su tiempo, al pensamiento abierto, no fijo, no cosificado. De este resulta inseparable un momento experimentador por no decir juguetón. Yo vacilaría, sin embargo, sobre si equipararlo sin más con el concepto de experimento y, desde luego, sobre si adoptar el principio del *trial and error*" (GS 8, p. 555 [*Escritos sociológicos I*, ob. cit., p. 517]). Todavía en la tardía *Teoría estética*, mientras "el empirismo rebot[a] desde el arte, del cual apenas tomó nota", es exceptuado de esto "John Dewey, que era verdaderamente libre" (GS 7, p. 498 [p. 446]).

LECCIÓN 9
7/12/1965
Anotaciones

Frente a la totalidad del método, la fil[osofía] contiene <u>esencialmente</u> un momento de juego que la cientifización querría expulsar de ella. Sin juego no hay verdad. N.B. Contingencia.
Ella es lo más serio de todo y, por ende, no es tan seria.

Lo que apunta a algo que no es ya a priori *y sobre lo cual no tiene ningún poder confirmado pertenece siempre <u>también</u> a una esfera de lo indómito que fue convertida en tabú por la empresa conceptual. La* ratio *especulativa tiene dentro de sí algo irracional.*
Dedicación a la mímesis.

En esa medida, el momento <u>estético</u> de la fil[osofía], aunque por motivos totalmente diferentes que en Schelling, no es accidental a la fil[osofía].

La filosofía tiene que trascender esto en la validez de sus comprensiones de lo real.

(7, interpol.)[168] *No es un <u>préstamo</u> que la fil[osofía] le toma al arte; en especial no es una invocación de intuiciones. Crítica del concepto de intuición; las así llam. intuiciones no son algo cualitativamente diverso de los otros conocimientos, no son rayos caídos desde lo alto. Son un <u>momento</u>: sin <u>ocurrencia</u> no hay fil[osofía], pero aquella debe dar en el clavo. Hoy vida [?] contra la ocurrencia. Ellas [i.e., las intuiciones] son constelaciones del saber preconsciente.*

---

[168] El número 7 se refiere a la página 7 de la copia mecanografiada, con correcciones a mano, de la introducción a la *Dialéctica negativa* (Vo 13401); la interpolación en cuestión puede verse en el apéndice, pp. 331 y s.

Fil[osofía] que quiera convertirse espontáneamente en obra de arte estaría ya perdida: postularía aquella identidad, la absorción del objeto por parte de ella, que es en ella un tema y, por cierto, en términos críticos.

Arte y fil[osofía] tienen su elemento en común no en la forma y en el proceder configurador, sino en un modo de comportamiento que prohíbe la seudomorfosis.

El concepto filosófico no abandona el anhelo que anima al arte en cuanto no conceptual y que, siendo no conceptual, solo se cumple de manera ciega; un anhelo cuyo cumplimiento escapa a la inmediatez no conceptual como una apariencia.

La fil[osofía] tiene como órgano al concepto, que al mismo tiempo es un muro entre la filosofía y aquel anhelo. El concepto niega el anhelo; la fil[osofía] no puede eludir aquella negación ni doblegarse ante ella.

<u>*Idea de la fil[osofía]*</u>*: ir más allá del concepto atravesando el concepto.*

(7) La fil[osofía] no puede tampoco renunciar a la especulación después de la renuncia al idealismo.

Al hablar de espec[ulación] me refiero aquí, a diferencia de su concepto hegeliano estricto, tan solo a: seguir pensando con motivación, más allá de lo que está garantizado por los hechos.

A los positivistas no les resultaría difícil comprobar incluso en el materialismo de Marx elementos especulativos, tales como 1) la objetividad y totalidad del proceso social, que de ningún modo están inmediatamente dadas ni pueden ser abstraídas a partir de datos; 2) la "metafísica de las fuerzas productivas" (M[arx] es un idealista alemán mucho más de lo que se sabe y, por cierto, no solo en el método). Referencia a la representación de libertad = aceptar la necesidad a través de la conciencia.

7/12/65

Acta de la lección

Damas y caballeros, querría decirles, para que puedan organizar sus tiempos, que daré clases la semana próxima, durante toda la semana; pero que no daré clases el 21 ni durante toda la semana de Navidad, ya que me dijeron que, durante la semana de Navidad, ya no habrá nadie aquí para escucharme. No es posible hacer justicia a todos en tales cuestiones. Pero, de acuerdo con la información precisa que recibí, durante la semana de Navidad se podrá contar con tan poca cantidad de asistentes que ya no será posible dar clase; lo siento mucho.

En la última clase, llamé la atención de ustedes sobre una cierta relación entre el concepto de dialéctica negativa y el escepticismo; e incluso con el pragmatismo, en la medida en que la filosofía no tiene ningún objeto garantizado; en que ella, por principio, siempre puede equivocarse. Está presente aquí –en el tipo de pensar que intento describir y, en la medida de lo posible, fundamentar ante ustedes– un momento que tiene algo que ver con las corrientes empiristas. Y si en la clase anterior (creo que así fue) llegué a hablar del concepto de experiencia intelectual, es porque en el concepto de una experiencia intelectual, en el concepto de experiencia está ya encerrada la referencia a eso. Por cierto, aquí deben tener en claro que esta clase de experiencia intelectual está infinitamente lejos del concepto trivial de experiencia porque el concepto de hecho, el concepto del *factum*, de lo dado, que es canónico para los conceptos empiristas de la filosofía y que tiene su protoimagen en la experiencia sensual, es decir, en los datos *sensibles*, naturalmente no tiene validez alguna en la experiencia *intelectual* de algo que es ya intelectual y en cuanto experiencia intelectualmente mediada. En esa medida debían, pues, entender correctamente cuando les dije que la relación con las tendencias empiristas, que he puesto en claro en relación con la dialéctica negativa, son relaciones irónicas que se dirigen en contra del sistema que postula la identidad; pero que ese concepto de experiencia posee en sí mismo precisamente aquel momento espiritual constitutivo; que es una experiencia intelectual tal como las que niegan las corrientes empiristas. No querría dejar de decirles que este concepto de experiencia intelectual, dejando de lado el momento de lo no asegurado y de la falibilidad al que creo haberles hecho referencia con el suficiente énfasis, posee también otra *crux* que me parece mucho más preocupante que aquella, ya que no puedo percibir en la certeza absolutamente libre de dudas el τέλος, de la filosofía; es decir que, a través de ese concepto de una experiencia intelectual –esto es: de un modo de comportamiento intelectual que solo es posible en el sentido de una sublimación llevada al extremo; que, pues, no se apoya simplemente en los *facta bruta*, sino que asume estos *facta bruta* en su contexto y, al mismo tiempo, en su significado–, en este viraje de la experiencia intelectual, estriba siempre la posibilidad de una –tal como habría que decir– espiritualización del mundo; es decir: la posibilidad de que, por el hecho de que uno tiene experiencias espirituales que van más allá de la mera experiencia inmediata, sensible, al mismo tiempo convierte al propio objeto de la experiencia en algo espiritual y hasta cierto punto, a través de ello lo justifica. Y si ustedes examinan la experiencia intelectual que domina en el sistema hegeliano, encontrarán más que un rastro de esta forma de pensar. Diría que la especie de experiencia intelectual a la que se refiere la dialéctica negativa, y que debe ser una experiencia en sí misma crítica, en sí misma reflexiva, tiene como una de sus misiones esenciales ser crítica (es decir, no ser ingenua) precisamente en este punto: en que ella corrige una y otra vez en sí misma aquel prejuicio de la espiritualización de los objetos que ella misma acarrea como método. Creo que puedo hablarles sobre esto como el niño quemado que le teme al fuego, ya que una y otra vez me sorprendo, en mi propio trabajo –precisamente a través de este concepto de experiencia intelectual y, en general, a través de una determinada canonización del concepto de espíritu como parámetro de la filosofía– de sentirme muy fácilmente inclinado a tomar los fenómenos intelectuales más seriamente de lo que quizás deberían ser tomados en el contexto de la realidad. Y creo que solo si se tiene presente precisamente este momento y se está abierto a él, es posible hacerle justicia en alguna medida a lo que tengo en mente y de lo que querría que ustedes obtengan un concepto.

Es posible quizás expresar este momento de escepticismo, este momento de falibilidad, del que debe ser siempre consciente la filosofía y, al mismo tiempo, aquel momento espiritual diciendo que la filosofía, frente a la totalidad del método, tal como es ese enseñado en la representación tradicional acerca de la filosofía, contiene esencialmente un momento de *juego*; y, por cierto, exactamente aquel momento de juego que querría extirparle la cientifización absoluta de la filosofía, ya sea en el sentido de las ciencias naturales o –y esto está especialmente difundido hoy en día– en el sentido filológico. Desde este punto de vista, considero uno de los mayores méritos de Nietzsche haber destacado más fuertemente que cualquier otro pensador este momento lúdico que integra el pensamiento. En esto se distingue –si se deja de lado a los griegos, la filosofía socrática– realmente de toda la tradición de la filosofía, con la excepción de los así llamados moralistas y su precursor Montaigne,[169] a los que por esta precisa razón también se suele contar tan solo como padres ilegítimos en la serie de ancestros de la filosofía. Les pido, sin embargo, que no pretendan concebir este factor lúdico de la filosofía como algo meramente psicológico, sino, como acabo de decir, como algo necesario en la propia cosa: ya que, en efecto, la propia filosofía, en la medida en que apunta más allá de lo que tiene como algo totalmente seguro, y también lo sabe y es falible, contiene este momento lúdico para poder ser realmente filosofía; y no se limita a aproximarse de vez en cuando a ese momento de acuerdo con sus temas o su proceder; ya que, precisamente, este momento

---

[169] En la introducción a *Sobre la metacrítica de la teoría del conocimiento*, Adorno escribe: "en Montaigne […] se aúna la tímida libertad del sujeto pensante con el escepticismo frente a la omnipotencia del método, es decir, de la ciencia" (GS 5, p. 20 [p. 22]).

está en profunda relación con su propia apertura. Me atrevería incluso a decir que sin juego no existe realmente algo así como la verdad. Y diría además que el momento de la contingencia, que es inherente al juego, también pertenece esencialmente a la verdad; precisamente como eso que, en el hechizo universal del pensar identificador, advierte acerca de aquello que no se puede pensar. Permítanme emplear, en este contexto, una definición del arte que yo mismo he dado alguna vez de manera lúdica cuando dije que el arte es lo más serio que existe en el mundo, pero que, a su vez, no es tan serio.[170] Creo que solo si uno se atiene a esta paradoja, es decir, si uno sabe que, en la filosofía, se trata acerca de las cosas más serias y que ella necesita del esfuerzo más extremo de la conciencia más avanzada; pero que, por otro lado, ella misma es, a su vez, solo una actividad dentro de la sociedad sometida a la división del trabajo, y que solo posee una importancia parcial dentro del proceso de vida real; creo que solo si tiene presente esta curiosa duplicidad, puede uno practicar *correctamente* la filosofía, es decir, con aquel peculiar entrecruzamiento de lo serio y de lo –tomado en términos categoriales– lúdico sin el cual el pensamiento no puede siquiera vivir… Ustedes encontrarán sugerido este momento de lo serio y de, al

---

[170] No fue posible hallar la referencia. Posiblemente se trate de una formulación oral, que se encuentra relacionada con una declaración de Schönberg sobre la cual Adorno informó en 1966, en la conferencia "Wagner y Bayreuth": "En sentido más serio, hay una prelación de la realidad sobre el arte. No puedo olvidar que uno de los artistas más impresionantes y apasionantes de la época, Arnold Schönberg, en los primeros meses de la tiranía nacionalsocialista en Berlín, cuando yo lo importunaba con preguntas musicales, me decía, haciendo mucho hincapié en ello, que en el mundo hay otras cosas mucho más importantes que el arte. Puesto que este no es nada en sí mismo limitado, puesto que remite más allá de sí, solo satisface su propia idea cuando no pierde de vista esto" (GS 18, p. 211 [*Escritos musicales v*, trad. de Antonio Gómez Schneekloth y Alfredo Brotons Muñoz, Madrid, Akal, 2011, p. 300]). Cf. también la "aplicación" de la idea en *Dialéctica negativa*: "La filosofía es lo más serio de todo, pero tampoco es tan seria" (GS 6, p. 26 [*Dialéctica negativa*, ob. cit., p. 26], cf. también *supra*, p. 183).

mismo tiempo, lo no *totalmente* serio, de manera llamativa –me sorprendí de manera extraordinaria al toparme con ello– precisamente en el pensador en el que menos lo esperarían, a saber: en Hegel (si recuerdo bien, en una de las partes introductorias de la *Gran Lógica*), donde dice que la filosofía, por su parte, es solo un momento dentro de la vida real de la humanidad y por ende no debe ser absolutizada.[171] Una confesión humana de Hegel que, por un lado, hace el mayor honor a su autorreflexión filosófica; por el otro, es también grandiosamente inconsecuente, porque, precisamente de acuerdo con su teoría, la filosofía es uno de los momentos del así llamado espíritu absoluto, de modo que habría que pensar que, por ello, él atribuye a la filosofía la seriedad más alta y absoluta, como, por ejemplo, lo ha hecho Aristóteles, con el que se conecta Hegel en tantos aspectos; mientras que, en realidad, Hegel es justamente en esto tan adverso a lo ingenuo e inconsistente que vincula el esfuerzo extremo del pensamiento filosófico con la conciencia de su propia limitación dentro de la realidad concreta.

Así pues, eso que apunta a aquellos momentos que no es él mismo ya *a priori* –y es esto efectivamente lo que debe entenderse por filosofía–, y eso sobre lo cual el pensamiento no tiene ningún poder garantizado pertenece, y también este momento está contenido en el concepto de juego, en contraposición con la seriedad, a una esfera de lo *indómito* que es convertida en tabú por la empresa conceptual. El pensamiento que está disciplinado totalmente desde el vamos es tan poco capaz de hacer filosofía como lo es el pensamiento indisciplinado. Y si se pudiera exponer la entera filosofía como un sistema verdadero de incontables cuadraturas del círculo, seguramente no es la más indigna *esa* cuadratura que dice que el pensamiento necesita tanto de su disciplina como de su indisciplina; que dice, incluso, que el pensamiento consiste esencialmente en unir esos dos momentos. Podría decirse también, pues, que la *ratio*

---

[171] No fue posible localizar la referencia.

especulativa: la clase de *ratio* que va más allá del orden conceptual de algo positivo ya poseído, ya dado, contiene de manera necesaria en sí misma un momento de *irracionalidad* precisamente por el hecho de que incurre en infracción contra aquello que posee como algo seguro. No hay razón sin este momento, intrínseco a ella, de irracionalidad que, sin embargo, en el instante en que se postula a sí mismo, en la medida en que se convierte en algo dependiente e incluso absoluto, pasa de inmediato a la apariencia y la mentira. Es este quizás el representante de aquel momento en el pensar que Horkheimer y yo, en *Dialéctica de la Ilustración*, hemos denominado el momento mimético,[172] es decir: el momento del volverse inmediatamente igual, por parte de los seres vivos y de la conciencia, a aquello que es diferente de ellos; aquella forma de reacción que luego, en el curso de milenios, no solo es reemplazado por el conocimiento conceptual, sino que se ve sometido a una severa prohibición. Y, para demostrar ante ustedes una nueva cuadratura del círculo, puede decirse que la misión de la filosofía es justamente conquistar para el concepto precisamente aquellos momentos de identificación *con* la cosa –en lugar de la identificación *de* la cosa– que están presentes de manera no conceptual en el modo de comportamiento mimético y que han sido heredados por el arte. En esa medida puede decirse, pues, que el momento estético –aunque por motivos plenamente diferentes de lo que se enseña en Schelling– es esencial y no accidental. En Schelling, el momento estético de la filosofía es incluso fundamentado, en el fondo,[173] con la filosofía de la identidad: la filosofía, pues, debe ya representar el mundo tal como lo hace una obra de arte, ya que el propio mundo es idéntico al espíritu. Cuando les hago referencia aquí a la afinidad entre el arte y la filosofía, la razón es casi la opuesta: porque la filosofía, solo por el hecho de que registra la no identidad de espíritu y mundo,

---

[172] Sobre el concepto de mímesis –central para Adorno–, cf. NaS IV-7, nota 53; cf. también *infra*, nota 205.

[173] En alemán: "im Grunde […] begründet". [N. del T.]

espíritu y realidad, conquista una participación en la verdad; y aquel modo de comportamiento que alguna vez garantizó esto y que, en cierta manera, todavía hoy sigue haciéndolo, es precisamente el modo de comportamiento mimético. Pero —y creo que esto es importante a fin de que ustedes tengan en claro esta relación muy compleja entre la filosofía enfática y el arte— la filosofía tiene que superar este momento estético integrándolo en la efectividad de sus comprensiones acerca de lo real. A la filosofía pertenece constitutivamente el hecho de que ella expresa la verdad sobre lo real, y no se contenta consigo misma. La filosofía como una así llamada obra poética espiritual está condenada desde el vamos, y sería también algo malo en términos estéticos, sería un mero oficio artesanal; del mismo modo que las filosofías estetizantes que intentan lisonjear a las obras de arte son precisamente por eso casi siempre de la más ínfima calidad.[174] No se trata, pues, de que la filosofía tome préstamos del arte, en especial si ella —como algunos prefieren incluso— se remite al concepto de intuición.[175] Tales préstamos solo la arruinarán. En

---

[174] La determinación que realiza Adorno de la relación entre filosofía y arte ha seguido siendo la misma al menos desde el libro sobre Kierkegaard: "Siempre que se ha pretendido concebir los escritos de los filósofos como obras poéticas, se ha perdido de vista su contenido de verdad. La ley formal de la filosofía exige la interpretación de lo real en la relación acorde de los conceptos. Ni la manifestación de la subjetividad del pensador, ni la pura unidad y coherencia de la obra en sí misma deciden sobre su carácter como filosofía, sino solo esto: si lo real entra en los conceptos, se acredita en ellos y los fundamenta razonablemente. Algo que la concepción de la filosofía como poesía contradice" (GS 2, p. 9 [*Kierkegaard. Construcción de lo estético*, ob. cit., p. 9]).

[175] Cada vez que, en Adorno, se habla del concepto de intuición en un sentido filosófico, se alude esencialmente al concepto bergsoniano de intuición. Ya en su escrito de habilitación de 1927 insiste, contra Bergson, en que "la memoria tiene una función mediadora, simbólica, por lo que no es nunca intuición en el sentido de un conocimiento que prescinde de símbolos, tal como postula Bergson" (GS 1, p. 206 [*Escritos filosóficos tempranos*, trad. de Vicente Gómez, Madrid, Akal, 2010, p. 194]). Más allá de todo el reconocimiento de los méritos de Bergson en la tarea de recuperar aquel momento de

cambio: la relación entre la filosofía y el arte consiste precisamente, querría decir: en el τέλος, que no se contenta con la clasificación de hechos, pero que en los dos casos debe seguir un camino totalmente diverso; y esto, por cierto, converge en el contenido de ambas esferas;[176] pero esto queda corrompido y arruinado en el instante en que se quiere traspasar de manera inmediata, inflexible a la filosofía los métodos del arte. Con esto no querría decir que la filosofía no tiene nada que aprender del arte; en breve hablaré sobre esto.

---

experiencia no reglamentada que se había echado a perder en la filosofía científica del siglo XIX, Adorno ha criticado expresamente el intuicionismo: "con el pensamiento burgués Bergson tiene en común la fe en el método aislable y verdadero; solo que atribuye a este los atributos que le fueron negados desde Descartes, sin comprender que, al independizar un método bien definido frente a sus cambiantes objetos, se sanciona ya la rigidez que debe resolver la mágica mirada de la intuición. La experiencia en el sentido enfático, la trama del conocimiento ileso, tal como puede servir de modelo a la filosofía, no se diferencia de la ciencia por un principio o por un instrumentario superior, sino por el uso que hace de los medios, sobre todo los conceptuales, que, como tales, se equiparan a los de la ciencia, y por su posición frente a la objetividad. Así como en una experiencia tal no puede negarse lo que Bergson denomina intuición, tampoco puede hipostasiárselo. Las intuiciones compenetradas de conceptos y de fórmulas ordenadoras ganan en derechos cuanto más se expande y se endurece la existencia socializada y organizada. Pero esos actos no constituyen una fuente de conocimientos absoluta, separada del pensamiento discursivo por un abismo ontológico" (GS 5, pp. 52 y s. [*Sobre la metacrítica de la teoría del conocimiento*, ob. cit., p. 62]). En el propio Bergson, habría que considerar, por ejemplo, su conferencia "L'intuition philosophique", de 1911 (en Henri Bergson, *Œuvres*, París, 1970, pp. 1345 y ss.); sobre el concepto de intuición en general, cf. Josef König, *Der Begriff der Intuition*, Halle, 1926 (sobre Bergson, ver ibíd., pp. 213 y ss.).

[176] La idea de una convergencia de los contenidos de verdad de la filosofía y el arte aparece repetidas veces en Adorno; por ejemplo, GS 7, pp. 137, 197 y 507 [*Teoría estética*, ob. cit., pp. 123 y s., 177 y s. y 453 y s.]; GS 10.2, p. 470 [*Crítica de la cultura y sociedad II*, ob. cit., p. 411]; cf. también Friedemann Grenz, *Adornos Philosophie in Grundbegriffen. Auflösung einiger Deutungsprobleme*, Frankfurt, 1974, p. 107.

En lo que atañe a las así llamadas intuiciones, ellas son seguramente un *momento* de la filosofía; en oposición quizás a algunas ciencias positivas –pero posiblemente esta oposición es también solo una apariencia– no hay, con toda certeza, ninguna filosofía en la que a uno no se le "ocurra" nada. Pero si uno no tiene una relación de algún modo originaria con la realidad, en la que a uno, en cierto modo súbita y bruscamente, se le revela algo, sino que simplemente está sentado, con el lápiz en la mano, y bien metódicamente extrae una conclusión de una premisa, etcétera, entonces realmente surgirá, en general, lo que Schopenhauer ya estigmatizó hace ya 150 años como filosofía de profesores de los profesores de filosofía.[177] Pero uno tiene que tener en claro que esas ocurrencias, dentro del entramado del pensar, son realmente un momento y no algo que haya que enfatizar; y que estas ocurrencias –querría decir esto precisamente pensando en ciertos efectos que han tenido mis propias cosas– deben "dar

---

[177] Cf. ante todo "Sobre la filosofía de la universidad", en *Parerga y paralipómena*, por ejemplo: "Sin embargo, aquí solo nos las vemos con la filosofía y sus representantes. En ella encontramos, en primer lugar, que desde siempre muy pocos filósofos han sido profesores de filosofía y, proporcionalmente, aún menos profesores de filosofía han sido filósofos; por eso se podría decir que, así como los cuerpos idioeléctricos no son conductores de la electricidad, tampoco los filósofos son profesores de filosofía. De hecho, al que piensa por sí mismo esa función le contraría más que a ningún otro. Pues la cátedra filosófica es en cierta medida un confesionario público donde uno hace *coram populo* su profesión de fe. Casi nada obstaculiza más el logro real de conocimientos fundados o profundos, es decir, llegar a ser verdaderamente sabio, que la continua necesidad de parecerlo, el alarde de aparentes conocimientos ante los discípulos ávidos de aprender y el hecho de tener siempre una respuesta preparada para todas las preguntas imaginables. Pero lo peor es que a un hombre en esa situación, con cada pensamiento que le pueda sobrevenir, le invade la preocupación de cómo se adecuaría a los propósitos de los altos jefes: esto paraliza tanto su pensar que las ideas mismas no se atreven ya a ocurrírsele. La atmósfera de libertad es imprescindible para la verdad" (Arthur Schopenhauer, *Parerga y paralipómena*, trad., introd. y notas de Pilar López de Santa María, Madrid, Trotta, 2013, p. 178).

en el clavo"; que, pues, en la medida en que uno tiene una ocurrencia tal, también debe controlar de inmediato si ella realmente acierta de manera precisa con aquello a lo que hace referencia, o si no es ese el caso. Me parece que hoy domina una polaridad estéril entre, por un lado, el proceder lógico-deductivo, en el cual jamás se obtiene otra cosa que lo que se introdujo en un comienzo, y, por el otro lado, un cierto culto de la ocurrencia *per se*, que se descalifica por el hecho de que estas ocurrencias no son realmente adecuadas a la cosa, sino que, como se dice, se añaden a la cosa, son asociaciones. Las asociaciones, diría, no son, en este sentido, la auténtica ocurrencia fructífera, que cae sobre la cosa como un rayo, sino directamente lo contrario; a saber: aquello que, en lugar de entrar inmediatamente en su cosa encendiéndola al unirse a ella, nos aleja de ella. Y diría que, precisamente, un pensar que no se deja disuadir de que la ocurrencia es un momento, debe constituir también, al mismo tiempo, la crítica más extrema contra la ocurrencia; y, por cierto, crítica no en el sentido de que prohíbe las ocurrencias, sino precisamente en el sentido de que controla aquel "dar en el clavo", aquella precisión de las ocurrencias. Por lo demás, esa es una misión –y este es ya uno de los momentos en que no debería dominar, entre los métodos de la filosofía y del arte, una diferencia tan absoluta–, es un momento en el que el arte se halla constituido de manera totalmente similar. Todo artista y, ante todo, el músico, en quien tradicionalmente el concepto de ocurrencia juega un papel tan considerable, sabe, pero también lo sabe el poeta lírico, por ejemplo, que es preciso examinar siempre si las ocurrencias "dan en el clavo", si aciertan exactamente con aquello con lo que deberían acertar, o si no lo hacen; y la capacidad para esto, que alguna vez designé como la facultad de la voluntariedad en lo involuntario,[178] decide en gran medida sobre el

---

[178] Cf. en la –por cierto, posterior– *Teoría estética*: "Lo que para los teóricos no es más que una contradicción lógica, para los artistas es familiar y se despliega en su trabajo: usar el momento mimético que exige, destruye y redime su involuntariedad. La voluntariedad en lo involuntario es el elemento

rango de las obras de arte; y, pensaría yo, en una medida no menor también sobre el rango de una filosofía. Por lo demás, es incluso interesante que hoy la conversión del momento mimético en tabú comprenda también justamente a la ocurrencia; tanto que, pues, un auténtico archipositivista declararía directamente con orgullo que nunca se le ocurre nada; conozco a un caballero tal, coronado por la fama, que una y otra vez se ha jactado de eso ante mí, y se lo creo. Pero las cosas son hoy tales que, en realidad, justamente también la ausencia de ocurrencias es registrada como una suerte de ciencia científica, ya que, dentro de la empresa orientada de acuerdo con la ciencia, la ocurrencia aparece depreciada por anticipado como una especie de prejuicio. Si a uno se le ocurre algo sobre una materia, entonces ya no se entrega, por así decirlo, puramente a la investigación de la cosa; uno sabe ya de antemano qué es lo que quiere encontrar; y por ello, pues, el mísero y estéril hombre estrecho de miras, al que no se le ocurre nada, alberga la opinión halagadora de que él encarna el principio espiritual más elevado.

Ya a partir de esta reflexión pueden ver hasta qué punto la eliminación de este momento del que estoy hablando contribuye a eliminar realmente, del propio pensar, aquello a través de lo cual este se convierte realmente en pensar. Precisamente por ello es importante, pues, que no consideren a este momento de la ocurrencia o, como se lo suele llamar, de las intuiciones como algo cualitativamente diverso de los otros conocimientos. Eso que cae sobre la cosa misma y que subjetivamente posee, de vez en cuando, el carácter de lo fulminante –aunque esto no suceda tan a menudo– no es en realidad ningún rayo caído desde arriba. Puede decirse quizás que las así llamadas intuiciones son más bien como ciertos ríos o arroyos que fluyen subterráneamente durante largos trechos y luego súbitamente salen a la superficie y aparecen, pero solo deben a la apariencia de

---

vital del arte; la fuerza para esto es un criterio fiable de la capacidad artística, sin que la fatalidad de ese movimiento quede velada" (GS 7, p. 174 [p. 157]).

lo súbito el hecho de que no se conozca su recorrido; o, para expresarlo de manera más culta: las así llamadas intuiciones son tal vez cristalizaciones de un saber inconsciente. La filosofía que, en cambio, quiera convertirse espontáneamente en obra de arte estaría ya perdida. Postularía, pues, aquella identidad con su objeto; ella postularía ya que su objeto es absorbido de manera tan fluida y total en ella como es –y, por cierto, en un sentido crítico– realmente temático en la filosofía. Arte y filosofía tendrían, pues, su elemento común, no, por ejemplo, en su forma y en su proceder configurador, sino en un modo de comportamiento que prohíbe cualquier seudomorfosis tal, cualquier asimilación superficial tal de los métodos entre sí. Lo mismo vale también, por lo demás, en el sentido inverso: obras de arte que creen convertirse en obras de arte "superiores" por el hecho de que, como suele decirse, se proponen configurar temas filosóficos de algún tipo, quedan a través de ello desde el vamos devaluadas en calidad. El concepto filosófico no abandona el anhelo que anima al arte en cuanto no conceptual; un anhelo que, siendo no conceptual, solo se cumple, a su vez, de manera ciega; y, como es ciego, entonces, a su vez, no se cumple en absoluto, solo se cumple en apariencia. Y la inmediatez no conceptual que posee el arte conduce precisamente, a través de su no conceptualidad, en cierto sentido, al propio cumplimiento, en la medida en que dicha inmediatez, siendo no conceptual, se adecua a su propia apariencia. La filosofía posee –y no es posible desistir de esto– como su órgano al concepto; y el concepto es al mismo tiempo el muro entre la filosofía y aquel anhelo del que ella no puede desistir. El concepto, en cuanto recipiente de lo existente que subsume, niega aquel anhelo; y la filosofía no puede ni eludir una negación tal ni doblegarse a ella; también esto es una cuadratura del círculo.

Querría formular quizás esto que intenté desarrollar ante ustedes en una idea de filosofía; querría tratar de llegar a una definición. No soy una persona tan malvada como para odiar y descartar las definiciones; solo que creo que estas tienen su lugar en el movimiento del pensamiento, como su *terminus ad quem*, y no que deban ser antepuestas al pensamiento. Y arriesgaría una definición como la de que la idea de filosofía es ir más allá del concepto mediante el concepto. Esto significa que la filosofía, después del rechazo del idealismo sobre el que todos nos hemos puesto de acuerdo, no puede renunciar a la *especulación*. Me refiero aquí con especulación a algo distinto de aquello a lo que se refiere Hegel; y, por cierto, porque precisamente el concepto hegeliano de especulación está referido necesariamente a la identidad, a la tesis general de la identidad, de manera más necesaria que cualquier otra categoría hegeliana. Lo que me anima, en cambio, cuando hablo ahora de especulación, es retener algo totalmente simple, algo que puede resultarles a ustedes familiar a partir del propio uso lingüístico del concepto de especulación, a saber: algo así como que uno sigue pensando motivado –no ciegamente, sino en forma motivada y consecuente– más allá del punto en que el pensamiento se encuentra documentado por *facta* individuales, por hechos. Habrá algunos entre ustedes quizás que digan que si uno habla acerca de un concepto como el de especulación, de esa manera, mediante un instrumento del pensar tal, vuelve a introducir por la puerta de atrás el mismo idealismo al que se cree haber dado la despedida por el gran portón principal de la filosofía. Y, a fin de cuentas, el concepto de especulación, como la forma de pensar a través de la cual el pensar debía apoderarse del infinito, fue, por así decirlo, la vía regia de la filosofía. Creo que una equiparación tal entre idealismo y especulación no está justificada. En lugar de desarrollar esto ahora en detalle ante ustedes –como solo podría y puedo hacerlo si el concepto de una dialéctica negativa está mucho más avanzado de lo que puedo suponer que lo está para ustedes en este punto de la lección–, en lugar, pues, de desarrollar esto puramente a partir del concepto, querría llamar aquí la atención de ustedes hacia algo, a saber: que un pensador que, en definitiva, asume una oposición tan extrema al idealismo como *Marx* fue enteramente un pensador especulativo; y así, de hecho, hoy los positivistas y la crítica corriente a Marx, en oposición a la más antigua –por ejemplo, la usual durante el prefascismo–, han adquirido la astucia suficiente para atacar a Marx, justamente, como un pensador especulativo y, de ser posible, incluso como un metafísico. Por otra parte, el concepto de un pensar no idealista, contrapuesto al idealismo, naturalmente perdería todo sentido tangible, flotaría perfectamente en el aire si estuviera dispuesto a atraer a alguien como Marx al bando del idealismo, aunque también sobre este punto, de todos modos, tendría algo que decir. Hay en Marx, digo, elementos especulativos a partir de los cuales podría explicarse de manera muy clara, modélica aquello a lo que me refiero cuando les digo que un pensar por principio no idealista no puede prescindir, sin embargo, del momento especulativo. Ante todo, las cosas son tales en Marx –ha llamado la atención sobre esto varias veces, y con razón, el señor Dr. Schmidt en el seminario principal de Sociología–[179] que, en Marx, se mantiene la diferenciación especulativa entre apariencia y esencia; se trata de una diferenciación especulativa porque la esencia *ex definitione* no es un hecho, no es algo sobre lo cual pueda ponerse inmediatamente el dedo de acuerdo con la experiencia sensible, sino que consiste en algo trascendente a todos los hechos. La representación sobre la objetividad del proceso global de la sociedad y sobre la totalidad en la que se condensa la sociedad, y esta representación sobre un proceso social objetivo, antepuesto a todos los sujetos, y sobre su totalidad, que no comprende solo a todos los seres humanos individuales, sino también a todas las acciones sociales individuales, es directamente el presupuesto implícito de toda la teoría de Marx; esto no es en absoluto algo inmediatamente dado y, por cierto, en el sentido muy radical de que solo a través de la referencia a datos inmediatos, esto es, como mera abstracción respecto de estos datos inmediatos, no es posible avanzar hacia tales conceptos; y, sin embargo, estos conceptos tienen en Marx la función de lo más real. En

---

[179] Alfred Schmidt (nac. en 1934) fue asistente del seminario de Filosofía; como tal, estuvo bajo la dirección, en primer lugar, de Horkheimer; luego, de Adorno.

esa medida, pues, en el punto decisivo de la construcción marxiana hay un momento especulativo.

Por otra parte, las cosas son tales en Marx –y de esta manera él se aproxima ya incluso en un sentido más específico al concepto de idealismo– que hay en él algo que mi difunto amigo de juventud Alfred Siedel denominó alguna vez "metafísica de las fuerzas productivas".[180] Es decir que, a las fuerzas productivas de los seres humanos y a su prolongación en la técnica, se les atribuye un potencial totalmente absoluto en el que es posible reconocer, sin grandes artes hermenéuticas, la representación del espíritu creador; en definitiva, de la "apercepción originaria"[181] kantiana. Y sin que este enorme *pathos* metafísico, este *pathos* especulativo resida en las fuerzas productivas –de las que se espera, de un modo, en el fondo, ya no deducido, pero que presupone algo así como la sustancialidad metafísica de esas fuerzas productivas, que puedan afirmarse victoriosamente en el conflicto entre fuerzas productivas y relaciones de producción–, sin esta construcción, el íntegro abordaje de Marx no puede ser siquiera entendido. No querría de ningún modo identificarme con esta faceta especulativa

---

[180] Sobre el hoy casi olvidado Seidel (1895-1924), cf. la reseña que Siegfried Kracauer le dedicó a su único libro, publicado póstumamente y abreviado por el editor (Alfred Seidel, *Bewußtsein als Verhängnis*, ed. a partir de los escritos póstumos por Hans Prinzhorn, Bonn, 1927): Siegfried Kracauer, *Schriften*, ed. de Inka Mülder-Bach, vol. 5.2: *Aufsätze 1927-1931*, Frankfurt, 1990, pp. 11 y ss. En cuanto a los testimonios de una amistad de Seidel con Adorno, solo se ha encontrado, hasta el momento, una carta del primero, escrita en 1922, dos años antes de su suicidio; de ella se extrae que Seidel discutió con Adorno los planteamientos de su libro y que cultivó relaciones no solo con el propio Adorno, sino también con dos amigos de este, Kracauer y Leo Löwenthal; también que frecuentó la familia de Adorno. Algún interés, por cierto, aunque por un corto tiempo, tuvieron en la década de 1970 los grupos de izquierda sectarios que toparon con su nombre leyendo a Sohn-Rethel, otro amigo juvenil de Seidel (cf. Alfred Sohn-Rethel, *Geistige und körperliche Arbeit. Zur Theorie der gesellschaftlichen Synthesis*, 2ª ed., Frankfurt, 1971, p. 9).

[181] Adorno entiende por esto la "unidad sintética de la apercepción" de Kant, en la que todo está "fijado"; cf. en el apéndice, nota 14.

de Marx. Me parece que este optimismo de las fuerzas productivas se ha vuelto extremadamente problemático. Pero querría llamar la atención de ustedes sobre él para que vean de qué modo se han introducido momentos especulativos en una filosofía pensada en términos materialistas. Esta metafísica de las fuerzas productivas que, en definitiva, es algo extraordinariamente afín a la fe en el espíritu del mundo hegeliano, conduce, al final, a que incluso un teorema extraordinariamente problemático del idealismo alemán reaparezca en Marx prácticamente sin modificaciones –ante todo, en Engels, ese teorema aparece formulado explícitamente en el *Anti-Dühring*–;[182] conduce a que la libertad en realidad sea equivalente a hacer de manera consciente lo necesario; lo que, naturalmente, solo tiene sentido si lo necesario, el espíritu del mundo, el despliegue de las fuerzas productivas tiene razón *a priori* y está garantizada su victoria. Precisamente a partir de aquí surgieron luego derivaciones muy funestas; a saber: todas aquellas perversiones antilibertarias y autoritarias que la teoría de Marx y la de Engels experimentaron con la instalación en los Estados del Este.

Ven, a partir de lo que les dije aquí, que la pregunta por el materialismo o el no materialismo de Marx no puede ser resuelta de manera tan simple como yo mismo la planteé ante ustedes al comienzo

---

[182] Cf. Friedrich Engels, *Anti-Dühring. La subversión de la ciencia por el señor Eugen Dühring*, trad. de Manuel Sacristán Luzón, México, Grijalbo, 1968, p. 104: "Hegel ha sido el primero en exponer rectamente la relación entre libertad y necesidad. Para él, la libertad es la comprensión de la necesidad. 'La necesidad es *ciega solo en la medida en que no está sometida al concepto*'. La libertad no consiste en una soñada independencia respecto de las leyes naturales, sino en el reconocimiento de esas leyes y en la posibilidad, así dada, de hacerlas obrar según un plan para determinados fines. Esto vale tanto respecto de las leyes de la naturaleza externa cuanto respecto de aquellas que regulan el ser somático y espiritual del hombre mismo: dos clases de leyes que podemos separar a lo sumo en la representación, no en la realidad. La libertad de la voluntad no significa, pues, más que la capacidad de poder decidir con conocimiento de causa".

de esta breve consideración. Pero, por otro lado (y con esto querría cerrar hoy la lección), hay aquí una profunda necesidad de una teoría que realmente avance en dirección al todo; que haga justicia, pues, al concepto de teoría en lugar de sacrificar simplemente la teoría; de que una teoría tal se ve compelida a conceptos especulativos. Solo que esos conceptos especulativos deben someterse también a aquella falibilidad de la que les dije, al comienzo de esta clase, que es indisociable de la esencia de la filosofía.

Lección 10
9/12/1965
Anotaciones

La alucinación del suelo seguro debe ser descartada allí donde la pretensión de verdad exige que uno levante vuelo. La diferencia entre esencia + fenómeno es <u>real</u>. P. ej. la <u>apariencia</u> de lo subjetivamente inmediato. Pero la esencia necesaria: ideología. – El elemento especulativo [es] el de la crítica de la ideología.

Fil[osofía] es fuerza de resistencia por el hecho de que ella no deja que su interés esencial la engatuse disuadiéndola de hacer algo, en lugar de hacerlo, resolviéndolo, aunque más no sea a través de un "no". – No desistir de eso era el momento de verdad del gran idealismo. Cuestionar diferencia entre esencia + fenómeno – lo archipositivista es <u>engaño</u>.

Fil[osofía] como resistencia necesita del <u>despliegue</u>, de la mediación.

Toda tentativa para decirlo inmediatamente recae, de acuerdo con las palabras de Hegel, en la profundidad vacía. Sobre el concepto de <u>profundidad</u> como un criterio de la fil[osofía]. – Por un lado, necesario; por otro, lo falso en él. A través del <u>palabrerío</u> acerca de la profundidad y el conjuro de palabras que suenan profundas, la fil[osofía] se torna tan poco profunda como se vuelve metafísica, por ejemplo, una imagen por reproducir visiones y ánimos metafísicos. – Imágenes como las impresionistas, que suprimen estrictamente tales cosas, pueden poseer el contenido metaf[ísico] más profundo. Tristeza de lo sensorial. Busoni [?].

La fil[osofía] solo participa de la profundidad en virtud de su aliento intelectual.

(8) La profundidad es un momento de la dialéctica, no una cualidad aislada. N.B. Nietzsche ha visto su carácter doble.

Contra la tradición alemana de una justificación del sufrimiento.

Sobre la dignidad del pensamiento no decide su resultado, es decir, no decide la confirmación de la trascendencia. La afirmación no es un criterio. Sobre el concepto de <u>sentido</u>.

Igualmente, la profundidad <u>no</u> es repliegue a la interioridad como si el repliegue hacia el mero ser para sí fuera el repliegue hacia el fundamento del mundo. "Los mansos del país". El para sí [es] abstracción, algo particular.

La medida de la profundidad hoy resistencia contra el balido del rebaño.

Profundidad significa: no contentarse con la superficie, literalmente: atravesar la fachada. – A esto pertenece también que no se esté satisfecho con algo que se las da de profundo, pero está <u>dado de antemano</u>. Tampoco con la teoría crít[ica].

Resistencia es aquello que no deja que le prescriban su ley los hechos dados; en esa medida, trasciende a los objetos en estrecho contacto con ellos.

En el concepto de profundidad está postulada la diferencia entre esencia + fenómeno; esta vale hoy como siempre.

(9) El exceso especulativo del pensar más allá de lo meramente existente es su libertad.

Razón: necesidad de expresión por parte del sujeto: permitir que el sufrimiento se exprese. Esta es la razón para toda profundidad. "me deja un dios que diga".

9/12/65

Acta de la lección

Anteayer les dije al menos alguna cosa sobre el momento especulativo. Les dije que también en la teoría de Marx, considerada prototípica para el materialismo, resultan visibles los factores especulativos; y había añadido a esto alguna cosa sobre la interrelación, a pesar de todo muy estrecha, que existe entre la teoría de Marx y el idealismo alemán, en especial en su forma hegeliana. Creo que habría que decir, sobre el problema de lo especulativo, que la alucinación del así llamado suelo seguro debe ser abandonada allí donde la pretensión de verdad exige que uno tome vuelo; en otras palabras: donde resulta que esto presuntamente último y absolutamente seguro no es en sí mismo algo último, sino mediado... y por ello tampoco es algo absolutamente seguro. Dejo de lado que una consecuencia del postulado de seguridad absoluta, que actúa de manera latente detrás del criterio antiespeculativo –que a través de, si ustedes quieren, su exageración idealista; es decir, por el hecho de que se le exige al concepto algo que realmente no puede cumplir, a saber: seguridad absoluta–, es que se le coloque al pensar una mordaza que le impide atreverse más allá de lo que tiene garantizado a través de los hechos presuntamente asegurados en cada caso. En esa medida, pues, precisamente conceptos tales como los de seguridad, facticidad, lo inmediatamente dado constituyen el objeto de la reflexión filosófica, no pueden ser presentados *a priori* ante el pensamiento como criterios. Y precisamente las reflexiones que están asentadas en la zona que se ocupa del carácter correcto o equivocado de aquellos criterios son aquellas que, vistas ingenuamente desde el punto de vista de la facticidad y de lo dado, aparecen como las reflexiones propias de la especulación. Al emplear la palabra "aparecen" arriba por primera vez, en el contexto de esta lección, a una diferencia que no es posible tomar con la suficiente seriedad y que, por cierto, si existe algo así como un criterio para lo que es filosofía y lo que no lo es, debe valer como tal; es decir: arribo a la distinción entre *esencia y apariencia*, que ha sido mantenida en casi todas las filosofías –a excepción de su crítica positivista y, por ejemplo, de ciertas invectivas de Nietzsche– a través de toda la tradición filosófica. Creo que es uno de los temas esenciales; yo habría dicho casi: una de las legitimaciones esenciales de la filosofía, que la distinción entre esencia y apariencia no se debe a la mera especulación metafísica, sino que es real. Si me permiten aducir aquí el modelo materialmente más inmediato para mí, el sociológico: diría que los modos de comportamiento subjetivos de los seres humanos en la sociedad contemporánea, en la medida en que dependen, en una dimensión que ni siquiera intuyen los seres humanos, de la estructura objetiva, deben ser comprendidos como meros fenómenos de dicha estructura. Es, pues, en otras palabras, la esfera de la inmediatez, con la que ante todo tenemos que vérnoslas siempre, y que por ende estamos siempre inclinados a considerar, en principio, como lo absolutamente seguro; pero que es, de hecho, en sí misma lo mediado, derivado y aparente y, por ello, inseguro. Por otro lado, esa apariencia es también *necesaria*, es decir: está en la esencia de la sociedad tanto producir los contenidos de conciencia que los sujetos poseen, como también lo está que los sujetos estén ciegos, que consideren lo que en ellos es solo mediado y determinado como la acción o la propiedad de su libertad y, en la medida de lo posible, como algo absoluto. Es posible decir, pues, que la conciencia inmediata de los seres humanos, como una apariencia socialmente necesaria, es, en una medida muy grande, *ideología*. Y cuando, en la conferencia sobre sociedad con la que abrí el seminario principal de Sociología, y que algunos de ustedes pudieron escuchar, dije que considero como la signatura de nuestra época que los propios seres humanos se conviertan tendencialmente en ideología,[183] quise decir exactamente eso. Cuando se me objetó a esto que, a través de ello, había hablado a favor de una teoría en la cual, por así decirlo, los seres humanos quedan abolidos, solo puedo realmente responder, en buen inglés norteamericano: *it's just too bad*. Querría decir con esto: esta abolición no se debe a la inhumanidad del pensamiento que de-

---

[183] Cf., en el artículo de enciclopedia "Sociología", de 1965, por ejemplo: "El efecto aglutinante que en su momento ejercieron las ideologías se ha infiltrado por un lado en las poderosísimas relaciones existentes en cuanto tales, por otro en la constitución psicológica de los hombres. Si el concepto del hombre, del que se trata, se convirtió en ideología porque los hombres se limitan a ser apéndices de la maquinaria, podría decirse entonces sin exagerar demasiado que en la situación presente serían literalmente los hombres mismos, en su ser-así y no-de-otro-modo, la ideología que se dispone a eternizar la vida falsa a pesar de su manifiesta absurdidad" (GS 8, p. 18 [*Escritos sociológicos I*, ob. cit., pp. 17 y s.; la traducción ha sido levemente modificada]).

signa esto, sino a la inhumanidad de la situación que ese pensamiento designa. Y me parece, si me permiten que haga nuevamente esta observación personal, muy preocupante que se desvaloricen constataciones que se sienten contrarias a los propios impulsos, por justificados y legítimos que sean, porque ellas, por así decirlo, no cuadran con los propios planes, en lugar de hacer el intento de incorporar esas reflexiones también en el propio plan y, posiblemente, también en las propias reflexiones sobre una praxis correcta. Pero digo esto solo al pasar. En todo caso –creo que esto resguardará de algunos malentendidos aquello que les dije sobre el concepto de lo especulativo–, opino que habría que equiparar el elemento especulativo, como el momento crítico que no se contenta con la fachada, con el elemento antiideológico; que, en todo caso, lo que entiendo por especulación, la posición de lo antiideológico, en lugar de limitarse a la constatación, está en una oposición muy marcada con los hábitos de una ciencia constatativa; pues el hábito de pensamiento dominante es, naturalmente, identificar la especulación con la ideología. Espero haber sido suficientemente claro, no solo a través de lo que les digo sobre este punto, sino a través de todo el contexto en el que aparecen estos pensamientos, a fin de mostrarles que la especulación, en una dialéctica negativa, ha de tener la función estrictamente opuesta y –me adulo con esto–, de hecho, la tiene.

Aprovecho esto para hacer una primera referencia a un estado de cosas del que hablaremos aún, a saber: que, en una dialéctica negativa, no aparecen simplemente todas las categorías dialécticas, aunque con el índice de la apertura; sino que, a través del viraje filosófico que tengo en mente, y que me esfuerzo en explicarles en esta lección, las categorías mismas se transforman en el plano del contenido en la misma medida en que se desplaza el concepto de especulación que originariamente era, de manera esencial, una categoría fundadora de sentido, mientras que, de acuerdo con lo que les expliqué, existe esencialmente para destruir la apariencia de sentido que usurpa lo meramente existente. La filosofía es la fuerza de *resistencia:* creo que no existe una definición de filosofía que no sea la de fuerza espiritual de resistencia; fuerza de resistencia por el hecho de que ella no deja que su interés esencial la engatuse, disuadiéndola; no se deja engatusar con hechos, en lugar de satisfacer sus necesidades esenciales, aunque más no sea mediante un "no" decidido, mediante la revelación de que es imposible cumplir con esas necesidades. Y no apartarse de esto, de esta necesidad, no dejarse disuadir de eso, sino persistir en eso: eso fue lo grandioso de las filosofías idealistas, que permitió que su forma sobreviviera a la de una falsa conciencia; y tenían esto, de manera nada contingente, en la distinción enfática entre esencia y apariencia. La diferencia entre esencia y apariencia, naturalmente, hoy en día es cuestionada de manera casi universal; la esencia es tratada rudamente, tal como ocurre por primera vez en Nietzsche; en Nietzsche, por lo demás, mucho más rudamente que en Marx, que era lo bastante hegeliano para retener siempre el concepto de esencia; la diferencia entre esencia y apariencia es hoy cuestionada. Pero considero que esta tentativa para cuestionar la diferencia entre esencia y apariencia es archiideológica, en la medida en que nos constriñe a aceptar los fenómenos de la apariencia, en vista de que detrás de ellos no habría nada más que lo que efectivamente son. Y en el momento en que ya no es posible ir más allá de ellos en el plano teórico, en el momento en que ellos deben ser aceptados teóricamente, en el fondo, justamente si uno se cerciora de tal conexión entre teoría y praxis, ya no hay posibilidad de ir más allá de ellos en la teoría. Pero si digo que la filosofía es resistencia, tienen que entenderme correctamente. "Resistencia" es, ante todo, una categoría de impulso, una categoría del modo de comportamiento inmediato. Si la filosofía sigue siendo tal; si la filosofía, pues, no puede hacer otra cosa que sacudir, en cierto modo, la cabeza y decir: "Estoy en contra, eso no me gusta", entonces una filosofía tal permanece en el ámbito de la contingencia del modo de reacción subjetivo, que debe ser penetrado por ella. Diría que, mientras este momento de resistencia aporte la idea o el impulso de la filosofía, esta resistencia, si no quiere permanecer ella misma irracional y, de esta manera, efímera o incluso falsa, no solo debe reflexionar sobre sí misma, sino que debe desplegarse en el contexto teórico. En la medida en que eso no ocurra, la resistencia desemboca en un decisionismo pobre y abstracto, en un tipo de decisión meramente arbitrario. Toda tentativa para expresar inmediatamente, por así decirlo, de manera súbita lo que la filosofía quiere decir –tal como tenía en mente aún Fichte en su primer principio, que, como se sabe, se caracterizaba por una extraordinaria vaciedad–[184] cae, según las palabras de Hegel, en la así llamada profundidad vacía.[185]

Creo que de esta manera puedo guiarlos hacia una discusión de este concepto de *profundidad* que incluso es, con toda seguridad, un tema de la filosofía. Si intento, en esta lección, volver evidente ante ustedes la esencia dialéctica de todas las categorías posibles, aparentemente aproblemáticas y obvias, desde el punto de vista de una así llamada conciencia ingenua, es decir, en una reflexión totalmente simple, esto quizás no puede ocurrir de mejor modo que si ustedes me siguen a través de unas reflexiones muy elementales sobre el concepto de pro-

---

[184] Alusión al § 1 del *Fundamento de toda la doctrina de la ciencia*, de 1794: "Debemos *buscar* el principio fundamental absolutamente primero, completamente incondicionado de todo saber humano. Si este principio fundamental debe ser el primero absolutamente, no puede ser ni *demostrado*, ni *determinado*. Debe expresar aquella *génesis* que ni se da ni se puede dar entre las determinaciones empíricas de nuestra conciencia, sino que más bien es el fundamento de toda conciencia, y solo ella la hace posible. [...] Si se piensa explicitar esta génesis en la cúspide de una *Doctrina de la ciencia*, he aquí los términos en los que tendría que expresarse: *El yo pone originariamente de modo absoluto su propio ser*" (Johann Gottlieb Fichte, *Fundamento de toda la doctrina de la ciencia*, introd., trad. y notas de Juan Cruz Cruz, Buenos Aires, Aguilar, 1975, pp. 41 y s. y p. 47).

[185] Hegel emplea varias veces esta formulación; cf. por ejemplo en la *Fenomenología del espíritu* sobre la "obra de arte viva": "El pueblo que se acerca a su dios en el culto de la religión del arte es el pueblo ético, y sabe a su Estado y a las acciones de este como la voluntad y el llevarse a cabo de él mismo. [...] Por lo cual, lo único que el culto de la religión de esta esencia simple y sin figura les devuelve a los suyos es, en general, esto: que son el pueblo de su dios; tan solo les proporciona su subsistencia y su substancia simple como tal. Mas no su sí-mismo efectivo, el cual, antes bien, ha quedado desechado. Pues ellos honran a su dios en cuanto profundidad vacía, no en cuanto espíritu" (G. W. F. Hegel, *Fenomenología del espíritu*, ob. cit., p. 821).

fundidad. Es, ante todo, muy acertado decir que la filosofía necesita de una cosa, o de un modo de comportamiento, o de una dimensión (como sea que quieran denominar esto) como la profundidad. Un comportamiento que no es profundo; es decir, un comportamiento que no se da por satisfecho con los hechos más próximos sin seguir horadando, sin la insistencia del "¿Qué es esto? ¿Por qué esto? ¿Qué significa esto?", puede ser todo lo posible en el mundo, pero con toda certeza no es un comportamiento filosófico. En esa medida, uno no puede deshacerse en filosofía del criterio de profundidad; un criterio, por cierto, rara vez explícito, pero sostenido *de facto* una y otra vez. Y a aquel que no tenga subjetivamente la cualidad del que horada, del que insiste, del que no se da por satisfecho, desde el vamos no le resulta solo ajena la filosofía, sino que realmente le ha sido denegada. Por otro lado, a todos ustedes, tal como me sucede a mí, al emplear la palabra "profundidad" les sobrevendrá una especie de malestar. Esa expresión, "profundidad", tiene una resonancia de lo farisaico. En la medida en que, como persona que filosofa, uno la eleva a criterio y trata de apropiarse de ella, ha asumido ya, en cierto modo, una especie de posición elitista. Uno es, entonces, justamente el profundo, y los otros, que no hacen esto, son los superficiales. Y si uno ha maniobrado las cosas para colocarse en una situación tal, uno se siente, en general, muy contento, aun cuando los resultados de una profundidad tal no sean en absoluto tan regocijantes. Pero no basta con eso. En este concepto de profundidad, precisamente entre nosotros, en Alemania, está contenida también otra cosa, que le da a uno todas las razones para tener cautela y reserva frente a un concepto de cuya necesidad, por otro lado –como intenté al menos sugerirles–, uno no está dispensado. Si uno se remonta a Leibniz, el concepto de profundidad ha experimentado una peculiar conexión con la idea de teodicea,[186] con

---

[186] El problema de la teodicea, de una justificación del Dios creador en vista del mal y de los males en la creación y del sufrimiento de las criaturas, aunque no fue ignorado por la Antigüedad griega ni por la Biblia, es conectado en general con los *Essais de théodicée sur la bonté de Dieu, la liberté de*

la idea de una justificación del sufrimiento. Es indudable que la profundidad tiene algo que ver con el sufrimiento; que ella es el pensar

---

l'homme et l'origine du mal (1710), de Leibniz. Este argumenta que "hay una infinidad de mundos, de los que es necesario que Dios haya elegido el mejor, pues él no hace nada sin actuar siguiendo la suprema razón. Algún adversario, al no poder responder a este argumento, responderá quizás a la conclusión por un argumento contrario, diciendo que el mundo habría podido existir sin pecado y sin sufrimientos; pero niego que en ese caso hubiese sido mejor. [...] Así, si el menor mal que sucede en el mundo no tuviera lugar, ya no sería ese mundo que, todo calculado, todo compensado, ha sido encontrado como el mejor por el creador que lo ha elegido" (Gottfried Wilhelm Leibniz, *Essais de théodicée*, París, Félix Alcan, 1900, p. 93). Aún no llegaba a dominar la discusión, como observó irónicamente Fritz Mauthner, el sistema del optimismo de Leibniz cuando quedó nuevamente concluido por el terremoto de Lisboa (cf. también NaS IV-13, pp. 273 y s.). El *Candide* (1759) de Voltaire y el tratado de Kant "Sobre el fracaso de todos los intentos filosóficos en la teodicea" (1791) fueron las constataciones literarias de este final. Aunque Hegel intentó rescatar la teodicea al elevar la historia universal al rango de "una teodicea, una justificación de Dios" (cf. G. W. F. Hegel, *Lecciones sobre la filosofía de la historia universal*, pról. de José Ortega y Gasset, trad. de José Gaos, Madrid, Alianza, 1999, p. 370), el negro pesimismo de Schopenhauer tenía todas las evidencias de su lado: "Este mundo, teatro de los dolores de criaturas atormentadas y angustiadas, que subsisten a condición de devorarse unas a otras, y entre las cuales cada animal carnicero es una tumba viviente de millares de otros animales y debe su conservación a una serie de martirios; este mundo, donde después, con la inteligencia, crece la facultad de padecer, llegando en el hombre a su grado más alto, tanto más elevado cuanto más inteligente es el hombre, este mundo es el que se quiere explicar por medio del optimismo, presentándolo como el mejor de los mundos posibles. El absurdo es evidente" (Arthur Schopenhauer, *El mundo como voluntad y representación*, trad. de Eduardo Ovejero, Madrid, Aguilar, 1930, pp. 1136 y s.). Esto remite a los siglos XVIII y XIX; en el XX escribió Adorno, recordando el terremoto de Lisboa: "la visible catástrofe de la primera naturaleza fue de poca monta comparada con la segunda, social, que se sustrae a la imaginación humana por cuanto preparó el infierno real a partir de la maldad humana. La capacidad para la metafísica está paralizada porque lo que ocurrió le destruyó al pensamiento metafísico especulativo la base de su compatibilidad con la experiencia" (GS 6, p. 354 [*Dialéctica negativa*, ob. cit., pp. 331 y s.]). Por mucho que los teó-

que no niega el sufrimiento, sino que lo mira a los ojos. Pero si ustedes arrojan una mirada a la historia, precisamente, del espíritu alemán, encontrarán que este momento de sufrimiento que está contenido en la profundidad, en toda profundidad filosófica, ha sido empleado de un modo peculiarmente apologético y, por ende, muy problemático. Digo *en passant*: cuando planteo estas consideraciones acerca de la profundidad, no me dedico aquí a algo así como una definición formal de ese concepto, sino que intento explicitarles –y, por cierto, en su carácter antitético– lo que ha correspondido históricamente a un concepto tal y lo que también se piensa, a propósito de él, cuando no se lo dice de manera expresa. Si no se perciben esos armónicos en la filosofía, seguramente hay en ello una falta mayor y, en general, aún más peligrosa para nosotros que si solo se captan de manera confusa los conceptos y no se sabe exactamente qué hay que entender por ellos. En los conceptos, hay que saber con exactitud, pero hay que saber con exactitud precisamente eso que, en los propios conceptos, no es exacto: este es uno de los artilugios doctorales que tiene que incorporar la filosofía, junto con muchos otros. Se trata, pues, de esa tradición alemana que se conecta con expresiones del tipo de la "Ilustración trivial" o del "optimismo trivial", y que ha encontrado realmente su síntesis tradicional en el concepto de lo trágico. Respecto de lo cual querría señalar que lo profundamente cuestionable consiste ya en que una categoría estética como la de lo trágico es traspuesta sin más a la realidad y a la convivencia entre los seres humanos, y a la relación ética que los seres humanos mantienen entre sí. Así puede, ha de ser realmente superficial todo pensar que toma en serio la felicidad, y ha de ser profundo un pensar que se apropia de la negación, de la negativi-

---

ricos, y entre ellos algunos tan íntegros como Tillich, puedan seguir formulando la pregunta por la teodicea (cf. Paul Tillich, *Systematische Theologie I/II*, 8ª ed., reproducción fotomecánica, Berlín-Nueva York, 1987, vol. I, pp. 309 y ss.): filosofar después de Auschwitz es posible aún solo en cuanto dialéctica negativa; la filosofía de Adorno no puede ser malamente caracterizada, sin más, como antiteodicea.

dad, y la concibe como algo positivo, le concede sentido. Los sorprenderá quizás que precisamente en el contexto de una dialéctica negativa se polemice contra esa tendencia a la hipóstasis de la negatividad; pero así de dialécticas son las cosas en el mundo. Creo que la posición que intento explicitarles no podría ser expresada más claramente que por el hecho de que ella no está dispuesta a avalar el concepto de la tragicidad, es decir, el concepto de que todo lo que existe, en función de su finitud, también merece su muerte, y que esta muerte es, al mismo tiempo, la garantía de su infinitud; digo que hay pocas cosas, en el pensar tradicional, a las que me sepa tan enfrentado como a esto. Digo, pues, que el concepto de profundidad, que desemboca en la teodicea del sufrimiento, es él mismo un concepto superficial. Es superficial porque, mientras hace como si contradijera la demanda de felicidad sensible superficial, un tanto banal, en realidad solo se apropia y trata de enaltecer como algo metafísico a lo que, de todos modos, es el curso del mundo; es superficial porque refuerza la negación, la muerte, la represión como una esencia inevitable de las cosas..., mientras que todos esos momentos tienen, sin duda, mucho que ver con lo esencial, pero son algo evitable, algo que debe ser criticado; en todo caso, la estricta antítesis de aquello con lo cual tiene que identificarse en verdad el pensamiento. Creo que es el mérito imperecedero de Schopenhauer, por más que uno se sitúa críticamente, en lo demás, frente a su filosofía, el hecho de que precisamente en ese punto –es decir, en el punto en el que él ha roto con la teodicea del sufrimiento y la ha aniquilado– haya que decir que Schopenhauer se ha liberado de la ideología de la tradición filosófica; aunque él, en otros momentos, ante todo en la abstracción en la que aparece en él el concepto de sufrimiento, tenga bastante que ver, bien lo sabe Dios, con esa ideología.[187]

---

[187] Hay que pensar ante todo en el ademán de la filosofía de Schopenhauer como un todo, pero también en un pasaje como el siguiente de los "Apéndices al cuarto libro" de *El mundo como voluntad y representación*: "Por doquier, los profesores de filosofía tratan de resucitar y de glorificar hoy en

La profundidad que tiene que perseguir la filosofía, permítanme agregar aquí de inmediato, no puede seguramente ser conquistada haciendo que la filosofía tenga la palabra "profundidad" en la boca y adopte modos de comportamiento profundos que ella suele aducir como propios, en oposición a otros supuestamente superficiales. En especial, son tales las cosas –creo que no es en realidad posible decirlo en Alemania, aquí y ahora, con el énfasis suficiente– que el parloteo sobre la profundidad, y la conjura de palabras que suenan profundas, no le garantiza profundidad a la filosofía, así como un cuadro no obtiene contenido metafísico por el hecho de reproducir estados de ánimo metafísicos de alguna clase, o incluso procesos metafísicos; o que un poema obtiene contenido metafísico por el hecho de que, en él, se habla acerca de estados de cosas metafísicos, o de asuntos de fe, o de las opiniones o modos de comportamiento religiosos de los personajes en él representados. Podría decirse, en general, exactamente lo contrario en términos estéticos: que las estructuras tienen tanto más contenido metafísico, en términos objetivos, cuanto menos discuten o representan este contenido metafísico. Y

---

día las simplezas de Leibniz, al par que procuran desacreditar y descartar a Kant todo lo que pueden. Y no se conducen así a humo de pajas, pues obedecen a la razón del *primum vivere*. [...] ¡Pero *primum vivere, deinde philosophari*! ¡Muera Kant, viva Leibniz! – Volviendo a este, he de declarar que no puedo reconocer a su teodicea –larga y metódica exposición del optimismo– otro mérito que el de haber dado origen al inmortal *Cándido*, del gran Voltaire, aunque esta circunstancia venga a comprobar, de un modo completamente inesperado para Leibniz, la excusa que da este cuando trata de justificar la existencia de los males del mundo diciendo que el mal engendra a veces el bien. El nombre que Voltaire puso a su héroe indica que, para profesar doctrinas contrarias al optimismo, no se necesita más que ser sincero. Tan triste papel hace el optimismo en el teatro del pecado, del dolor y de la muerte, que no podríamos menos de tomarlo por una ironía, si [...] las fuentes de esta doctrina que descubrió Hume (que son la adulación hipócrita y una fe obsesiva en la eficacia de esa adulación) no nos explicasen suficientemente cómo ha podido nacer esta concepción del mundo" (Arthur Schopenhauer, *El mundo como voluntad y representación*, ob. cit., p. 1138).

me parece que en la filosofía no son diferentes las cosas, aunque no ignoro la diferencia que existe, obviamente, por el hecho de que la filosofía debe reflexionar sobre su contenido, es decir, debe convertir a su contenido de verdad, si ustedes quieren, en su contenido objetivo; un desiderátum que no vale del mismo modo, obviamente, para el arte. Pero, para darles solo un ejemplo, si ustedes consideran, digamos, la pintura de finales del siglo XIX, hay allí una suerte de pintura metafísica, tal como fue representada en Francia, con enorme influencia, por Puvis de Chavannes, tal como fue representada por los prerrafaelitas ingleses y tal como apareció luego, finalmente, en su escoria en la pintura del Jugendstil alemán, degradándose hasta el nivel de Melchior Lechter y otras figuras similares. Allí son elaboradas, pues, las *Revelaciones junto a la fuente mística*[188] y otros temas parecidos, y, si es posible decirlo así, las cosas se pusieron muy animadas ahí. Creo que basta con haber contemplado con una cierta imparcialidad un gran cuadro impresionista, en el que no aparece nada semejante; y basta con haber visto alguna vez tales cuadros con un cierto –sí, si me permiten la expresión– órgano metafísico para que a uno se le dé a conocer a partir de eso, por ejemplo, un determinado vacío de la felicidad sensorial, una determinada melancolía de la felicidad sensorial que se le presenta a uno a partir de esa imagen; o una expresión de tristeza proveniente de una esfera que se presenta como una esfera de placer; o las infinitas tensiones que existen entre el mundo técnico y los residuos de naturaleza en

---

[188] No fue posible localizar una obra con ese título. [En realidad, *Die Weihe am mystischen Quell* (La consagración junto a la fuente mística) fue un cuadro de unos seis metros de largo que pintó Lechter entre 1897 y 1903 para la Sala Pallenberg del Kunstgewerbemuseum de Colonia, que fue inaugurada el 25 de junio de 1902. El cuadro, considerado la obra más importante de Lechter, era un tríptico en el que aparecía el poeta Stefan George bebiendo el agua de la fuente mística. La sala se incendió, con todos sus contenidos, durante un bombardeo de los aliados el 29 de junio de 1943. Se conservan solo algunos cartones y heliograbados esbozados para la obra en el Westfälisches Landesmuseum de Münster; N. del T.].

los que han sido insertados... Todos esos problemas, que son realmente problemas metafísicos, seguramente les saltarán a la vista a partir de cuadros como los más importantes de Manet, a quien considero un genio metafísico del más alto rango, pero también de los cuadros de Cézanne, por ejemplo, o de Claude Monet, y también algunos de Renoir. Creo que hay, de hecho, en la filosofía algo similar; se lo ve, por ejemplo, en la manera en que Nietzsche se cierra frente a la introducción positiva de cualquiera de las ideas así llamadas metafísicas; y en la violencia con que su pensar consuma la negación de esas ideas, se les hace a estas un honor infinitamente mayor que cuando se las celebra con el estilo de los oradores festivos guillerminos, tal como puede verse –si uno deja de lado a Nietzsche– en toda la filosofía oficial de Alemania entre 1870 y 1914. Y diría que aún hoy son tales las cosas que cuanto más una filosofía –y pienso aquí en Heidegger– se siente, por así decirlo, temáticamente a gusto con los objetos profundos, tanto más concienzudamente nos aleja de lo que en realidad le ha sido encomendado a través del desiderátum de profundidad, es decir, a través del desiderátum de tomar en serio tales ideas.

Podría decirse, pues, que pertenece esencialmente al concepto de profundidad el hecho de que la insistencia del pensamiento niegue la profundidad tradicional promedio. Y la idea de una secularización radical de los contenidos teológicos, la única en la que es posible buscar algo así como su salvación, se aproxima mucho a un tal programa de profundidad. Sobre la dignidad del pensamiento no puede decidir su resultado. No puede decidir sobre si asoma allí algo afirmativo, afirmador, un así llamado sentido. En cambio, si se mide a la filosofía a partir de eso y se dice que solo una filosofía en la que el sentido sea postulado como positivo es profunda; pero que una filosofía que pone en cuestión un sentido tal se da por contenta con la mera fachada de la vida y renuncia a la interpretación, entonces esto es superficial por el hecho de que ningún ser humano puede anticipar si justamente aquella afirmación del sentido no está ella misma al servicio de la fachada, es decir, al servicio de la confirmación de lo que existe; y en cuanto tal, inclusive, si lo existente posee un sentido, precisamente por ello se encuentra ya justificado. Y, yo diría, el esfuerzo o la resistencia del pensamiento consiste precisamente en rechazar una tal tesis inmediata de que la mera existencia posee un sentido. Asimismo, la profundidad tampoco puede ser algo así como aquella clase de repliegue en la interioridad que, evidentemente, en Alemania ejerce una especie de fuerza de atracción imposible de extirpar y que hoy, por ejemplo, en la esfera de nuestras escuelas –me refiero a las escuelas no en el sentido de las escuelas filosóficas, sino a la escuela a la que son enviados los niños y los que ya no son niños–, este concepto errado de profundidad como mera interioridad, unido a la representación acerca de la "vida sencilla" que uno debe llevar si se ha replegado en su mera interioridad, cumple un papel directamente funesto. Y si no quisiera otra cosa que inducir a aquellos de ustedes que quieran o deban ser alguna vez docentes a desarrollar la más extrema desconfianza frente a *esa* representación de profundidad que está vinculada con el nombre del señor Wiechert,[189] y a ver que aquí no se trata de profundidad, sino de

---

[189] Alusión al escritor Ernst Wiechert (1887-1950), autor de la novela *Einfaches Leben* [Vida sencilla] (publicada en 1939; luego en: Ernst Wiechert, *Sämtliche Werke in 10 Bänden*, vol. 4, Viena, 1957), a la que se hace referencia en la oración anterior. Wiechert, que no puede quizás despacharse de manera tan sencilla, durante el Tercer Reich renegó de sus poco apetitosos comienzos "populares" y fue uno de los opositores personalmente más valientes a los nazis, y admitió casi voluntariamente su detención en un campo de concentración (cf. Ernst Wiechert, *Der Totenwald. Ein Bericht*, Zúrich, 1946; *Sämtliche Werke*, vol. 5). Su obra posterior, ante todo la novela en dos volúmenes *Die Jerominkinder* [Los hijos de Jeromin] (1945, 1947; *Sämtliche Werke*, vol. 5), es uno de los pocos testimonios honorables de una emigración "interna". De todos modos, no es posible atenuar la crítica de Jean Améry a Wiechert: "un anhelo de *vida sencilla*, que él no solo trata de comunicarnos en la obra publicada con este título, sino en todos sus otros escritos, era el entusiasmo realmente clásico del veraneante que no conoce el menesteroso tartamudeo de un viejo campesino como lo que es –una estólida incapacidad para la articulación–, sino, antes bien, como una sabiduría áureamente madurada.

artículos de saldo, y que esa profundidad de los mansos del país[190] en realidad es confeccionada a medida y se encuentra tan estandarizada como cualquier producto de la industria cultural; si al menos hubiera despertado la conciencia de ustedes sobre eso, entonces creería ya que los enrevesados caminos por los cuales los conduje hasta aquí no han sido un atrevimiento totalmente inútil.

Creo que solo necesito recordarles un concepto como el de los mansos del país para que adviertan en qué termina esta clase de profundidad, a saber: en un mero desvío, frente al cual, realmente y con toda energía, es válida la comprensión de Hegel, como la de Goethe, de que la profundidad no supone la inmersión en el mero sujeto que encuentra dentro de sí, al replegarse en sí mismo, meramente una "profundidad vacía", sino que la profundidad es inseparable de la capacidad de enajenación. Si uno es profundo, entonces puede realizar eso en lo que hace y en lo que produce; y la profundidad de sí mismo como un sujeto aislado puede, por cierto, ser bastante buena para que él se sienta como perteneciente a una élite, y, por cierto, en general a una élite en decadencia y en riesgo, pero, con toda certeza, esa profundidad no tiene ninguna sustancia; si la tuviera, podría justamente realizar esa

---

Wiechert creía, con toda seriedad [...], que la tierra 'cura todas las heridas'" (Jean Améry, *Bücher aus der Jugend unseres Jahrhunderts*, prefacio de Gisela Lindemann, Stuttgart, 1981, p. 45).

[190] Originariamente, una designación que los pietistas se aplicaban a sí mismos; cf. por ejemplo en *Poesía y verdad*: "Así nacieron esas sectas de separatistas, pietistas, hugonotes, los *mansos del país*, según solían llamarlos y denominarlos, pero que tenían todos simplemente la intención de aproximarse más a Dios, sobre todo por conducto de Cristo, de lo que parecía permitirles la forma adoptada por la religión oficial" (Johann Wolfgang von Goethe, *De mi vida. Poesía y verdad*, en *Obras completas*, vol. 5, p. 34; la traducción ha sido levemente modificada). El término es aplicado justificadamente por Adorno al desconcierto del personal ligado a Wiechert. [La expresión aparece en el salmo 35; así se denominaron a sí mismos también los integrantes del círculo del predicador laico Gerhard Tersteegens (1697-1769), que vivían en "mansa segregación, adoración, oración, meditación y ensimismamiento", y que seguían una orientación afín al pietismo reformado; N. del T.].

enajenación. Pues el individuo que se cultiva a sí mismo como un absoluto y como la garantía de la propia profundidad es incluso una mera abstracción, es una mera apariencia frente al todo. Y con esto se corresponde demasiado bien el hecho de que los contenidos que él encuentra y percibe dentro de sí como algo absolutamente existente para sí en realidad no son de ningún modo algo absolutamente propio de él, sino solo un resto colectivo, solo la escoria de la conciencia universal; una forma más antigua, diría, de la degradación que solo se diferencia de su forma actual por el hecho de que aún no está a la altura de esta forma actual de degradación. Me refiero, pues, a que la medida de profundidad significa hoy resistencia y, por cierto, resistencia contra el balido del rebaño. Y por balido no pienso de ningún modo solo en el "Yeah! Yeah!",[191] que es, diría, en cuanto balido manifiesto y, si se lo ha de llamar así, en cuanto balido consciente de sí mismo, una forma relativamente inocente. Sino que pienso, antes bien, en la resistencia contra todas aquellas formas enmascaradas y más peligrosas del balido para cuya descripción fisonómica espero haberles ofrecido al menos algunos modelos en *Jerga*. Profundidad no significa realmente contentarse con la superficie, sino atravesar la fachada. Y a eso corresponde también que uno no se dé por contento con ningún pensamiento dado, por más que este se dé aires de profundidad; y ante todo que uno no considere el propio ticket, la propia consigna, la propia pertenencia a un grupo como la garantía de la verdad, sino que también se enfrente a lo que le es propio con la fuerza despiadada de la reflexión, sin insistir en eso como si uno lo tuviera en la mano de una vez por todas y de manera segura. Cuando sobreviven tales modos de comportamiento, ante todo en la identificación con colectivos, diría yo, llevan aún las

[191] Simplemente, un término *slang* para "yes"; desde comienzos de la década de 1960, una especie de contraseña, en un comienzo, para los *beat* –el rock inglés por entonces emergente–; luego, para enteras generaciones de jóvenes y para la "escena pop" que pronto asumió dimensiones internacionales; cf., por ejemplo, la acumulación asindética de "yeah" en una canción del repertorio de los Beatles: "She loves you / yeah, yeah, yeah / she loves you / yeah, yeah, yeah".

huellas de lo totalitario, incluso cuando, de acuerdo con su propia forma manifiesta, se presentan muy contrapuestos a las visiones del mundo totalitarias. La resistencia es aquello que no deja que le prescriban su propia ley los hechos supuesta y concretamente dados. Y, en esa medida, la resistencia trasciende los objetos en estrecho contacto con ellos.

En esa medida, sin embargo, en el concepto de profundidad –y por eso conecté lo que quería decirles sobre esto con la distinción entre esencia y apariencia– está postulada asimismo la diferencia entre esencia y apariencia, y hoy más que nunca. Seguramente, el concepto de profundidad tiene aún algo que ver con aquel momento que, en la última clase, denominé ante ustedes el momento especulativo. Creo que, sin especulación, no existe algo así como la profundidad; debería ser en alguna medida claro que, de otra manera, la filosofía se degrada a mera descripción. Este exceso especulativo del pensar respecto de aquello que meramente es, respecto de lo meramente existente, es el momento de libertad en el pensar; y, como solo él es responsable de la libertad, como él es la minúscula pieza de libertad que realmente tenemos, es al mismo tiempo también la *felicidad* del pensar. Es el momento de la libertad porque, en él, la necesidad de expresión del sujeto atraviesa las representaciones convencionales y canalizadas en las que se mueve, y de esa manera se hace valer. Y este atravesar los límites impuestos a la expresión desde el interior, *y* este atravesar la fachada de la vida en la que uno se encuentra: estos dos momentos deberían ser los mismos. Lo que les describo ahora sería la profundidad filosófica, considerada subjetivamente; es decir, no como la justificación o el moderantismo del sufrimiento, sino como la *expresión del sufrimiento* que, en la medida en que se convierte en expresión, al mismo tiempo concibe al propio sufrimiento en su necesidad. Filosofía es, en cierto sentido, aquello que Georg Simmel, con razón, echaba de menos en la mayoría de los filósofos,[192] a saber: con-

---

[192] No fue posible localizar la referencia. Cf. también en la versión impresa de *Dialéctica negativa*: "Los conceptos aporéticos de la filosofía son marcas de lo objetivamente, no meramente por el pensamiento, irresuelto. Echar a la ca-

ceder lenguaje al sufrimiento del mundo, expresarlo; algo que, en general, se percibe muy poco en la filosofía. Y la frase de Tasso según la cual si el ser humano enmudece en su tormento, un dios le deja *a él* decir lo que sufre,[193] es realmente una conexión, una conexión inmediata entre poesía y filosofía.

---

zurra tozudez especulativa la culpa de las contradicciones desplazaría esta; la vergüenza ordena a la filosofía no reprimir la intelección por Georg Simmel de que es asombroso lo poco que a su historia se le notan los sufrimientos de la humanidad" (GS 6, p. 156 [*Dialéctica negativa*, ob. cit., pp. 148 y s.]).

[193] "Solo una cosa queda: / el llanto que nos da Naturaleza, / el grito de dolor, cuando sufrirlo / no puede el hombre ya. Y a mí sobre esto / me dejó la armonía y la palabra / con que lamente mis profundos males. / Y si al hombre enmudece el sufrimiento / me deja un dios que diga lo que sufro" (Johann Wolfgang von Goethe, *Torquato Tasso*, en *Teatro selecto*, trad. de Fanny Garrido, Buenos Aires, Argonauta, 1944, pp. 303-410; aquí: V acto, esc. 5, p. 410).

ANOTACIONES DE LAS LECCIONES 11 A 25

Sobre la teoría de la experiencia intelectual
(extracto)

(9) Pues el sufrimiento es el ímpetu de la objetividad que pesa sobre el sujeto; lo que este experimenta como lo más subjetivo suyo, su expresión, está mediado objetivamente. Esto puede ayudar a explicar que, para la filosofía, su expresión no le es [11] indiferente y externa, sino inmanente a su idea; su momento expresivo integral, de carácter aconceptual-mimético, solo puede expresarse a través de la exposición –el lenguaje–. La libertad de la filosofía no es otra cosa que la capacidad de contribuir a que se profiera su no libertad. Si el momento expresivo se arroga ser algo más que esto, degenera en visión del mundo; cuando renuncia al momento expresivo y a la obligación de exponer, se coloca al nivel de la ciencia, sobre la cual debe reflexionar y más allá de la cual debería pensar su reflexión. Expresión y rigurosidad no son posibilidades dicotómicas de la filosofía. Se necesitan mutuamente, ninguna existe sin la otra; la expresión es liberada de su contingencia a través del pensar –a partir del cual se desarrolla, así como el pensar es desarrollado a partir de la expresión–; el pensar se torna concluyente recién a través de su expresión, la exposición verbal; lo que ha sido dicho de manera laxa ha estado siempre mal pensado. En la expresión, se le impone a lo expresado la rigurosidad; la expresión no es un fin en sí mismo que se obtiene a expensas de lo expresado, sino que lo salva de la enajenación cósica, que, por su parte, constituye un objeto de la crítica filosófica. La filosofía especulativa sin basamento idealista exige la fidelidad a la rigurosidad con vistas a romper con los abusos autoritarios del idealismo. Benjamin, cuyo esbozo originario sobre los Pasajes unía una capacidad especulativa incomparable con la

Lección 11

(9) Lo más subjetivo, la expresión, está objetivamente mediado; precisamente a través del sufrimiento, en el que está contenida la forma del curso del mundo.

De ahí que, a la fil[osofía], su <u>expresión</u> *no le sea externa, sino inmanente a su idea. La fil[osofía] sin exposición elimina su momento de expresión esencial.*

Solo la exposición hace justicia al momento mimético, al polo opuesto al conceptual.

Permite que se exprese la no libertad. — Sonnemann:[194] no hay fil[ósofo] importante que no sea un escritor importante. Pero no hay que hipostasiar la expresión.

Como momento positivo, aislado, la expresión degenera en visión del mundo. Lo <u>consagrado</u>. *O: el estilo librado a sí mismo, autonomizado.*

<u>Sin</u> *expresión qua exposición, la fil[osofía] es colocada al nivel de la ciencia. Lo filisteo. A partir de aquí, crítica de la fil[osofía] académica.*

---

[194] El filósofo, científico social y psicoanalista Ulrich Sonnemann (1912-1993) conoció a Adorno en 1957; en una anotación autobiográfica, comentó: "1966, amistad con Th. W. Adorno". Adorno juzgó lo siguiente, en 1969, sobre la obra principal de Sonnemann, *Negative Anthropologie. Vorstudien zur Sabotage des Schicksals* [Antropología negativa. Estudios preliminares para el sabotaje del destino]: "El lenguaje del nuevo libro de Sonnemann, punto culminante de una evolución muy intensa, y también marcada por la autocrítica, es de la máxima densidad, alérgico a lo banal, a lo que nada con la corriente. En interés de su tema, en todas partes se resiste a lo que la fraseología corriente llama comunicación. La fuerza de esta resistencia no es en este lenguaje menor que en el pensamiento, ambos verdaderos mediadores uno de otro.

proximidad micrológica a los contenidos factuales, en una correspondencia sobre el primer estadio, auténticamente metafísico, de aquel trabajo, juzgó, en una fase ulterior (10), que él solo podía llevarse a cabo en cuanto "'ilícitamente' poético".* Esta capitulación designa tanto la dificultad de la filosofía que no quiere divagar como el punto en el cual su concepto debe seguir siendo desarrollado. Esa afirmación debe ser puesta en relación con [12] la adopción dogmática y, en esa medida, por otro lado, como visión del mundo, de un materialismo dialéctico inmovilizado. Pero el hecho de que Benjamin no pudiera avanzar en la redacción definitiva de la teoría de los Pasajes advierte sobre el hecho de que la filosofía solo tiene una *raison d'être* allí donde se expone al fracaso total, como respuesta a la seguridad absoluta con la cual tradicionalmente se nos embauca. El derrotismo de Benjamin frente al propio pensamiento estaba condicionado por un resto de positividad no dialéctica que él arrastró desde la fase teológica, sin modificación alguna en cuanto a la forma, hasta la fase materialista. La equiparación hegeliana de la negatividad con el sujeto, con el pensamiento, que quiere resguardar a la filosofía de la positividad de la ciencia tanto como de la contingencia de lo singular, tiene su núcleo de experiencia. Pensar, ya en sí y antes de todo contenido particular, es negar, es resistencia contra lo que se le ha impuesto; esto ha conservado el pensar de su arquetipo, la relación del trabajo con su material. Si la ideología hoy incita más que nunca al pensamiento hacia la positividad, ella registra ladinamente que precisamente esta positividad es contraria al pensar y que necesita de la amigable exhortación por parte de la autoridad social (11) a fin de adiestrar al pensamiento para la positividad. El esfuerzo implícito en el propio concepto del pensar, como contraparte de la intuición pasiva, es ya su negatividad, una sublevación en contra de lo que cada inmediatez

---

* Walter Benjamin, *Briefe*, ed. y anotado por Gerschom Scholem y Theodor W. Adorno, Frankfurt, 1966, p. 686 (16/8/1935, a Gretel Adorno) (nota de Adorno).

Expresión + rigurosidad no son posibilidades dicotómicas. Se necesitan mutuamente, ninguna existe sin la otra.

La expresión es liberada de su contingencia a través del pensar, la expresión es mala en cuanto mera inmediatez. El pensar es también concluyente en la expresión. Sobre esto, Hegel. – Realizar la expresión significa volverla rigurosa, en ella se realiza la rigurosidad. – Pensar equivale a buscar la expresión correcta.

A la inversa, la expresión es el correctivo de la cosificación de la rigurosidad, que se autonomiza respecto de la presencia subjetiva.

Fidelidad a la rigurosidad requiere de la expresión con vistas a desbaratar su abuso ideológico, el poder despótico del automatismo intelectual.

(10) *Contra la contaminación con lo poético. Los esbozos de Benjamin sobre los Pasajes.*[195]

Para los especialistas positivistas, este lenguaje sería demasiado ensayístico, y para los periodistas, demasiado difícil y exigente: confirmación de su verdad" (GS 20.1, p. 263 [*Miscelánea I*, ob. cit., p. 264]).

[195] Su trabajo sobre los Pasajes, planeado como su obra principal –cuyo propósito era ofrecer la protohistoria de la Modernidad, leer lo recientemente pasado como todavía preso del mito–, fue iniciado por Benjamin en 1927, cuando comenzó a anotar ideas y frutos de lecturas de manera desordenada, a manera de diario, bajo el título de "Pasajes de París". Sobre la base de estas primeras anotaciones surgieron, en los años siguientes, los "Esbozos tempranos": gérmenes aún inconexos para una redacción de aquel ensayo, "Pasajes de París, un cuento de hadas dialéctico", que el autor tenía en vista durante el primer estadio de su trabajo. Benjamin responsabilizó retrospectivamente por la interrupción de su trabajo en el otoño de 1929, ante todo, a cuestiones de exposición: su "carácter rapsódico", la "configuración ilícitamente 'poética'" a la que se creía por entonces obligado eran quizás incompatibles con un trabajo que, al mismo tiempo, debía tener "como tema los intereses históricos decisivos de nuestra generación". Benjamin estaba convencido de que estos intereses se encontraban solo superados en el materialismo histórico. Luego Benjamin atribuyó el final de su "filosofar descuidadamente arcaico, natural", que definía a la obra de los Pasajes durante el primer estadio, a las conversaciones, caracterizadas históricamente por él mismo, con Horkheimer y Adorno; ambos habrían insistido en que no era posible tratar seriamente sobre el siglo XIX sin tomar en consideración

le exige aceptar pasivamente. Juicio e inferencia, las formas del pensar de las que tampoco puede prescindir la crítica del pensar, contienen dentro de sí embriones críticos; su determinidad es siempre, al mismo tiempo, exclusión de lo no alcanzado por ellas, y la verdad que ellas pretenden alcanzar de acuerdo con la forma niega como no verdadero lo que no está marcado por la identidad. El juicio según el cual algo es así descarta potencialmente que la relación entre sujeto y predicado pueda ser expresada en una forma diferente a la del juicio [13]. Las formas del pensar aspiran a ir más allá de lo meramente existente, "dado". Esto inspira a Hegel; solo que él arruinó esto, por su parte, a través de la tesis de la identidad, que equiparaba la presión de lo existente con el sujeto. La resistencia que, en la forma del pensar, se dirige en contra de su material, no es solo el dominio de la naturaleza vuelto espiritual. Mientras el pensar hace violencia a aquello sobre lo cual ejerce sus síntesis, cede al mismo tiempo a un potencial que reside en aquello que se le enfrenta y obedece sin conciencia a una idea de *restitutio in integrum* a partir de los fragmentos que él mismo produjo con sus golpes; ese elemento sin conciencia se torna consciente para la filosofía. Al pensar irreconciliable se une la esperanza de reconciliación, ya que la resistencia del pensar ante lo que meramente es, la violenta libertad del sujeto, también se refiere a aquello que fue sacrificado en el objeto a través de la constitución del objeto en objeto.

El peligro de capitulación en su rechazo: adopción de un materialismo inmovilizado y, a través de ello, no dialéctico.

Detrás del derrotismo filosófico, un resto de positividad no dialéctica, arrastrado desde la fase teológica de B[enjamin] hasta la materialista.

La equiparación hegeliana de la negatividad con el sujeto —contra la positividad de la ciencia y la contingencia del individuo— tiene su núcleo experiencial. Pensar es, antes de todo contenido particular, negar, resistencia (de ahí el momento del <u>esfuerzo</u>, que diferencia al pensar de la receptividad. En esto se asemeja el pensar a su arquetipo, el trabajo; también este es al mismo tiempo negativo).

Positividad <u>en sí</u>, lo postulado, lo así existente, contrario al pensar.

(11) Todas las operaciones lógicas, juicio e inferencia, contienen dentro de sí embriones críticos; la determinidad de las formas lógicas es exclusión de lo no alcanzado por ellas. Lógica del "tercero excluido" como negación.

La verdad que las formas lógicas pretenden eo ipso niega *como no verdadero lo que no está marcado por la identidad. Pensar es* a priori *crítica.*

"Negatividad implícita": el juicio de que algo es así excluye potencialmente que la relación entre sujeto y predicado sea expresada de un modo diferente que en el juicio. La negatividad implícita debe tornarse explícita.

Las formas del pensar quieren a priori *ir más allá de lo meramente existente, dado. Síntesis es negación.*

La resistencia del pensar contra su material <u>no</u> es solo dominio de la naturaleza que se ha vuelto espiritual.

---

el análisis del capital hecho por Marx. En 1934 emergió, pues, una concepción modificada del proyecto sobre los Pasajes. El "nuevo rostro" que este ahora asumía estuvo marcado ante todo por las "nuevas y profundas perspectivas sociológicas" que desde entonces definieron al trabajo, que debió quedar en fragmento. Cf. también GS 10.1, pp. 247 y ss. [*Crítica de la cultura y sociedad I*, ob. cit., pp. 216 y ss.]; Rolf Tiedemann, *Mystik und Aufklärung. Studien zur Philosophie Walter Benjamins*, prefacio de Theodor W. Adorno, Múnich, 2002, pp. 220 y ss.; Rolf Tiedemann, Christoph Gödde y Henri Lonitz, *Walter Benjamin 1892-1940. Eine Ausstellung des Theodor W. Adorno Archivs in Verbindung mit dem Deutschen Literaturarchiv*, 3ª ed., Marbach am Neckar, 1991, pp. 259 y ss.

Mientras sus síntesis hacen violencia al objeto, al mismo tiempo lo siguen en ese potencial latente.
Apunta sin conciencia a una idea de restitutio ad integrum[196] *a partir de los fragmentos que él mismo produjo con sus golpes; fil[osofía] es la conciencia de este factor no consciente.*
¿Estímulo[? ¿Naturaleza? ¿Utopía?] Al pensar irreconciliable se une la esperanza en la reconciliación.

14/12/65

---

[196] La expresión *restitutio ad* (o *in*) *integrum* tal vez se mantenga aún solo en la medicina, en la que hace referencia a la recuperación plena después de la enfermedad. Originariamente, el concepto procede del vocabulario jurídico romano y significaba la cancelación de una condena o, en el derecho civil, la anulación de efectos jurídicos ya producidos. Adorno, por cierto, emplea el concepto en el sentido teológico que posee, por ejemplo, en Benjamin, quien, en su *Fragmento teológico-político* dice que "a la *restitutio in integrum* de orden espiritual, que introduce a la inmortalidad, corresponde otra de orden mundano que lleva a la eternidad de una decadencia" (Walter Benjamin, *Discursos interrumpidos I*, pról., trad. y notas de Jesús Aguirre, Madrid, Taurus, 1989, p. 194). De acuerdo con la teología de Tillich –distante no solo de Adorno– se encuentra, en el trasfondo, una antítesis que es posible perseguir en la historia del pensamiento cristiano: por un lado, "la amenaza de la muerte, que excluye de la vida eterna"; por el otro, "la certeza de estar arraigado en la vida eterna y, por ende, pertenecer a ella". "La primera concepción es defendida por Agustín, Tomás y Calvino; la segunda, por Orígenes, Schleiermacher y el universalismo unitario. El concepto teológico del que se trata en esta discusión es el de la 'restitución de todas las cosas', la *apokastasis panton* de Orígenes. Con ella se hace referencia a que todo lo temporal regresa a lo eterno, de lo cual procede. En la antítesis entre la fe en la redención de los individuos y la fe en la redención universal se muestra la tensión entre estas ideas mutuamente contradictorias y su importancia práctica" (Paul Tillich, *Systematische Theologie III*, trad. de Renate Albrecht e Ingeborg Henel, Berlín-Nueva York, 1987, p. 469). El hecho de que Adorno hable, en el contexto de la *restitutio*, de "fragmentos" producidos por los "golpes" puede ser una evocación de la cabalá luriana, de la "doctrina del así llamado *schebirath ha-kelim*, la 'ruptura de los recipientes', y la doctrina del *tikkún*, de la sanación o restitución de la 'mácula' producida a través de la ruptura" (Gershom Scholem, *Die jüdische Mystik in ihrem Hauptströmungen*, Frankfurt, 1957, p. 291).

(11) Si es posible interpretar como el deseo oculto para ella misma, en la generación de filósofos a la que pertenecían Bergson y Husserl, evadirse del hechizo de la inmanencia de la conciencia y del sistema, y si fracasó la evasión según el parámetro de la rigurosidad, correspondería, a una filosofía que rememore aquella tradición de la que se libera, consumar de manera efectiva la evasión hacia lo que Hölderlin llamaba "lo abierto" (12). Si alguna vez la filosofía crítica arrebató la *intentio recta* de su dogmatismo ingenuo a través de la reflexión subjetiva, en un segundo movimiento de la reflexión debería reconquistar la *intentio recta* despojada de aquella ingenuidad; pues toda forma de subjetividad presupone siempre, a su vez, la objetividad, como quiera que esta se encuentre determinada; una objetividad que es la única que debe fundar esto según el modelo de la *intentio obliqua*, o que ha de garantizarlo para el conocimiento. La filosofía tendría que reflexionar sobre objetos sin modelarlos por anticipado según sus reglas de juego congeladas en una mala obviedad. La concreción que el pensar filosófico [14] proclamó programáticamente en las primeras décadas del siglo XX era ideología porque ella disecaba siempre los elementos concretos a través de su concepto genérico y luego los glorificaba cómodamente como dotados de sentido. La segunda reflexión, en cambio, tiene que desarrollar críticamente los procesos de abstracción ocultos en los elementos concretos; elementos que, por su parte, han sido delineados de manera sumamente concreta por la legalidad abstracta de la sociedad. Por otra parte, tiene que perderse, sin reserva mental, en los detalles, sabiendo que aquello que es algo más que la materialidad

Lección 12

(11) La evasión tanto desde la inmanencia de la conciencia como desde el sistema buscada en vano por Husserl y Bergson debe ser consumada de manera efectiva, debe llegar a lo "abierto", para emplear la expresión (12) favorita de Hölderlin.[197]

Reconquistar la intentio recta *a través de la segunda reflexión, pues el sujeto presupone siempre aquella objetividad, como quiera que se encuentre determinada, que es la única que debe constituir* more philosophorum. *Dar aquí el argumento central. Yo existiendo, abstracción.*

Diferencia entre el concepto *de lo concreto y lo concreto mismo (extraer esto de* Interpolación*).[198] *La segunda reflexión tiene que desarrollar, frente a esto, los procesos de abstracción ocultos en la concreción.*

Por otro lado, perderse sin reserva mental en los detalles.

Realizar el "Volver a las cosas", que en Husserl son siempre solo estructuras noéticas-noemáticas; mis trabajos materiales son el intento de

---

[197] Cf. el ensayo de Adorno sobre Hölderlin, *Parataxis*: "El mundo del genio es, con la palabra preferida de Hölderlin, lo abierto y como tal lo familiar, ya no preparado y por tanto alienado: '¡Ven, pues! miremos lo abierto / busquemos algo propio por lejos que esté'" (GS 11, p. 488 [*Notas sobre literatura*, ob. cit., p. 469]; cita: Hölderlin, "Pan y vino", vv. 41 y s.).

[198] Confuso; no puede tratarse de la interpolación 12a (cf. *infra*, p. 243), ya que su ubicación fue fijada de manera inequívoca. La segunda versión de la introducción tiene la marginalia: "Aquí quizás la interpolación sobre *el concepto* de lo concreto y de lo comprendido por él mismo" (Vo 13406 y Vo 13366), que ha sido tachada en la tercera versión. Cf., sin embargo, GS 6, pp. 82 y s. [*Dialéctica negativa*, ob. cit., pp. 79 y s.].

de los detalles solo debería emerger en ellos, y no por encima ellos. El "volver a las cosas" que Husserl se limitó a proclamar debería ser consumado sin que las cosas sean sustituidas por sus categorías epistemológicas. Aquí no se trata de salir a la caza del espejismo de una filosofía sin conceptos, como se sintió atraído a hacerlo Benjamin cuando, en su fase tardía, planeaba el texto sobre los Pasajes como un montaje de citas. No hay construcción de los detalles sin concepto enfático. La diferencia respecto de la filosofía tradicional es la tendencia de la orientación. Aquella tenía como ideal implícito la elevación a concepto. De acuerdo con ese ideal eran elegidos y preformados sus materiales. En lugar de esto, los conceptos deberían ser reunidos para (13) iluminar, en su constelación, lo carente de concepto.

consumar la dialéctica negativa desarrollada aquí desde arriba —por ello, de manera errónea—.

(13) Una vez más: idea de dial[éctica] neg[ativa]: iluminar lo carente de conceptos mediante la constelación de conceptos.

16/12/65

(13) El objetivo –inalcanzable como cualquiera que se proponga el pensamiento, en tanto no pase a la praxis– sería que la filosofía surja de lo individual tomado literalmente. Los conceptos, sin embargo, de los que la filosofía debe servirse, si no quiere confundir la acción arbitraria con lo realizado, así como las preguntas que ella les plantea a los detalles, son algo que ella recibe del estado actual de la tradición, pero no los fija χωρίς de los objetos, sino que los introduce en estos, harta de la ilusión de que, en el mero ser para sí de los conceptos, posee el en sí. Ella tendría que confrontar el estado de la propia tradición [15], sin embargo, con el estado histórico real. La teoría no sería ya subsunción, sino la relación entre los momentos conceptuales. Tiene su centro en la disolución de lo indisoluble o, según la expresión de Karl Heinz Haag, en lo "irrepetible". La teoría es presupuesta y empleada a fin de abolirla en su forma usual. El ideal de su forma modificada sería su extinción. La orientación hacia lo no asegurado es más riesgosa que la de una dialéctica abierta o inconclusa. Esta ya no puede indicar correctamente, después de la extirpación del principio de identidad lógico-metafísico, qué es lo que motiva realmente el movimiento dialéctico de la cosa, así como el del concepto. No se hace justicia, en ella, al momento de verdad negativo de la dialéctica idealista, la *machine infernale* objetiva de la que querría salir la conciencia –y no solo esta–. No puede esperar esa salida ignorando esa dialéctica, sino únicamente concibiéndola. Hegel tiene que seguir siendo defendido frente al obsoleto reproche del "chaleco de fuerza de la dialéctica". Es el chaleco de fuerza

Lección 13

(13) Camino desde abajo hacia arriba, análisis. "Salvación del empirismo".

Aquí, la problemática es proporcionada tanto por el estado actual de la tradición como por el estado histórico real de la fil[osofía]. No χωρίς de la experiencia.

Teoría presupuesta y empleada para abolir su forma usual.

El ideal de su extinción.

Más que solo "dialéctica abierta", que sería la heredada, solo que sin la pretensión de ser cerrada. – Diferencia <u>cualitativa</u>. En la dialéctica neg[ativa] se transforman las <u>categorías</u>. Modelo: síntesis. Esta ya no es considerada como lo más elevado. "El todo es lo no verdadero".[199]

En ella [esto es: la "dialéctica abierta"] no se hace justicia al momento de verdad negativo de la dialéctica negativa, la machine infernale[200] <u>objetiva</u> de la que querría salir la conciencia.

El carácter coercitivo no debe ser ignorado, sino concebido.

"Chaleco de fuerza de la dialéctica": chaleco de fuerza del mundo.

---

[199] Cf. la frase de Adorno, dirigida contra Hegel, en *Minima Moralia*, GS 4, p. 55 [*Minima Moralia*, ob. cit., p. 48]; pero también NaS I-1, p. 290, nota 42.

[200] Máquina infernal. Así reza el título de un drama de Jean Cocteau (1934); cabe pensar, de todos modos, que Adorno, que sentía una cierta admiración por Cocteau –antes de 1933 tuvo intenciones de hacer una composición sobre el monodrama *La voix humaine*– no pensó en la paráfrasis moderna de la materia edípica que ha hecho Cocteau, en la cual la mitología es tratada como máquina infernal.

del mundo. Lo abierto no puede ser pensado sino a través de la conciencia no amortiguada acerca del encierro, de la esencia depravada.

(14) Con esto queda caracterizada la relación con el sistema. La especulación tradicional ha buscado sintetizar la multiplicidad –representada por ella, sobre base kantiana, como caótica– a través del principio filosófico; finalmente, ha tratado de desarrollarla como unidad a partir de sí misma. Esto pone patas para arriba el estado de cosas. El *télos* de la filosofía, lo abierto y no asegurado, su libertad para interpretar los fenómenos con los que se enfrenta sin armadura, es antisistemático. Pero la filosofía tiene que respetar el sistema, en la medida en que lo que le es heterogéneo se le enfrenta como sistema. En dirección a esa rígida sistematicidad se mueve el mundo administrado. Sistema es la objetividad negativa [16], no el sujeto positivo. Tras una fase histórica que relegó a los sistemas, en tanto estos tratan seriamente acerca de contenidos, al ominoso reino de la poesía intelectual y en que solo quedó, del sistema, la pálida sombra del esquema de ordenamiento, resulta difícil representarse vivamente lo que alguna vez impulsó al espíritu filosófico hacia el sistema. Según la crítica de Nietzsche, este documentaba, al final, tan solo la excesiva puntillosidad erudita que compensaba la impotencia política mediante construcciones conceptuales acerca de su poder absoluto sobre el ente. Pero la necesidad sistemática: la de no contentarse con los *membra disiecta* del saber, sino conquistar el saber absoluto, cuya aspiración es formulada involuntariamente ya en la perentoriedad de cada juicio individual, fue alguna vez algo más que la seudomorfosis del espíritu en el irresistible método de la matemática y las ciencias naturales.

Pensar lo abierto solo a través de la conciencia no amortiguada acerca del encierro.

(14) <u>Sistema</u>. El sistema idealista pone patas para arriba el estado de cosas.

Télos *de la fil[osofía] es lo abierto, lo no asegurado.*

El sistema que ella imagina producir como sujeto absoluto lo deriva del <u>objeto</u>.

Lo <u>correcto</u> en la idea de sistema: no tener predilección por los membra disiecta *del saber, sino avanzar en dirección al todo –aunque el todo consista en ser la no verdad–.*

6/1/66

(14) Desde el punto de vista de la historia de la filosofía, los sistemas –ante todo, los del siglo XVII– tienen un objetivo compensatorio. La misma *ratio* que, en consonancia con el interés de la clase burguesa, había aplastado el orden feudal y su forma de reflexión espiritual, la ontología escolástica, sintió de inmediato, frente a los escombros, su propia obra, miedo al caos de lo que persiste, amenazante, bajo su ámbito de dominio y que se intensifica en proporción con su propia potencia. Aquel miedo marcó, en sus comienzos, el modo de comportamiento, constitutivo del pensar burgués a través de los siglos, que consiste en neutralizar cada paso hacia la emancipación mediante la ratificación del orden. A la sombra de la incompletitud de su emancipación, la conciencia burguesa debe tener el temor de ser apropiada por una conciencia más avanzada; intuye que esa conciencia, al no ser la libertad completa, solo produce la caricatura de esta; por eso, debe elevar teóricamente su autonomía a sistema; un sistema que, al mismo tiempo, se asemeja a sus mecanismos coactivos. La *ratio* burguesa [17] se dedicó a producir a partir de sí misma el orden que había negado afuera. Pero, en cuanto producido, ya no era un orden y, por ende, era insaciable. Ese orden absurdo, racionalmente postulado, era el sistema; algo postulado que aparece como ser en sí. Tuvo que buscar su origen en el pensar formal escindido de su contenido. Solo en virtud de tal escisión pudo ejercer su dominio sobre el material. En el sistema filosófico, esa perspectiva se entretejió con su imposibilidad; esta condenó la historia temprana de los sistemas a la aniquilación de uno por el otro. La *ratio*, que, para realizarse como sistema, eliminó

Lección 14

(14) El objetivo <u>compensatorio</u> de los sistemas: ratio, *que había destrozado el orden feudal y su forma de reflexión espiritual, sentía al mismo tiempo (15), frente a los escombros, miedo ante el caos; así como la burguesía lo siente <u>políticamente</u> ante el caos que persiste, amenazante, bajo su propio dominio y que se intensifica en una medida proporcional a su propia violencia. La emancipación incompleta teme a la más completa.*

Lo que proclama la libertad y no es la libertad completa produce solo su imagen deformada y difama a la real. Por eso, en el plano teórico, tiene que exagerar su autonomía convirtiéndola en sistema que, al mismo tiempo, se asemeja a sus mecanismos de coacción.

La ratio *burguesa finge producir a partir de sí misma el orden que había negado en cuanto transubjetivo y, sin duda, en gran medida según el modelo de la vieja* ratio *(Descartes y la escolástica). En cuanto producido, ya no es un orden y, por lo tanto, es insaciable. Lo postulado no es un ser en sí, y solo en cuanto tal podría ser el sistema algo más. En cuanto <u>sistema</u>, es decir, en cuanto conjunto intelectual, no puede ser justamente un ser en sí.*

Debe buscar su origen en el pensar formal escindido de su contenido: solo a través de esto puede ejercer <u>dominio</u> sobre su material.

En el sistema, se entreteje ya su perspectiva con su imposibilidad; de ahí que uno devore al otro. La historia dialéctica de la filosofía es la de su propia negatividad.

La ratio, *en cuanto sistema, debe aniquilar virtualmente las determinaciones cualitativas de aquello a lo que se refiere.*

virtualmente las determinaciones cualitativas de aquello a lo que hacía referencia, entró en un antagonismo irreconciliable con la objetividad a la que le hacía violencia mientras fingía concebirla. La *ratio* se distanciaba tanto más de la objetividad cuanto más plenamente la sometía a sus axiomas; finalmente, al único axioma de la identidad. La puntillosidad excesiva de todos los sistemas, hasta las prolijidades arquitectónicas de Kant y aun de Hegel –que son tan inconmensurables con su programa– son los jalones de un fracaso condicionado *a priori* y registrado con incomparable honestidad en las fracturas del sistema kantiano. Eso que, en lo que ha de concebirse, retrocede ante la identidad del concepto es lo que obliga a este concepto a actuar en forma grotescamente exagerada a fin de que no haya dudas en cuanto al carácter cerrado y riguroso del producto del pensar. La gran filosofía estaba poseída por el celo paranoico que le impide, a la reina en "Blancanieves", tolerar, aún en las fronteras del reino, a un ser más bello –un ser diferente– que ella misma; y ella se obstina en perseguirlo con toda la astucia de su (16) razón, mientras que esto otro constantemente se sustrae a la persecución.

La ratio *elimina lo que quiere concebir: esta es la antinomia del sistema. La puntillosidad excesiva es su estigma. A propósito de esto, excurso sobre las cualidades* * 12a

[Interpol. 12a*:] Sobre lo cualitativo.
La reducción de las cualidades a cantidad –el hecho de tornar dominables los procesos sociales y naturales– es equiparada con el progreso del conocimiento qua *progreso del propio objeto.*
Pero justamente este proceso, como un proceso de abstracción, se <u>distancia</u> *de las cosas.*
Y es en sí falso porque, en el intercambio, las cualidades no desaparecen simplemente, sino que al mismo tiempo son retenidas.
A un proceso social liberado del intercambio le caerían en suerte las cualidades.
Doble posición ante ellas hoy. Ni tenerlas inmediatamente, de manera romántica, "vida", ni sancionar su desaparición.
Es <u>también</u> *apariencia social. [Fin de la interpolación]*

Eso que, en lo que debe concebirse, retrocede ante la identidad del concepto, es lo que obliga a este concepto a actuar en forma grotescamente exagerada a fin de que no haya dudas en cuanto a la ausencia de lagunas. N.B. las actuaciones arquitectónicas de Kant.
Gran fil[osofía] tuvo siempre los celos paranoicos que llevaron a la reina de "Blancanieves" a asegurarse de que no hubiera ni siquiera en las fronteras de su reino alguien más bello –simplemente <u>diferente</u>*– que ella misma.*
Ella persigue a esto otro con toda la astucia de su razón, mientras que esto otro se sustrae una y otra vez a la persecución.

11/1/66

(16) El más ínfimo resto de no identidad bastaba para desmentir toda la identidad [18]. Las excentricidades de los sistemas, desde la glándula pineal cartesiana y los axiomas de Spinoza, en los que ya ha sido introducido por bombeo el racionalismo total que él luego extrajo de manera deductiva, patentizan, en su no verdad, la verdad sobre los propios sistemas, la locura de estos. El proceso, sin embargo, en el que los sistemas se desintegraron en virtud de su propia insuficiencia, tiene su contrapunto en un proceso social. La *ratio* burguesa, en cuanto principio de intercambio, aproximó de manera real a los sistemas, con un éxito creciente, aunque potencialmente criminal, eso que buscaba que fuese conmensurable consigo misma, dejando cada vez menos cosas afuera. Lo que, en la teoría, demostró ser vano fue reivindicado irónicamente por la praxis. De ahí que se haya convertido crecientemente en ideología el palabrerío sobre la crisis del sistema, que una generación después de Nietzsche se tornó popular también entre todos aquellos que, una vez que se tornó obsoleto el ideal de sistema, no podían dejar de darse aires de un profesionalismo cargado de rencor frente al *aperçu*. La realidad ya no debe ser construida, ya que debería ser construida demasiado concienzudamente; y su irracionalidad, que se refuerza bajo la presión de la racionalidad particular –la desintegración a través de la integración– aporta pretextos para eso. Si la sociedad fuera calada en cuanto sistema cerrado y, por ello, no reconciliado con los sujetos, no sería tolerada por estos, en la medida en que aún sigan siendo sujetos. El carácter de sistema de la sociedad, ayer el *shibboleth* de la filosofía escolar, debe ser negado afanosamente

Lección 15

(16) Las excentricidades y puntillosidades excesivas de los sistemas dicen la verdad sobre estos: cicatrices de la no resolución; la resolución es forzada a través de una fabricación. Es como si aquello que, en las cosas, se le escapa al pensar, parodiado en el pensar, emergiera como el propio carácter cósico de este.

Lo <u>desquiciado</u> de los sistemas (referencia a Freud). Ya en Platón, en la representación de un tratamiento matemático de la moral.

Desintegración de los sistemas es el contrapunto de un desarrollo social. La ratio *burguesa, en cuanto principio de intercambio, hace que la <u>realidad</u> se acerque cada vez más al sistema; deja cada vez menos cosas afuera. El sufrimiento causado por esto: claustrofobia espiritual. Por eso, lo antisistemático se convierte en ideología complementaria.*

Lo que, en la teoría, demostró ser vano fue reivindicado por la praxis. El mundo se volvió tan coercitivo y árido como antes lo fueron los sistemas.

Como antaño los sistemas, hoy el juicio condenatorio sobre ellos se torna cada vez más ideológico. Es ya totalmente trivial estar en contra del sistema.

La realidad ya no debe ser construida, ya que ella debe ser construida demasiado concienzudamente. Cuanto más abstracto es el mundo, tanto más se da la filosofía aires de concreción.

Este rechazo puede apoyarse en la desintegración hermanada con la integración.[201] *La sociedad totalmente fusionada ya no puede ser racional. Realización del principio de equivalencia.*

---

[201] Idea clave de Adorno para el desciframiento de la sociedad capitalista tardía, tal como fue desarrollada durante los últimos decenios de vida del autor; un libro planeado por Adorno, que habría contenido su teoría sobre la

por sus adeptos; estos deben actuar allí como si fueran portavoces de un pensar libre, original, de ser posible no académico. Semejante abuso no anula la crítica del sistema.

Si la sociedad fuera calada como el sistema que es, ya no sería tolerada por sus integrantes forzados.

La afirmación de que no es un sistema quiere hacernos creer que es aún vida. Aquel que niega el sistema, también aparece aún como portavoz de un pensar libre, no académico.

Por ende, doble posición frente al sistema. (Su <u>negación</u> fue un motivo del Jugendstil, complementario de los reaccionarios sistemas tardíos).

Esto no anula la <u>crítica</u> del sistema.

13/1/66

---

sociedad contemporánea, debía llevar el título *Integración como desintegración*; en otros momentos, también pensó en *Integración-desintegración*.

(16) La proposición común a toda filosofía enfática –en oposición a la escéptica, que se sustrae a ese énfasis– según la cual la filosofía solo es posible como sistema no es menos perjudicial para ella que las orientaciones empiristas. Aquello sobre lo cual ella debería juzgar de manera convincente es decidido por anticipado mediante el postulado de su perspectiva. (17) [19] El sistema, la forma de exposición de una totalidad para la cual nada es externo, postula al pensamiento como absoluto frente a cada uno de sus contenidos y volatiliza el contenido en pensamientos: es idealista antes de toda argumentación a favor del idealismo.

Pero la crítica a esto no liquida simplemente el sistema. No solo es adecuada su forma al mundo que, según su contenido, se sustrae a la hegemonía del pensamiento. Unidad y unanimidad son, al mismo tiempo, la proyección falsa de un estado reconciliado, ya no antagónico, sobre las coordenadas del pensar dominante, represivo. El doble sentido de la sistematicidad filosófica no deja otra elección que trasponer la fuerza del pensamiento, emancipada de los sistemas –en comparación con los cuales el pensar no sistemático, hasta llegar a Nietzsche, siempre mostró algo de débil e impotente–, a la determinación abierta de los momentos individuales. Esto era pretendido tendencialmente por el método de la lógica hegeliana. La reflexión sobre las categorías individuales debía producir, sin consideración hacia algo encasquetado sobre ellas desde arriba, aquel movimiento de cada concepto hacia el otro cuya totalidad significaba, para Hegel, el sistema. Solo que este sistema, en lugar de cristalizarse recién con posterioridad, ya estaba pensado de

Lección 16

(16) La proposición según la cual la fil[osofía] solo es posible como sistema no es menos perjudicial para la filosofía que el empirism[o] más profundamente antifilosófico.

El sistema es la <u>decisión por anticipado</u> de aquello sobre lo cual debería juzgar primeramente de manera convincente la fil[osofía]; mediante el postulado de su perspectiva.

(17) El sistema postula al pensamiento como absoluto frente a todo contenido, volatiliza tendencialmente cada contenido en pensamientos; es idealista <u>antes</u> de toda argumentación a favor del idealismo.

Pero una crítica tal no liquida simplemente al sistema.

No solo a causa de su adecuación con este mundo.

Unidad y unanimidad son, al mismo tiempo, la proyección falsa de un estado reconciliado, ya no antagónico, sobre las coordenadas del pensar dominante, despótico.

El doble sentido del sistema no permite otra elección que trasponer la fuerza del pensamiento, una vez emancipada de los sistemas, a la determinación de los momentos individuales. Lo individual representa al todo que <u>no</u> se tiene.

Referencia a lo débil e impotente de las filosofías no sistemáticas en comparación con los grandes sistemas. En el fondo, el empirismo no es en absoluto posible en cuanto <u>filosofía</u>; esto se muestra en su propia falta de persuasión. Más superficial aunque, en cierto sentido, más verdadero; pero los sistemas tienen más de verdad en su forma distorsionada. Cuando el empirism[o] es fil[osofía], tiende a ser un sistema subjet[ivo].

antemano de forma implícita y, por tanto, obtenido subrepticiamente en cada determinación individual. Debía ser despojado de tales apariencias; había que realizar lo que Hegel solo prometió: la inmersión no consciente, por así decirlo, de la conciencia en los fenómenos frente a los cuales toma posición; y de esta manera, por cierto, se alteraría cualitativamente la dialéctica. La unanimidad sistemática se desmoronaría. El fenómeno dejaría de ser lo que siguió siendo y lo que Hegel no quiere que sea: ejemplo de su concepto. (18) Eso demanda del pensamiento más trabajo y esfuerzos de lo que Hegel llamó como tales [20], por el hecho de que, en Hegel, el pensamiento siempre explicita solamente, en sus objetos, lo que él mismo ya es en sí. A pesar del programa de la exteriorización [*Entäußerung*], el pensamiento permanece obcecadamente junto a sí mismo, se limita a una repetición monótona, por mucho que proclame lo contrario. Si el pensamiento se exteriorizara realmente en la cosa, el objeto comenzaría a hablar por sí mismo bajo la insistente mirada del pensamiento.

Por lo demás, el empirismo clásico solo en <u>apariencia</u> es antisistemático; en verdad, estrechamente emparentado con la teoría kantiana de las categorías (Kant).

Está implícito en Hegel cómo debe conducirse la filosofía en la aporía de empirism[o] + sistema: reflexión de las categorías en sí, sin consideración a un todo impuesto sobre ellas desde afuera.

Este es el sentido del movimiento <u>inmanente</u> del concepto.

Aquí el sistema, por cierto, en lugar de cristalizarse, ya está siempre allí detrás de las bambalinas.

Aquí habría que recuperar, pues, seriamente la exigencia de Hegel <u>en contra de él</u>.

Por así decirlo, inmersión no consciente de la conciencia en los fenómenos. Esto es lo que se pretende decir con: "Solo son verdaderos los pensamientos que no se comprenden a sí mismos".[202] *El pensamiento que se comprende a sí mismo ya va más allá de sí y, en esa medida, es <u>no verdadero</u>. De esta manera se transforma cualitativamente la dialéctica.*

La unanimidad sistemática se desmorona.

El fenómeno ya no sería, virtualmente, lo que aún sigue siendo en Hegel, a pesar de la protesta de este: ejemplo de un concepto. La tarea de la dialéctica negativa, ante todo, es <u>desplegar</u> esta transformación cualitativa.

(18) *A través de ello, se demanda al pensamiento <u>más</u> trabajo y esfuerzo que en el sistema, donde a pesar de todo repite de manera monótona. No es a través de ello más sencillo, más discrecional, como lo pretende el prejuicio académico.*

Si el pensamiento verdaderamente se exteriorizara, el objeto comenzaría a hablar <u>por sí mismo</u>. Esfuerzo de la fantasía; la mayor resistencia contra esto —la resistencia racionalizada—.

18/1/66

---

[202] Aforismo de *Minima Moralia*, cf. GS 4, p. 218 [p. 192].

(18) En esa medida, el ideal de la filosofía es la interpretación, que era tabú para su concepto tradicional. Hegel objetó, contra la teoría del conocimiento, que uno solo forjando se hace herrero; en la consumación del conocimiento con lo que le presenta resistencia, con lo ateórico. En esto, hay que tomar a Hegel al pie de la letra; solo eso le devolvería a la filosofía la libertad que ella había perdido, bajo el hechizo del concepto de libertad, a manos de la autonomía del sujeto postuladora de sentido. La filosofía tenía su sustancia en lo individual y particular, que toda su tradición trata como *quantité négligeable*. La capacidad especulativa de hacer explotar lo indisoluble es la capacidad de negación. Solo en ella sigue viviendo el impulso sistemático. Las categorías de la crítica fuera del sistema son, al mismo tiempo, aquellas que conciben lo particular. Lo que alguna vez, en el sistema, sobrepasó legítimamente lo individual tiene su sitio en lo no asegurado. La mirada que percibe, en el fenómeno, más de lo que este meramente es, y solo por percibir más de lo que meramente es, seculariza la metafísica. Solo los fragmentos en los que termina la filosofía harían justicia a las mónadas proyectadas de manera ilusoria por el idealismo: las representaciones, en lo particular, de la totalidad irrepresentable en cuanto tal. El pensamiento, entretanto, que no puede hipostasiar algo positivo fuera de la consumación dialéctica, va más allá del objeto con el que ya no finge ser idéntico [21]; se vuelve más independiente que en la concepción de su absolutidad, en la que se fusionan lo soberano y lo sumiso, cada uno en sí dependiente del otro. Quizás apuntaba a esto la exención kantiana de la esfera inteligible respecto

Lección 17

(18) En esa medida, el ideal de la filosofía es la <u>interpretación</u>, que, de acuerdo con el concepto tradicional, era tabú. A partir de la <u>interpretación</u> de fenómenos es posible aprender qué es la fil[osofía].

La crítica de Hegel a la teoría del conocimiento: la afirmación de que esta no puede ser disociada de la consumación del conocimiento (uno solo forjando se convierte en herrero),[203] *debe ser tomada al pie de la letra.*

La fil[osofía] tiene su sustancia en lo individual y particular que ella –a pesar de los votos de Hegel a favor de lo concreto– siempre trató solo como quantité négligeable.

Capacidad especulativa: hacer explotar lo indisoluble. Hacerlo explotar <u>en el sentido negativo</u>; <u>no</u>, como en Hegel, lo antidialéctico, la negación de la negación.

En dicha capacidad continúa viviendo el impulso especulativo.

Las categorías de la crítica al sistema son las mismas que conciben lo particular.

---

[203] Así también en *Dialéctica negativa*: "Hegel había objetado a la teoría del conocimiento que solo forjando se hace uno herrero, en la consumación del conocimiento de lo que se le opone, de lo por así decir ateórico" (GS 6, p. 38 [p. 37]). En Hegel solo se encontró el siguiente pasaje, de la *Historia de la filosofía*: "Lo que se postula es, en realidad, esto: conocer la facultad cognoscitiva antes de conocer. En efecto, el investigar la facultad de conocer no es otra cosa que conocerla; sería difícil decir cómo es posible conocer sin conocer, intentar apoderarse de la verdad antes de la verdad misma. Es la historia del σχολαστικός quien no quería lanzarse al agua antes de saber nadar" (G. W. F. Hegel, *Lecciones sobre la historia de la filosofía*, ob. cit., vol. III, p. 334).

de toda inmanencia. Este excedente del pensamiento no coincide con la micrología dialéctica. (19) La inmersión en lo individual, la inmanencia dialéctica intensificada al extremo, necesita, como un momento suyo, también de la libertad de salir del objeto; libertad que es amputada por la pretensión de identidad. Hegel habría sido el último en aprobar esto: él confiaba en la mediación plena en los objetos. En la praxis del conocimiento, en la disolución de lo indisoluble, sale a la luz el momento de tal trascendencia del pensamiento en el hecho de que el desciframiento de lo indisoluble, la micrología, solo dispone de medios macrológicos. Sin duda, el concepto clasificatorio bajo el que se deja subsumir no abre lo opaco; pero sí lo hace la constelación de conceptos que el pensamiento constructivo aporta a esto, poco más o menos como los candados de una caja de seguridad bien resguardada no son abiertos a través de una sola llave o un solo número, sino únicamente a través de una combinación de números. La filosofía se convertiría de nuevo en víctima de la armonía preestablecida de Leibniz o de Hegel, de la afirmación consoladora, si se engañara a sí misma y engañara a otros acerca de que ella, como quiera que mueva sus objetos en sí, debe también instilarse en ellos desde afuera.

Lo que alguna vez, en el sistema, sobrepasó legítimamente lo individual tiene su sitio en lo no asegurado. La mirada que percibe, en el fenómeno, más de lo que este meramente es, y solo a través de ello concibe lo que él es, seculariza la metafísica.
Solo en fragmentos se hace justicia a la concepción de las mónadas.[204]

[204] La afinidad de la filosofía de Adorno con la mónada y el fragmento está filosófico-históricamente fundada en la desintegración del sistema y la imposibilidad de abordar el todo o la totalidad mediante el pensar. Es posible, mediante el recurso al concepto de mónada –que Adorno emplea más bien en forma de analogías (cf. *supra*, nota 141)–, tener la representación de un todo simbólicamente dado en lo individual; así, con el discurso acerca de lo fragmentario, se formula de manera decidida el caso de emergencia: la discontinuidad de la historia, un mundo en el que fue posible Auschwitz. Es corriente el concepto de fragmento, ante todo, en la historia de las obras de arte, y Adorno trata a menudo acerca de fragmentos estéticos, de obras de arte fragmentarias; no es casual que una de las primeras tesis que estimuló y dirigió después de su retorno de la emigración tratara sobre el aforismo y el fragmento como formas filosóficas (cf. Heinz Krüger, *Über den Aphorismus als philosophische Form*, introd. de Theodor W. Adorno, Múnich, 1988), y que él, no mucho antes de su muerte, conversara con Peter von Haselberg sobre "El fragmento como forma y como azar" en una de sus más logradas y ricas conversaciones radiales (NDR, grabación del 2/2/1967). Poco después de la caída del fascismo, fueron publicadas aquellas frases de Adorno que se tornaron incomparablemente importantes para el arte por entonces joven: "Pero, en cuanto conocimiento, la obra de arte deviene crítica y fragmentaria. Schönberg y Picasso, Joyce y Kafka, incluso Proust, coinciden sobre lo que hoy día tiene oportunidad de sobrevivir en las obras de arte. Y esto permite quizás a su vez la especulación filosófico-histórica. La obra de arte cerrada es la burguesa; la mecánica pertenece al fascismo; la fragmentaria indica, en el estadio de la negatividad total, la utopía" (GS 12, p. 120 [*Filosofía de la nueva música*, ob. cit., p. 113]). A propósito de la *Lulú* de Berg Adorno escribió: "Evidentemente, en la situación contemporánea todo lo espiritualmente decisivo está condenado a ser fragmento" (GS 14, p. 260 [hemos decidido apartarnos de la traducción existente al castellano; cf. en *Disonancias. Introducción a la sociología de la música*, trad. de Gabriel Menéndez Torrellas, Madrid, Akal, 2009, p. 349]); la consigna vale también sin limitaciones para la filosofía de hoy. El tema de la inmersión ciega en lo insignificante e individual era compartida por Adorno con los amigos filosóficos Benjamin y Bloch; incluso con la fenomenología husserliana se sabía él afín en

El pensamiento, que no debe hipostasiar nada positivo fuera de la consumación dialéctica, va más allá del objeto, con que el ya no finge ser idéntico. A diferencia del ir más allá de la abstracción.

El pensamiento se torna <u>más independiente</u> que en la concepción de su absolutidad, en la que se fusionan lo soberano y lo sumiso, cada uno dependiente del otro.

Quizás apunta a eso en lo más profundo la exención kantiana de la esfera inteligible respecto de toda inmanencia.

(19) Inmersión en el extremo individual <u>necesita</u>, como un momento suyo, también de la libertad de salir del objeto que es amputada por el principio de identidad. La micrología exigida dispone solo de medios <u>macrológicos</u>.

Sin duda, el concepto clasificatorio bajo el que cae en cuanto ejemplar lo individual no abre a este, pero sí lo hace la constelación de conceptos que el pensamiento constructivo aporta a esto.

---

la "proclividad al fragmento que comparte con los eruditos del tipo de Dilthey y Max Weber. Alinea 'investigaciones', análisis realizados, sin homogeneizarlos cómodamente, e incluso sin nivelar solo inconsistencias resultantes de los estudios singulares" (GS 5, p. 217 [*Sobre la metacrítica de la teoría del conocimiento*, ob. cit., p. 264]). No es improbable que también la decisión a favor de lo fragmentario motivada por la protesta en contra de todo lo cerrado se encuentre entre aquellos temas que Adorno le debía a Benjamin: "Si Benjamin dedicó su tesis doctoral a un aspecto teórico central del romanticismo alemán temprano, en uno siguió durante toda su vida en deuda con Friedrich Schlegel y Novalis, en la concepción de fragmento como forma filosófica que, precisamente en cuanto precario e incompleto, retiene algo de aquella fuerza de lo universal que se volatiliza en el proyecto global" (GS 11, p. 570 [*Notas sobre literatura*, ob. cit., p. 551]). El "estadio de la plena negatividad de la utopía", sin embargo, "vida dañada" en el catastrófico fracaso de la Ilustración, es el contenido que registra lo fragmentario: "Cuanto más absurdamente se representa hoy lo existente, tanto más irresistible es el impulso o el afán de interpretarlo y de dar cuenta de esa absurdidad. La luz que despunta en los fenómenos fragmentarios, en desintegración, cercenados es la única esperanza que la filosofía puede aún realmente encender: como lo más siniestro, como lo cual ella […] se dispone a desenmascarar a aquel sentido" (NaS IV-13, pp. 198 y s.).

Comparación con la combinación de números en las cajas de seguridad.

La filosofía sería víctima de una armonía preestablecida leibniziana o hegeliana si quisiera engañarse a sí misma y <u>engañar</u> a otros acerca de que ella, como quiera que mueva sus objetos en sí, debe también instilarse en ellos desde afuera. – Se <u>necesita</u> del sujeto para la experiencia de la objetividad; <u>no de</u> su eliminación. * *15a*

20/1/66

Lección 18

[Interpolación 15a:] Por qué se necesita del sujeto pleno para la experiencia de la objetividad.

Con la eliminación de las cualidades subjetivas se corresponde siempre también una reducción del objeto. Cuantas más reacciones son eliminadas como "meramente subjetivas", tantas más determinaciones cualitativas de la cosa se pierden.

Modelo: destino de los cuestionarios, en los cuales las preguntas imaginativas, que conducen a la materia, son eliminadas, y quedan aquellas que colocan el resultado al nivel de lo que se esperaba de antemano.

El conocimiento del que se trata, para la dialéctica negativa, es cualitativo.

Los momentos cualitativos son suprimidos por los objetivizadores métodos científicos usuales.

Eliminación del sujeto = cuantificación.

El sujeto individual del conocimiento, el individuo, es él mismo algo cualitativo. Justamente por eso se lo necesita.

Concepto de afinidad: que solo lo semejante puede conocer lo semejante.[205]

---

[205] Alusión al "antiguo principio de homología [...] según el cual solo mediante lo semejante puede ser conocido lo semejante, principio que nunca desapareció completamente de la filosofía desde que fuera defendido por primera vez por Parménides y Empédocles" (Rolf Tiedemann, *Mystik und Aufklärung*, ob. cit. [nota 195], p. 160). "Si algo de sol el ojo no tuviere / nunca mirar el sol podría; / si en nosotros no hubiera algo de Dios, / ¿de lo divino quién se prendaría?" (Johann Wolfgang von Goethe, *Xenias pacatas*, en *Obras completas*,

Aquí permanece el problema de la contingencia, así como el propio individuo posee algo de contingente frente a lo universal de la razón. Pero: esta contingencia no es tan absoluta como le parece a la superstición científica, ya que en el propio aislamiento reside un principio social universal, el de la diferenciación científica. – Esta diferenciación no es algo meramente subjetivo, sino la capacidad de percibir en el objeto lo que su preparación excluye. Ella misma está constituida a partir del objeto. Apunta a su restitutio in integrum.

Ella es aquí falible – lo cualitativo es también, al mismo tiempo, un residuo mimético, en cierto sentido arcaico. De ahí que sea necesaria en él una corrección. A esta hace referencia la autorreflexión de la experiencia intelectual.

Así pues, dicho en términos figurados: un proceso de objetivación vertical (intratemporal), no horizontal (abstractivo-cuantificador).

[Fin de la interpolación]

---

vol. 4, ob. cit., p. 468), así es traducido, en las *Xenias pacatas*, Plotino: "Porque jamás todavía ojo alguno habría visto el sol, si no hubiera nacido parecido al sol" (Porfirio, *Vida de Plotino* / Plotino, *Enéadas.*, introd., trad. y notas de Jesús Igal, Madrid, Gredos, 1982, *Enéadas* I, 6, 9, pp. 292 y s.). En el principio –incomparablemente importante en la historia de la filosofía– del conocimiento homólogo se basa en buena medida la teoría adorniana de la mímesis; cf. ante todo la extensa nota al pie en el tercer capítulo de *Sobre la metacrítica de la teoría del conocimiento*: GS 5, pp. 147 y s. [pp. 178 y s.]; también NaS IV-4, p. 407, nota 279. Sobre la problemática, cf. la publicación reciente de Renate Wieland: "La forma del conocimiento a través de la empatía, de la participación activa, se encuentra históricamente en retirada. Goethe tenía aún presente la teoría plotiniana según la cual lo igual solo puede ser conocido por lo igual y, en la corriente subterránea de las tradiciones místicas, continúa viviendo esa experiencia. Hoy, bajo el dominio de la razón instrumental, se conserva casi exclusivamente para los niños y los artistas, pero también sus residuos se tornan cada vez más reducidos; el impulso mimético puede gozar cada vez menos de vitalidad. En el nuevo interés en la inteligencia emocional y en la mística se expresa lo reprimido, pero la realización continúa siendo marginal, meramente privada, y a menudo se desvía hacia un confuso irracionalismo" (Renate Wieland y Jürgen Uhde, *Forschendes Üben. Wege instrumentalen Lernens. Über den Interpreten und den Körper als Instrument der Musik*, Kassel, 2002, pp. 15 y s.).

(19) Lo que en ellos [i.e.: los objetos de la filosofía] espera necesita de la intervención para hablar. La orientación sigue siendo que las capacidades movilizadas desde afuera –y, al final, cada teoría aplicada a los fenómenos– se agote en ellos. La teoría filosófica hace referencia a su propio final.

(19) Lo que en ellos [los objetos de la filosofía] espera necesita de una intervención (muy profundamente: de algo <u>práctico</u>) para hablar por sí mismo.

Salvar el momento de verdad en el idealismo.

La orientación sigue siendo aquí que las capacidades movilizadas desde afuera, y al final la teoría, se agoten en sus objetos.

La teoría filosófica hace referencia a su propio final.

25/1/66

(20) [22] La dialéctica que ya no está "fijada" en la identidad (Kant, *Crítica de la razón pura*, B 134) provoca, si no la objeción de lo carente de suelo –que es posible conocer en sus frutos fascistas–, al menos sí la de lo que provoca vértigo. Detrás de la preocupación por el lugar desde el cual sea posible agarrar una filosofía está, en general, solo la agresión, el anhelo de agarrarla, a la manera en que las escuelas históricamente se devoran unas a otras. La equivalencia de culpa y expiación ha sido traspuesta a la sucesión de los pensamientos. Precisamente, esa asimilación del espíritu al principio dominante debe ser calada por la reflexión filosófica. El pensar tradicional, y los hábitos del sano sentido común que aquel legó cuando pereció filosóficamente exigen un marco de referencia, un *frame of reference*, en el que todo encuentre su lugar. No se le asigna mucho valor a la comprensibilidad del marco de referencia –puede incluso ser formulado en axiomas dogmáticos–, con tal que conceda amparo a toda reflexión y, a través de ello, aleje de sí los pensamientos no asegurados. Una dialéctica que ha desechado la fijación hegeliana se basta a sí misma si se arroja sobre los objetos *à fonds perdu*, sin medidas de seguridad; el vértigo que esto produce es un *index veri*; lo vertiginoso del shock de lo abierto, la negatividad, tal como necesariamente aparece en lo que está asegurado y en lo siempre igual: la no verdad para lo no verdadero. El desmontaje de los sistemas y del sistema no es epistemológico-formal, sino drásticamente de contenido: los detalles ya no se insertan en un orden existente. Lo que antaño quería imponerles el sistema solo debe ser buscado, en cuanto elemento cualitativamente

Lección 19

(20) La objeción de lo que produce <u>vértigo</u> dirigida contra la dialéctica negativa (Kracauer).[206] *No es una axiomática. "Nada de lo que uno pueda agarrarse".*

Por qué es más provocadora que en Hegel.
a) en este, el punto de detención está en el sujeto absoluto.
b) la inmutabilidad del marco.

Detrás de la pregunta por el lugar por el que habría que agarrar a una fil[osofía], está la agresión, el anhelo de agarrarla.

La equivalencia de culpa y expiación ha sido traspuesta a la sucesión de los pensamientos. Precisamente esto debe ser calado.

Contra la demanda de un frame of reference *(N.B.: surgiendo con la <u>geometría</u> anal[ítica] de Descartes: ¡sistema de coordenadas!) en el que todo encontraría su lugar. Aquí ya cuantificación (de lo espacialmente perceptible), abstracción (puede basarse, de acuerdo con el pensar vigente, incluso en axiomas <u>arbitrarios</u> – arbitrariedad y axiomática coinciden; solo lo que no se postula como lo primero no necesita ser arbitrario).*

A través del frame of reference, *todo es capturado, es incorporado. Significado de inmanencia.*

La verdad es solo lo que <u>no tiene</u> cinturón de seguridad, lo que se arroja à fonds perdu.

---

[206] Sobre *Dialéctica negativa* no pudo expresarse Kracauer –unido a Kracauer, desde la edad escolar de Adorno, por una amistad siempre puesta en riesgo– ya que murió el 26 de noviembre de 1966; Adorno se refiere quizás a las críticas de Kracauer hacia su obra tardía en general.

diferente, en los detalles mismos. El pensamiento no tiene garantías ni de que ese elemento esté allí, ni de qué cosa sea. Solo de esta manera puede encontrar su justificación el discurso, totalmente abusivo, [23] acerca de la verdad como lo concreto. Ese discurso obliga al pensar a abrir por la fuerza lo más pequeño. No hay que filosofar sobre lo concreto; antes bien, hay que hacerlo partiendo de lo concreto, en la medida en que los conceptos se congregan en torno a él. La proposición de Hegel según la cual lo particular es lo universal es la crítica más aguda a ello; habría que estar a la altura de ella. La entrega al objeto específico es atribuida por el balido del rebaño, con especial predilección, a una falta de posicionamiento inequívoco. Lo que es diferente de lo existente es considerado por él como una brujería; y lo que está bajo el hechizo tiene la ventaja de que todo lo que, en el mundo falso, era cercanía, terruño y seguridad, es por su parte un elemento del hechizo. Al perder este, los seres humanos temen perderlo todo, ya que no conocen otra felicidad, incluso ninguna felicidad del pensamiento, además de la que proporciona afirmarse en algo: la no libertad perpetua. Se piden (21) al menos atisbos de aquello que se desea; más tangiblemente, un trozo de ontología en medio de su crítica, como si una comprensión no asegurada no expresara mejor lo que se quiere que una *declaration of intention* en la que uno permanece detenido.

Lo vertiginoso es la experiencia de lo abierto; en medio del hechizo, lo esencialmente moderno (Baudelaire, Poe) es le goût du néant:[207] *es la no verdad solo para lo no verdadero; es decir, para el hechizo. Más precisamente: lo que se forma incesantemente. Red, no argumentación. Contra los libros usuales.*

El vértigo que produce el pensamiento que no construye a posteriori es index veri.

Lo que antaño quería imponer a los fenómenos el sistema de coordenadas debe ser buscado únicamente <u>en ellos</u>.

El pensamiento no tiene garantizado de antemano ni que eso esté allí, ni que no lo esté: esto significa salvación del empirismo.

Solo de esta manera puede encontrar su justificación el discurso, totalmente abusivo, acerca de la verdad como lo concreto.

No hay que filosofar <u>sobre</u> lo concreto, como en Simmel, sino a partir de lo concreto, en la medida en que los conceptos se congregan en torno a él.[208]

---

[207] Cf. el poema con ese título de las *Fleurs du mal* de Baudelaire, que para Adorno representaba uno de los faros de la Modernidad estética. En cuanto a su interpretación de esa obra, cf., por ejemplo, GS 13, p. 295 [*Monografías musicales*, ob. cit., p. 297] y GS 18, p. 222 [*Escritos musicales V*, ob. cit., p. 314]; pero sobre todo GS 7, p. 40: "los criptogramas baudelaireanos de la modernidad equiparan lo nuevo a lo desconocido, tanto al *télos* oculto como a lo que es horrible debido a su inconmensurabilidad con lo siempre igual, al *goût du néant*" [*Teoría estética*, ob. cit., p. 37].

[208] La expresión, que se complacía en emplear a menudo Adorno, del congregarse de los conceptos en torno a lo concreto hace referencia al platonizante prefacio de Benjamin a *Origen del 'Trauerspiel' alemán*: "Es errado procurar exponer lo universal como un término medio. Lo universal es la idea. Lo empírico, por el contrario, es calado con tanta más profundidad, cuanto más exactamente puede ser visto como un extremo. El concepto parte de lo extremo. Así como es evidente que la madre recién comienza a vivir con todas sus fuerzas cuando, a partir del sentimiento de la proximidad de esta, el círculo de sus hijos se cierra a su alrededor, así también las ideas solo cobran vida una vez que los extremos se reúnen a su alrededor. Las ideas –o ideales, de acuerdo con la terminología de Goethe– son las madres fáusticas. Permanecen oscuras, mientras

Lo que es diferente de lo existente es considerado, por este, una brujería.

Lo que está bajo el hechizo aprovecha que aquello que, en el mundo falso, era tranquilidad, terruño y seguridad, es él mismo un elemento del hechizo.

Al perder esto, los seres humanos temen perderlo todo: no conocen otra felicidad –ni siquiera felicidad del pensamiento– que la no libertad perpetua.

(21) La demanda universal de al menos un "trozo de ontología". Imposible: o bien teoría de las invariantes o renuncia radical a estas.

Uno debe decir qué es lo que quiere: <u>tesis</u>. "Declaration of intention".

En esto, conciencia cosificada: la historia de Coolidge: ¿sobre qué predicaba? – sobre el pecado. – ¿Qué dijo? – Estaba en contra.[209] *– Contra la simplificación. Brecht. Si es verdad que lo decisivo reside en lo más pequeño, la simplificación es lo no verdadero. Habría que mostrarlo a partir del debate sobre el marxismo. Simplificación equivale a hacerse el estúpido. Patina [?] sobre la estupidez.*

Este esquema mundialmente difundido hoy en día.

27/1/66

---

los fenómenos no se declaran partidarios de ellas y se agolpan a su alrededor. La congregación de los fenómenos es materia de los conceptos y la partición que se consuma en ellos en virtud del entendimiento diferenciador, es tanto más significativa cuanto que en una única consumación se lleva a cabo algo doble: la salvación de los fenómenos y la exposición de las ideas" (Walter Benjamin, *Origen del 'Trauerspiel' alemán*, ob. cit., p. 69). Sobre la idea adorniana de una constelación de los conceptos, cf. también Rolf Tiedemann, "Begriff, Bild, Name. Über Adornos Utopie der Erkenntnis", en *Frankfurter Adorno Blätter II*, Múnich, 1993, pp. 92 y ss.; en especial, pp. 104 y s.

[209] Cf. NaS IV-4, p. 96.

(21) En la filosofía se confirma una experiencia que apuntó Schönberg acerca de la teoría tradicional de la música: de esta solo se aprende cómo comienza y se cierra un movimiento, nada sobre este mismo, sobre su decurso. De manera análoga, la filosofía no debería reducirse a sí misma a categorías, sino, en cierto sentido, en primera instancia componer. Pero un modo de comportamiento que no resguarda nada primero y seguro y, sin embargo, solo en virtud de la determinidad de su exposición, hace tan pocas concesiones al relativismo –el hermano del absolutismo– que se acerca a la doctrina, prepara el escándalo. Conduce hasta la ruptura, más lejos que Hegel, cuya dialéctica quería tenerlo todo, quería ser también *prima philosophia*; y en el principio de identidad, en el espíritu absoluto, de hecho lo fue. Liberar al pensamiento [24] de lo primero y fijo, sin embargo, no hace que este se absolutice como flotante.

Lección 20

(21) En las alternativas *reside la coacción. Así, un empleado administrativo tiene que decidir entre posibilidades que le han sido* dadas de antemano.

Mi vieja resistencia contra la máxima "El que no está conmigo, está contra mí",[210] *en la cual está ya supuesta la autoridad sobre la cual habría que reflexionar.*

Estructura: *no resguardar lo primero y seguro, sino, a través de la determinidad de la representación (que equivale a la negación determinada), oponerse tanto al relativismo como al absolutismo.*

Esto es el escándalo y pertenece a la fil[osofía].

La liberación respecto de lo fijo no es algo flotante a la manera de Mannheim.[211] *Los conocimientos de la dial[éctica] neg[ativa] están*

---

[210] Lucas 11, 23.

[211] El concepto de "intelectualidad flotante", con el que Mannheim quería reemplazar el concepto marxiano de ideología, ha sido siempre cuestionado por Adorno; cf. por ejemplo *Opinión, locura, sociedad*, un trabajo tardío: "Posteriormente, la sociología del saber (en especial la de Pareto y Mannheim) se recreó en sus conceptos científicamente puros y en su emancipación de los dogmas cuando sustituyó este concepto de ideología por otro al que no es casual que denominara 'total' y que se llevaba demasiado bien con el poder ciego y total. De acuerdo con esto, toda conciencia está condicionada por intereses, es mera opinión; la idea de verdad se reduce a una perspectiva compuesta a partir de estas opiniones, y está desprotegida frente a la objeción de que no es más que opinión, la opinión de la intelectualidad que flota. Con esta ampliación universal, el concepto crítico de ideología pierde su sentido. Como, en honor a la verdad, todas las verdades son meras opiniones, la idea de verdad desaparece ante la opinión. La sociedad ya no es analizada críticamente por la

<u>motivados</u>; *por lo cual hay que pensar cómo es posible de acuerdo con el estado de cosas, pero no hipostasiar esto.* * *17a*

[Interpolación 17a:] El relativismo tiene el modelo burgués del individualismo.
El *"todo es relativo"* es <u>abstracto</u>.
Detrás de esto se oculta: el pensar es insignificante, lo que importa es lo material, el dinero, y el pensamiento perturba el lucro.
En la medida en que uno se introduce en una materia determinada, el relativismo se <u>disuelve</u> en su disciplina.
Él [= el relativismo] siempre aparece solo desde afuera.
La nulidad del relativismo consiste en que lo arbitrario y contingente que él hipostasia como irreductible se encuentra él mismo motivado.
Las reacciones presuntamente individuales están preformadas: balido del rebaño.
Esa apariencia de un relativismo individualista ha sido ya calada por el relativismo <u>sociológico</u>: Pareto (fue el modelo de Mannheim).[212]
Pero las perspectivas específicas para cada nivel que él postula como absolutamente irrebasables pueden, por su parte, ser deducidas del <u>todo</u> de la sociedad.
<u>Modelo</u>: cuando el capitalista registra el capital variable, v, en su cuenta, <u>debe</u> aceptar, según las reglas de la contabilidad, que se trataba de un intercambio entre iguales, ya que, de otro modo, tendría un balance negativo; <u>debería</u> pensar que ha perdido algo.

---

teoría, sino confirmada como aquello en lo que se convierte cada vez más; un caos de ideas y fuerzas inarticuladas y causales cuya ceguera empuja al todo a la ruina" (GS 10.2, p. 585 [*Crítica de la cultura y sociedad II*, ob. cit., p. 515; la traducción ha sido levemente modificada]).

[212] Sobre la problemática del relativismo en Mannheim y Pareto, cf. la *Contribución a la doctrina de las ideologías* de Adorno, GS 8, pp. 457 y ss. [*Escritos sociológicos I*, ob. cit., pp. 427 y ss.].

(21) [24] La liberación precisamente lo fija a lo que no es él mismo, y suprime la ilusión de su autarquía. Si lo carente de suelo ha de ser totalmente objetado, habría que dirigir la objeción contra el principio espiritual que se mantiene a sí mismo en cuanto esfera de los orígenes absolutos; pero allí donde la ontología –ante todo, Heidegger– se topa con lo carente de suelo, se encuentra el lugar de la verdad. Esta es flotante, frágil en virtud de su contenido temporal; Benjamin criticó insistentemente la sentencia de Gottfried Keller según la cual la verdad no podría escapársenos. La filosofía tiene que renunciar al consuelo de que la verdad no puede ser perdida. Una que no pueda precipitarse en el abismo sobre el que sueltan peroratas los fundamentalistas de la (22) metafísica –no es el abismo de la sofística hábil, sino el de la locura– se convierte, bajo el imperativo de su principio de seguridad, en analítica; potencialmente, en una nula tautología. Solo le hacen frente a la todopoderosa impotencia de la avenencia segura aquellos pensamientos que avanzan hasta lo extremo; solo la acrobacia cerebral tiene aún una relación con la cosa, que, según la *fable convenue*, ella desdeña en virtud de su autocomplacencia. Hoy en día es irracionalista todo

La supuesta relatividad de las perspectivas debe ser remontada, pues, a algo objetivo, a las leyes estructurales como un todo.

Lo mismo ocurre con el relativismo en cuanto doctrina: *escepticismo burgués.*

Hostilidad al espíritu = rechazo de las consecuencias que emanan del propio concepto de razón.

El relativismo no debe ser rechazado, pues, a través de un absolutismo dogmático, sino disuelto de acuerdo con sus propias tesis.

Su función cambia; *de vez en cuando, fue progresista frente al dogma; hoy en día, totalmente ideológico. Pero con el relativismo estuvo ya vinculado* siempre *el momento reaccionario: en la sofística, como un modo de ponerse a disposición de los intereses más fuertes; en Montaigne, como una disposición para la apología del dogma. [Fin de la interpolación]*

(21) Ella [scil.: la dialéctica negativa] fija el pensar a lo que él mismo no es, en contra de la ilusión de su autoarquía.

Si se quiere ya objetar lo carente de suelo, la objeción se referiría ya al principio espiritual que se mantiene a sí mismo –la pura mediación– como esfera de los orígenes absolutos.[213]

Allí donde la ontología se topa con lo carente de suelo se encuentra el sitio de la verdad.

Esta, en virtud de su contenido temporal inmanente, es frágil.

Benjamin criticó con razón, en cuanto burguesa, la sentencia de Gottfried Keller según la cual la verdad no podría escapársenos.[214] *Puede hacerlo.*

---

[213] Formulación de Husserl; cf. la primera cita en *Sobre la metacrítica de la teoría del conocimiento*, GS 5, p. 12 [p. 11].

[214] Cf. la quinta de las tesis *Sobre el concepto de historia:* "'La verdad no se nos escapará': esta frase, que proviene de Gottfried Keller, indica el punto exacto, dentro de la imagen de la historia del historicismo, donde le atina el golpe del materialismo histórico" (Walter Benjamin, *Sobre el concepto de historia. Tesis y fragmentos*, prólogo: Michael Löwy y Daniel Bensaïd, trad. de

intento de impedir esto. La función del concepto de seguridad en la filosofía se invirtió. Lo que antaño quería superar el dogma y el tutelaje a través de la autocerteza, se convirtió en manierismo del conocimiento dotado de seguro social, al que nada debería poder sucederle. De hecho, no le pasa nada.

(22) Lo que no puede precipitarse es, bajo el mandamiento del ideal de seguridad, juicio analítico; potencialmente, mera tautología.

Solo cuentan con chances los pensamientos que avanzan hasta lo extremo; para practicar la acrobacia cerebral.

La función de la seguridad en la fil[osofía]se ha invertido: lo que antaño quería superar el dogma y la tutela por medio de la autocerteza se convirtió en manierismo del conocimiento dotado de seguro social, al que nada debería poder sucederle.

Y, de hecho, no pasa nada en absoluto.

1/2/66

Bolívar Echeverría, apéndice: Auguste Blanqui, *Contra el positivismo*, Buenos Aires, Piedras de Papel, 2007, p. 25). No fue posible localizar la cita de Keller.

(22) La dialéctica desencadenada prescinde tan poco como Hegel de algo fijo. Pero ya no le concede la primacía. Hegel no subrayaba tanto aquel elemento fijo en el origen de su metafísica: lo fijo debía surgir, a partir de esta, al final, como un todo totalmente visible. Por eso, sus categorías lógicas poseen un peculiar carácter doble. Son estructuras devenidas, que se [25] superan a sí mismas y son, al mismo tiempo, *a priori*, invariantes. Con vistas al dinamismo, esto está mediado por la doctrina de la inmediatez que se restablece nuevamente en cada nivel dialéctico. La teoría de la segunda naturaleza –dotada ya de tintes críticos– está preservada en la dialéctica negativa. Ella asume *tel quel* la inmediatez mediada, las formaciones que la sociedad y su (23) desarrollo le echan a la cara al pensamiento para poner al descubierto, mediante el análisis, sus mediaciones, de acuerdo con el parámetro de la diferencia inmanente entre los fenómenos y lo que ellos pretenden ser de manera espontánea. Lo fijo que se sostiene como invariante, lo "positivo" del joven Hegel, es para un análisis tal, como para el joven Hegel, lo negativo. Cuanto más se reduce críticamente la autonomía de la subjetividad, cuanto más se toma conciencia acerca de ella como de algo mediado, tanto más perentoria se vuelve la obligación de reconocerles a los objetos aquella primacía que le concede, al pensamiento, aquella fijeza que él no tiene en sí, que necesita y sin la cual ni siquiera existiría aquel dinamismo con el cual la dialéctica disuelve lo fijo. La posibilidad de la dialéctica negativa depende de la demostración de una primacía del objeto. Esta primacía tampoco puede ser, para la dialéctica, un principio absoluto, una recuperación

Lección 21

(22) El concepto de lo fijo en la dialéctica desencadenada debe ser definido con mayor detalle.

Pero es un <u>momento</u> de la dialéctica (ante todo: el inevitablemente conceptual) y no posee ninguna primacía.

a) Los conceptos se mueven solo en tanto son retenidos como una medida. Por ende: asir muy firmemente a los conceptos. Exigencia de que sean exactos: función del lenguaje.

b) Posee esencialmente la forma de la "segunda naturaleza" hegeliana.[215]

La dialéctica negativa toma lo fijado, las formaciones que la evolución (23) le echa a la cara al pensamiento telles quelles, *para poner al descubierto sus mediaciones a través del análisis.*

---

[215] El viejo concepto de *altera natura*, familiar para la filosofía al menos desde Cicerón, fue recibido por Adorno en las versiones que tuvo en Hegel, Marx y el Lukács temprano. Sobre el concepto de una "segunda naturaleza" en Hegel se lee, en la versión publicada de *Dialéctica negativa*: "Por un automatismo sobre el que nada puede la filosofía de la historia, Hegel cita la naturaleza y la violencia natural como modelos de la historia. Pero estas se afirman en la filosofía porque el espíritu que pone la identidad es idéntico al hechizo de la naturaleza ciega, ya que los niega. Al mirar en el abismo, Hegel ha percibido la acción capital y de Estado en la historia como segunda naturaleza, pero en infame complicidad con esta glorifica en ella la primera. 'El campo del derecho es en general lo espiritual y su próximo lugar y punto de partida la voluntad, que no es libre, de modo que la libertad constituye su sustancia y determinación y el sistema del derecho el reino de la libertad realizada, el mundo del espíritu producido por sí mismo como una segunda naturaleza'. Pero, filosóficamente retomada por vez primera en la *Teoría de la*

del realismo ingenuo: solo tiene validez en el entramado. Si la primacía del objeto, bajo el griterío triunfal del acuerdo, fuera extraída de la dialéctica y postulada de manera positiva, la filosofía haría una regresión —como en la fase tardía de Georg Lukács— al insensato dogma de la reproducción o del reflejo. Una vez más, sería hipostasiado un principio, una "máxima" y de esa manera, finalmente, el pensar reduce lo que es a un denominador común. De ningún modo se asemeja siempre la ideología a la tesis general idealista. En verdad, ella reside en las infraestructuras de algo primero, sin que importe cuál es su contenido. Ella implica [26] la identidad de concepto y cosa y, con ella, la justificación del mundo, aun cuando estipula de manera sumaria la dependencia de la conciencia respecto del ser. La teodicea de la historia, incluyendo su armónico apologético, no era ajena a Marx.

El pensar que no se apoya en ningún principio fundamental inamovible se perfila en oposición al concepto de síntesis. Esta subordina, en cuanto *télos* de la filosofía y en cuanto modelo de las operaciones de esta, el método a aquello que significaba, para el idealismo, la identidad de sujeto y objeto: modelaba la dialéctica hegeliana según la figura (24) del círculo, del mortalmente anulador retorno del resultado al origen. De acuerdo con esto, el concepto de síntesis, una inmediata panacea contra la desintegración, ha incorporado aquel elemento fatal que se declara quizás del modo más repulsivo en la invención de una supuesta psicosíntesis, en contra del psicoanálisis freudiano; la sensibilidad idiosincrásica se resiste a llevarse esa palabra a la boca.

Lo fijo inmanente que se mantiene, lo "positivo" del joven Hegel, es para un análisis tal, como para el joven Hegel, lo <u>negativo</u>. Cuanto más se reduce críticamente la autonomía de la subjetividad, cuanto más se toma conciencia acerca de ella como de algo me-

---

novela de Lukács, la segunda naturaleza es el negativo de aquella que de alguna manera pudiera pensarse como primera. Lo que verdaderamente es, algo solo producido si ya no por individuos, sí por su complejo funcional, usurpa las insignias de lo que para la conciencia burguesa pasa por naturaleza y natural. Nada de lo que estaría fuera se manifiesta ya a esa conciencia: en cierto sentido, de hecho tampoco hay ya nada afuera, nada no tocado por la mediación total. Por eso lo atrapado se convierte en su propia alteridad: protofenómeno del idealismo. Cuanto más implacablemente se apodera la socialización de todos los momentos de la inmediatez humana e interhumana, tanto más imposible recordar el ser-devenido de la trama; tanto más irresistible la apariencia de naturaleza. Con el distanciamiento de la historia de la humanidad con respecto a la naturaleza, esta apariencia se refuerza: la naturaleza se convierte en símil irresistible de la cautividad" (GS 6, pp. 350 y s. [*Dialéctica negativa*, ob. cit., pp. 328 y s.]). En el pasaje formulado más tarde, reaparecen muchos de los motivos que hacen tan importante para la filosofía de Adorno la categoría de "segunda naturaleza". Ya muy tempranamente, en una conferencia de 1932, con el título de "Historia natural", se propone plantear con seriedad la pregunta por "la relación entre naturaleza e historia"; Adorno esperaba dar con una respuesta solo "si se logra captar al Ser histórico como Ser natural en su determinación histórica extrema, en donde es máximamente histórico, o si se consigue captar la naturaleza como ser histórico donde en apariencia persiste en sí mismo, hasta lo más hondo, como naturaleza" (GS 1, pp. 354 y s. ["La idea de historia natural", en *Actualidad de la filosofía*, ob. cit., p. 116]). La insistencia sobre la naturaleza, el "ser natural", sobre el "material natural, mítico-arcaico de la historia, de lo sido" (ibíd., p. 362 [p. 129]), evoca ámbitos que, en el desarrollo histórico de la *ratio* hacia el mundo desencantado, han ido perdiéndose cada vez más de vista. Acerca del concepto de lo mítico, que en su conferencia confluye con el de naturaleza, admite Adorno que es "muy vago": "Por 'mítico' se entiende lo que está ahí desde siempre, lo que sustenta a la historia humana y aparece en ella como Ser dado de antemano, dispuesto así inexorablemente, lo que en ella hay de sustancial. Lo que estas expresiones acotan es lo que aquí se entiende por 'naturaleza'" (ibíd., p. 346 [p. 104]). La naturaleza mítica así concebida tiene su antítesis en la historia: "'historia' designa una forma de conducta del ser humano, esa

diado, tanto más consistente se vuelve la obligación de reconocerles a los objetos aquella primacía que le proporciona, al pensamiento,

---

forma de conducta transmitida de unos a otros que se caracteriza ante todo porque en ella aparece lo cualitativamente nuevo, por ser un movimiento que no se desarrolla en la pura identidad, en la pura reproducción de lo que siempre estuvo ya allí, sino uno en el cual sobreviene lo nuevo, y que alcanza su verdadero carácter gracias a lo que en él aparece como novedad" (ibíd. [pp. 104 y s.]). Determinar críticamente la relación entre naturaleza e historia, o entre mito e historia, se convierte en una intención central de la filosofía adorniana; si se dice, en el texto de 1932: "La segunda naturaleza es en verdad la primera" (ibíd., p. 365 [p. 134]), en *El ensayo como forma*, un trabajo compuesto en los años cincuenta, se afirma: "Bajo la mirada del ensayo, la segunda naturaleza toma conciencia de sí misma como primera" (GS 11, p. 29 [*Notas sobre literatura*, ob. cit., p. 30; la traducción ha sido modificada]). Si Adorno, en los escritos de su época madura, les reconoce el carácter de una "segunda naturaleza" a las relaciones de producción del capitalismo tardío (cf. GS 8, p. 365 [*Escritos sociológicos I*, ob. cit., p. 340]), así como a las formas de reacción de los seres humanos en la cultura de masas (cf. GS 10.2, p. 514 [*Crítica de la cultura y sociedad II*, ob. cit., p. 451]), o al sistema musical de la tonalidad (cf. GS 12, p. 20 [*Filosofía de la nueva música*, ob cit.,p. 16]), este procedimiento, que se propone leer la historia como historia natural, no es en ningún caso afirmativo; siempre es un procedimiento crítico, que se ha formado a partir de la "crítica de la economía política". Así desarrolla Adorno, por lo demás, así como contra el empleo de "segunda naturaleza" en Hegel, también contra el de Spengler: "La naturaleza con la que los seres humanos tienen que confrontarse en la historia es dejada de lado altaneramente por la filosofía de Spengler. A cambio, la historia se transforma en una segunda naturaleza, ciega, sin salida y funesta, como la vida vegetal. Lo que se puede denominar 'libertad del ser humano' se constituye en los intentos humanos de romper la coacción natural. Si se ignora esta, el mundo se convierte en una obra de la humanidad pura, y en esta panhumanidad de la historia se pierde la libertad. La libertad se despliega en la resistencia de lo existente: si la ponemos absolutamente y erigimos al alma en el principio dominante, el alma sucumbe a la mera existencia" (GS 10.1, p. 67 [*Crítica de la cultura y sociedad I*, ob. cit., p. 58]). En *Dialéctica negativa* se toma partido a favor de la libertad, contra las cadenas de la segunda como contra las de la primera naturaleza. Cf. también *infra*, nota 219.

aquella fijeza que la dialéctica, a su vez, disuelve. De ahí que la demostración de la primacía del objeto[216] como un momento intradialéctico sea el meollo de una dialéctica negativa.

Ninguna resurrección del realismo ingenuo: ningún protoprincipio absoluto.

Primacía d[el] o[bjeto] solo <u>en</u> la dialéctica; precisamente esto [constituye] la fragilidad de la verdad.

De lo contrario, recaída en la prima philosophia *(¡<u>también</u>: materialismo dogmático!).*

La tesis general idealista reside en la infraestructura de algo primero, es casi indiferente cuál sea su contenido.

Ella implica la identidad de concepto y cosa y toma partido a favor del curso del mundo (algo de esto hay también en Marx, a quien no era ajena la teodicea de la historia).

Crítica a la <u>síntesis</u>: que, en cuanto método, se propone como fin la identidad de s[ujeto] y o[bjeto]. El problema no es la síntesis lógica como la fusión, en el pensamiento, de los momentos separados, sino síntesis absoluta como fin más elevado de la fil[osofía].

(24) Está dada en esto la forma circular en Hegel.

Lo ideológico en la síntesis se ha tornado manifiesto: lo uno, lo fusionado, el todo contra la así llamada disgregación. Ejemplo: "psicosíntesis" y la réplica de Freud.[217] Así pues: contra el avance automatizado desde las síntesis necesarias hasta el ideal de la síntesis más elevada.

3/2/66

---

[216] Sobre la primacía del objeto, cf. en *Dialéctica negativa* el parágrafo que lleva ese mismo subtítulo, GS 6, pp. 184 y ss. [*Dialéctica negativa*, ob. cit., pp. 174 y ss.]; cf. igualmente NaS IV-4, pp. 412 y ss.; NaS IV-7, pp. 333 y ss., p. 415, nota 354 y NaS IV-14, p. 266, p. 442, nota 282.

[217] Cf. el trabajo de Freud "Nuevos caminos de la terapia psicoanalítica", en *Obras completas*, vol. XVII, pp. 151 y ss.

(24) Hegel la emplea [*scil.* la palabra síntesis] mucho menos frecuentemente de lo que permite esperar, por cierto, el esquema de la triplicidad, que ya él mismo había encontrado culpable de su mecánico traqueteo. Con esto debía corresponderse el entramado de su filosofía. En esta, las operaciones del pensamiento son casi siempre la negación determinada del concepto contemplado desde una extrema proximidad y volteado en una y otra dirección. Lo que, en tales análisis, es caracterizado formalmente en cuanto síntesis, tiene la forma de la negación en la medida en que allí ha de salvarse lo que fue sacrificado al movimiento precedente del concepto. La síntesis hegeliana es sin excepción alguna la comprensión de la insuficiencia de aquel movimiento; el así llamado nivel superior revela ser, al mismo tiempo, el más bajo, un paso hacia atrás en pluscuamperfecto. Esto separa a Hegel de la representación vulgar acerca de la síntesis en cuanto positividad triunfante. Tienen más que un trazo de esta última las inmediateces que se forman una y otra vez en él en cada caso, y en las cuales su propia mediación [27] ha de desaparecer. La consecuencia de esto fue, ya para la crítica de Marx a la *Filosofía del derecho*, abandonar aquella confianza en las inmediateces devenidas y postuladas que la dialéctica hegeliana les tributa plenamente en su forma sistemática tardía. Hegel, en contra de Kant, limitó la prioridad de la síntesis: reconoció a la multiplicidad y la unidad como momentos, ninguno de los cuales existe sin el otro; la tensión de estos momentos es dirimida a través de la negación. Asimismo, él comparte con Kant, y con toda la tradición, el *parti pris* a favor de la unidad. (25) Pero el pensar no

Lección 22

(24) En Hegel, se habla con una frecuencia relativamente escasa sobre la síntesis.
In concreto, *su método es <u>esencialmente</u> negación.*
Incluso las síntesis, los terceros pasos, son en él negativas, en la medida en que ellas quieren salvar lo que fue sacrificado al movimiento; declaran al pensamiento culpable de su falsedad frente a lo que queda detrás de él y que ahora afirma su validez en contra de él (p. ej., en la "nada").
Por cierto: en H[egel], lo <u>afirmativo</u> está en la teoría acerca de las inmediateces que se forman una y otra vez y en las cuales supuestamente ha de desaparecer su mediación.
La verdad en esto: validez de la lógica a pesar de todo <u>devenida</u>.
Pero el haber-devenido desaparecido no ha sido eliminado.
De no ser así, el resultado se convierte en fetiche, tan apologético como la teoría acerca de las instituciones en la Filosofía del derecho *h[egel]iana. "Crítica del absolutismo lógico".*[218]
Desconfianza frente a toda inmediatez devenida y postulada: Marx. Universalidad de la categoría de fetichismo.[219]

---

[218] Título del primer capítulo de *Sobre la metacrítica de la teoría del conocimiento*, cf. GS 5, pp. 48 y ss. [pp. 57 y ss.].

[219] La *categoría de fetichismo* es la forma que le concedió Marx a la categoría de "segunda naturaleza". Marx no parece emplear el concepto, pero le ha dado a la teoría el giro decisivo, según el cual "el desarrollo de la formación económico-social" debe ser concebido "como proceso de historia natural" (Karl Marx, *El capital*, ob. cit., vol. I, p. 8). La teoría sobre el fetichismo de la

puede insistir en su negación abstracta. La ilusión de apropiarse de manera inmediata de lo múltiple recaería en mitología, en el horror de lo difuso, así como, en el polo opuesto, el pensar de la unidad sería imitación de la naturaleza ciega a través de su represión, sería dominación mítica. La autorreflexión de la Ilustración no es la revocación de esta: la Ilustración es corrompida a esta revocación, en beneficio de la dominación contemporánea. El giro autocrítico del pensar de la unidad depende de conceptos; por lo tanto de síntesis, y no puede difamarlos con un ademán administrativo. La unidad, abstractamente considerada, ofrece un espacio para ambas cosas: para la represión de cualidades que no pueden ser disueltas en pensamientos y para el ideal de la reconciliación, más allá del antagonismo. Ella, por su parte, siempre ha hecho que su violencia se tornara apetecible para los seres humanos, ya que en ella destella el rastro de lo no violento y lo pacificado. No hay que extirpar el momento de unidad, como ocurre virtualmente, a pesar de todo el palabrerío sobre la ciencia de la unidad, en el nominalismo no reflexivo.

Hegel, por cierto, limitó, en contra de Kant, la prioridad de la síntesis, en la medida en que multiplicidad y unidad están mutuamente relacionadas. Esto, por lo demás, está potencialmente presente ya en Kant; se remonta al diálogo platónico Parménides. En K[ant], sin

---

mercancía fue aprendida por Adorno en primera instancia, como ocurrió con muchos intelectuales de su generación, en la versión lukácsiana, a partir del capítulo sobre la cosificación en *Historia y conciencia de clase* (cf. también NaS IV-7, nota 194). Mientras Lukács transponía el estado de cosas económico del fetichismo de la mercancía, por así decirlo, al plano filosófico y aplicaba la categoría de cosificación a las antinomias del pensar burgués, Adorno logró volver fructífera la categoría, en términos mucho más generales, para fenómenos históricos –ante todo, para aquellos que tienen lugar bajo el capitalismo, pero no solo para ellos–. En el tratado *Sobre el carácter fetichista en la música y la regresión del oído*, de 1938, Adorno cita la formulación decisiva de Marx: "Marx define el carácter fetichista de la mercancía como la veneración de lo hecho por sí mismo, lo cual se enajena de igual manera como valor de cambio entre productores y consumidores –los 'seres humanos'–: 'Lo misterioso de la forma de mercancía consiste sencillamente en que esta refleja para los seres humanos los caracteres sociales de su propio trabajo como caracteres sociales de los productos del trabajo mismo, como atributos naturales y sociales de estos objetos y, por consiguiente, también la relación social de los productores con respecto al trabajo como una relación social entre objetos existente fuera de ellos'" (GS 14, p. 24 [*Disonancias*, ob. cit., p. 25; la traducción ha sido levemente modificada]). Aquello que fue demostrado por Marx a partir de las abstracciones del valor de la producción capitalista, fue reencontrado por los autores de *Dialéctica de la Ilustración* en los individuos y en el comportamiento de estos tanto frente a los otros como frente a sí mismos; en este caso, en la sociedad estadounidense de la década de 1940: "El animismo había vivificado las cosas; el industrialismo reifica las almas. Aún antes de la planificación total, el aparato económico adjudica automáticamente a las mercancías valores que deciden sobre el comportamiento de los hombres. Desde que las mercancías perdieron, con el fin del libre intercambio, sus cualidades económicas, hasta incluso su carácter de fetiche, se expande este como una máscara petrificada sobre la vida social en todos sus aspectos. A través de las innumerables agencias de la producción de masas y de su cultura se inculcan al individuo los modos normativos de conducta, presentándolos como los únicos naturales, decentes y razonables. El individuo queda ya determinado solo como cosa, como elemento estadístico, como éxito o fracaso" (GS 3, p. 45 [*Dialéctica de la Ilustración*, ob. cit., pp. 81 y s.]).

embargo, yuxtaposición, no un recíproco surgimiento de una cosa a partir de la otra. Diferencia entre K[ant] + H[egel].

Todos, sin embargo, también H[egel], tienen un parti pris *a favor de la unidad. Allí reside la complicidad acrítica de la filosofía con la civilización. Referencia a Haag, el diálogo de Parménides.*[220]

(25) Pero el pensar no puede insistir en la negación abstracta de la unidad. Aquel que se imaginara capaz de apropiarse de manera inmediata de lo múltiple recaería en el horror de lo difuso, en la mitología. Lo mítico es lo indiferenciado.

Autorreflexión de la Ilustración no es la revocación de esta: hoy, por cierto, fácilmente es corrompida a esta revocación (contrailustración[221] *= apología de los lazos y las instituciones* en función de sí mismos, *pragmáticamente, sin preguntar por su justificación objetiva y, de ese modo, contradiciéndolos).*

La unidad, abstractamente considerada, ofrece espacio tanto para la represión de las cualidades como para la reconciliación.

Precisamente por eso, ella siempre pudo hacer que su violencia resultara apetecible para los seres humanos: a través del rastro, unido a ella, de lo no violento y lo pacificado.

No extirpar, de manera obcecadamente nominalista, el momento de la unidad, el de la objetividad del concepto. Experiencia de la objetividad de las ideas surgidas subjetivamente: los tipos formales de la música.

8/2/66

---

[220] NaS IV-15, pp. 240 y s., nota 38. La referencia al *Parménides* platónico se la debe Adorno probablemente a Karl Heinz Haag (cf. *supra*, nota 74), un asistente regular a sus lecciones.

[221] Cf. NaS IV-7, pp. 367 y s., nota 100.

(25) La tendencia de los momentos sintetizadores debe ser revertida haciendo que ellos reflexionen sobre aquello que le hacen a lo múltiple. Solo la unidad trasciende la unidad. Todavía en el momento de identidad posee algo su derecho a la vida, la afinidad, que fue desplazada por la unidad progresiva y que, secularizada [28] hasta volverse irreconocible, logró sin embargo invernar dentro de esa unidad. El conocimiento no asegurado no elimina al sujeto unificador. En la experiencia del objeto, ese sujeto es imborrable. (26) Las síntesis del sujeto quieren, como bien sabía Platón, transformar, imitar de manera mediata, con el concepto, lo que de por sí aquella síntesis quiere.

 El pensar que se entrega a los objetos dota de contenidos a la filosofía. En vano ha anhelado esto la filosofía desde la generación de Bergson y Simmel, Husserl y Scheler. Lo que la tradición canceló era lo que ella misma necesitaba. Si la coacción metodológica es relajada de manera autocrítica, de manera complementaria, el esfuerzo filosófico se verá determinado crecientemente por su contenido. El hecho de que lo no conceptual no es idéntico a su concepto es honrado, por la praxis del conocimiento, cargándolo de contenidos. La dialéctica social, "óntica" –de acuerdo con el modo de expresión filosófico–, la dialéctica del perpetuo antagonismo, se refleja en la dialéctica filosófica de sujeto y objeto. Si hubiera alguna ontología, algo invariante, entonces sería la ontología negativa del antagonismo continuo. (27) El pensar dotado de contenido no puede simplemente abstenerse, sin embargo, del razonamiento metodológico si no quiere convertirse en víctima del dogmatismo o

Lección 23

(25) Reflexión de la síntesis sobre lo que ella le hace a lo múltiple.
    Solo la unidad trasciende la unidad. Pues la autocrítica de la síntesis es al mismo tiempo una síntesis superior, contra el antagonism[o] persistente entre lo uno y τὰ πολλά.
    Derecho de vida en el principio de identidad: momento de afinidad, que la desplazó[222] y que sobrevive en ella.

(26) El pensar que se entrega a los objetos se carga de <u>contenido</u>.
    Esto debe ser <u>retenido</u> en Bergson, Simmel, Scheler.
    Lo que la tradición cancela era lo que ella necesitaba.
    El esfuerzo filosófico es <u>determinado</u> por el contenido, si no lo es por el sujeto como lo <u>formal</u> frente a todo contenido.
    El hecho de que lo no conceptual no es idéntico a su concepto se convierte, en la praxis del conocimiento, en incremento del contenido de este.
    El antagonismo que se perpetúa <u>en el plano del contenido</u> se convierte, filosóficamente, en el antagonismo entre sujeto y objeto.
    El único sentido de la ontología sería negativo, el del continuo antagonismo.

(27) Crítica de la <u>supremacía</u> estipulada del método no exime de reflexiones <u>sobre</u> él. Precisamente esto es crítica <u>inmanente</u>; de lo contrario, dogmatismo o arbitrariedad. Por cierto, la difamada ocurrencia,

---

[222] Es decir: a *la identidad*.

de la ocurrencia arbitraria, aunque esta, con frecuencia, está más cerca de la verdad que el gradualismo metodológico, cuya seguridad reduce sus ganancias. La pregunta por cómo se relacionan los análisis individuales de contenido con la teoría de la dialéctica no se despacha con la proclamación idealista de que la segunda queda asimilada en la primera. Esta proclamación introduce nuevamente de contrabando la falsa identidad de método y cosa. La ceguera con la que el pensamiento se entrega sin hipóstasis; si se quiere, sin método, a aquello de lo cual se ocupa es un principio metodológico. "Solo son verdaderos los pensamientos que no se comprenden a sí mismos".* Cuanto menos [29] se deja colocar el pensamiento bajo la tutela de la reflexión externa a sus objetos, tanto más profundamente toma conciencia de lo universal en lo particular; las invectivas de Kant, Hegel y Nietzsche contra el ejemplo en la filosofía hacen referencia a eso, en contra de la propia tradición filosófica. En términos de contenido, como mediación universal de cada fenómeno por parte de la totalidad social, que la filosofía distorsiona en subjetividad pura, algo universal reside en todo particular. Sin embargo, la experiencia filosófica no posee este universal, o solo lo posee de manera abstracta, y se ve limitada, por ello, a salir de lo particular sin olvidar, con todo, lo que ella no posee, pero sabe. Mientras ella tiene la seguridad de la determinación real de los fenómenos a través de su concepto,** no puede presentar este (28) concepto ontológicamente, como si fuera lo en sí verdadero. Este concepto está fusionado con lo no verdadero, el principio opresor, y esto reduce su dignidad en el plano de la crítica del conocimiento. El concepto no constituye positivamente el *télos* en el que se detuvo el conocimiento. La negatividad de lo universal, por su parte,

---

* Theodor W. Adorno, *Minima Moralia. Reflexionen aus dem beschädigten Leben*, 2ª ed., Frankfurt, 1962, p. 254 [GS 4, p. 218; nota de Adorno].

** Cf. Theodor W. Adorno, *Gesellschaft*, en *Evangelisches Staatslexikon*, ed. de Hermann Kunst *et al.*, Stuttgart-Berlín, 1966, cols. 636 y ss. [GS 8, pp. 9 y ss.; nota de Adorno].

cuando *acierta*, en muchos aspectos más cerca de la verdad que el gradualismo regulado.

No basta con *insistir* en que el conocimiento individual en términos de contenido y la teoría de la dialéctica coinciden. Precisamente esa doctrina es lo *idealista*. La posibilidad del conocimiento de contenido es el problema de la epistemología hoy necesaria.

(28) *Referencia a la diferencia entre el conocimiento individual y el ejemplo*; la inadecuación por principio de este último, criticada por Kant, Hegel y Nietzsche. Una de las diferencias principales entre la fil[osofía] y la ciencia establecida. La unidad de la teoría y el conocimiento individual "ciego" consiste en que, en virtud de la mediación de cada fenómeno por la totalidad social, lo universal reside en cada particular.

Esta mediación se ha distorsionado, para el idealismo, en dirección a la preponderancia del concepto qua sujeto. Pero, en el sentido más estricto, la mediación es objetiva.

Pero la experiencia fil[osófica] no posee este universal de manera inmediata, o lo posee solo abstractamente, anticipando, y se ve obligada a salir, por ello, de lo particular.

I.e., ella no puede imaginarse lo universal, de cuya preponderancia real, práctica ella sabe, como un *principio del ser*, es decir, ontológicamente. El *miedo* es un universal social, pero no una disposición.[223]

Precisamente este universal está fusionado con el principio represor, y por ello no es el τέλος en el que se saciaba la necesidad filosófica, sino lo negativo, en lo cual dicha necesidad tiene su punto de ataque. Negativa es la dialéctica en virtud de la negatividad de su *objeto*.

---

[223] Contra Heidegger; cf. en *Ser y tiempo*, el § 40: "La disposición afectiva fundamental de la angustia como modo eminente de la aperturidad del Dasein" (Martin Heidegger, *Ser y tiempo*, trad., pról. y notas de Jorge Eduardo Rivera C., Santiago de Chile, Editorial Universitaria, 1997, p. 206); sobre la crítica de Adorno, cf. también NaS IV-7, p. 177.

fija el conocimiento a lo particular como lo que hay que salvar. La salvación de lo particular no podría ser comenzada en absoluto sin la universalidad liberada a partir de él. (29) Toda filosofía, aun la que se orienta hacia la libertad, arrastra por ello consigo la no libertad en la que se prolonga la de la sociedad. Los esbozos de la nueva ontología se han resistido a esto, pero su gesto era el de una recuperación de los ἀρχαί verdaderos o ficticios, del origen, que no es otra cosa que el principio de coacción. El pensar se elevaría por encima de la alternativa entre arbitrariedad y coacción si se asegurara de la mediación de sus momentos antitéticos. El pensar tiene en sí la coacción; [30] esta lo protege de la regresión hacia la arbitrariedad. Pero puede conocer críticamente, con todo, el carácter coactivo que le es inmanente; su propia coacción es el *medium* de su liberación. La libertad hegeliana hacia el objeto, que en él es represiva, mera incapacitación del sujeto, debe ser aún instaurada. Hasta entonces, la dialéctica como método divergirá de la dialéctica de la cosa; no pueden ser equiparadas de manera dictatorial.

Tal negatividad de lo universal vuelve, al mismo tiempo, al conocimiento hacia lo <u>particular</u> como lo que tiene que ser salvado literalmente y en el concepto.

La salvación de lo particular no podría comenzar de ningún modo sin la energía de lo universal liberado a partir de él.

(29) *Toda filosofía, incluso la que se orienta hacia la libertad, arrastra consigo la no libertad.*

El pensar se eleva por encima de esto tomando conciencia de la dialéctica de coacción y arbitrariedad.

[30][224] *El pensamiento tiene dentro de sí la coacción, la rigurosidad como protección ante la represión[225] en la arbitrariedad.*

Pero con la rigurosidad puede <u>conocer</u> el propio carácter coactivo.

La libertad hegeliana hacia el objeto,[226] que en él es simplemente represiva hacia el sujeto, debe ser <u>producida</u>.

Hasta entonces, inevitable <u>divergencia</u> entre la dialéctica como método y la que se dirime en la cosa. (Todo método qua *método es "falso").*

I.e.: el principio de una construcción dialéctica del todo qua *totalidad social y el principio de la entrega ciega a la cosa no se fusionan.*

10/2/66

---

[224] A partir de aquí, la numeración de páginas hace referencia a la *Primera copia intermedia*, datada el 22 de noviembre de 1965 (Vo 13352 y ss.).

[225] En función de lo que aparece en el estudio "Sobre la teoría de la experiencia intelectual", cabría preguntarse si lo que aquí dicen las anotaciones de Adorno no será realmente "regresión". [N. del T.]

[226] Pero cf. *supra*, nota 158.

[30] Por cierto, no cayó del cielo el hecho de que tanto el concepto como la realidad tienen una esencia contradictoria. Lo que desgarra de manera antagónica la sociedad, el principio dominante, es, en términos del espíritu, lo mismo que produce la diferencia entre el concepto y lo que está sometido a él. Aquella diferencia adopta, sin embargo, la forma lógica de la contradicción porque lo que no se inserta en la unidad del principio dominante, de acuerdo con el parámetro de este, no aparece como algo diverso indiferente ante el principio, sino como infracción a la lógica: como contradicción. Por otro lado, en el resto de divergencia entre concepción filosófica y ejecución se expresa también algo verdadero, algo de la no identidad, que no le permite al método coincidir con los contenidos en los que únicamente puede existir, ni permite espiritualizar los contenidos tal como correspondería si estuvieran reconciliados. La primacía del contenido se expresa como insuficiencia necesaria del método. Lo que debe ser dicho, en cuanto tal, en la forma de la reflexión universal, para no quedar impotente frente a la filosofía de los filósofos, se legitima solo en la ejecución, y a través de ello, a su vez, es negado en cuanto método. Su excedente, desde el punto de vista del contenido, es abstracto, falso; Hegel ya tuvo que aceptar la discrepancia entre el prefacio de la *Fenomenología* y la *Fenomenología* misma. El ideal filosófico sería que se torne superfluo dar cuentas sobre lo que se hace, en la medida en que se lo hace.

[31] (30) La tentativa más reciente de evasión del fetichismo conceptual –esto es: de la filosofía académica, sin abandonar la pretensión de rigurosidad– circuló bajo el nombre de existencialismo.

Lección 24

[30] Testimonio: mi doble técnica de escritura.
Por cierto, en la esencia dialéctica de <u>ambas cosas</u>, del todo y las partes, reside un momento de coincidencia <u>objetiva</u>.
Lo que desgarra a la sociedad de manera antagónica es, por ello, similar a lo que produce la diferencia entre el concepto y lo individual que en cada caso está sometido a él. La forma lógica de la contradicción adopta aquella diferencia porque lo que no se inserta en la unidad del principio dominante de acuerdo con el parámetro de ese principio no aparece como algo diverso indiferente al concepto, sino como infracción a la lógica; precisamente, como contradicción.
Por otro lado, en el resto de divergencia entre la concepción y la ejecución filosóficas se expresa también algo verdadero: algo de la no identidad que prohíbe unificar sin fisuras método + contenido.
La primacía del contenido se expresa <u>necesariamente</u> como insuficiencia del método. Ese método jamás tiene su legitimación en sí, sino únicamente en su realización[.] Todo <u>excedente</u> de método es virtualmente <u>falso</u>. (¡Hegel, prefacio a la Fenomenología*!).*
Ideal filosófico: que se torne superfluo rendir cuentas de lo que se hace, <u>en la medida en que</u> se lo hace.

[31] La tentativa más reciente de evasión del fetichismo conceptual circuló bajo el nombre de existencialismo.
Mérito: contenidismo (que justamente se le reprochó a Sartre, a menudo de la manera más pequeñoburguesa: Heinemann).[227]

---

[227] Cf. por ejemplo cómo Fritz Heinemann (1889-1970), que en 1930

Al igual que la ontología fundamental, de la que se había divorciado críticamente, permaneció atrapado en el idealismo, a pesar del compromiso político; por lo demás, retuvo, frente a la estructura filosófica, algo de contingente, y podría ser reemplazada por una estructura contraria, en tanto esta satisficiera solo la *characteristica formalis* del existencialismo. Entre el existencialismo y el decisionismo no hay límites teóricos. A la vez, el componente idealista del existencialismo está, por su parte, en función de la política. Sartre y sus amigos, críticos de la sociedad y para nada dispuestos a conformarse con la crítica teórica, no pasaron por alto que el comunismo, dondequiera que llegó al poder, se erigió en sistema de administración. La institución del partido estatal centralista es un escarnio de todo lo que alguna vez se pensó sobre la relación con el poder del Estado. Por ello, Sartre colocó en el centro el momento que la praxis dominante ya no tolera: según el lenguaje de la filosofía, la espontaneidad. Cuantas menos oportunidades objetivas le ofrecía a la espontaneidad la división social del poder, tanto más exclusivamente colocaba Sartre esa espontaneidad en la categoría kierkegaardiana de decisión, que en Kierkegaard había adquirido aquel sentido suyo de su *terminus ad quem*, la cristología.

Orientación crítica.
Una teoría __formalmente__ conectada con la doctrina heideggeriana de los existentialia *se volvió __materialmente__ contra él.*
El momento de la arbitrariedad en la elección de los existentialia *heideggerianos (desarrollar un poco) explica un elemento análogo en Sartre.*
Pero persiste (presente, en el Heidegger temprano, de manera latente) el problema __filosófico__ fundamental: la relación entre un nominalismo radicalmente nominalista, impulsado hasta el solipsismo moral, y la pretensión de una __ontología__ sobre la que insiste S[artre], quien justamente impulsa algo así como una prima philosophia.
Es un problema abierto hasta qué punto ha adaptado esto en su obra sobre dialéctica;[228] *en* l'Etre et le néant, *ambas cosas están disociadas.*
El momento de la __contingencia__ reside en que la __decisión__ individual absoluta, la categoría central de Sartre, permanece __indeterminada__.

---

obtuvo un cargo como profesor en Frankfurt y, desde entonces, estuvo relacionado con Adorno, atribuye a Sartre la presunta comprensión errónea de la intencionalidad husserliana: "El objeto intencional está para él [scil. Sartre] por principio fuera de la conciencia, es decir, es trascendente. Mientras Husserl subraya el ser puramente fenoménico de lo trascendente y el ser absoluto de lo inmanente, Sartre se opone a cualquier clase de inmanentismo. La imagen cesa de ser un *contenido* de la conciencia; ya no está *en* la conciencia. Se transforma en una estructura intencional de la conciencia que se refiere a un objeto trascendente. Esta trascendencia equivale, de ahora en más a 'estar afuera'. [...] así es en Sartre. De un modo auténticamente francés traduce él la intencionalidad, de inmediato, a lo vivo como un *éclater vers*, es decir, como un estallar, romperse, reventar en dirección hacia algo. Odiar a alguien es al mismo tiempo un modo particular, no solo del mirar hacia..., sino también del explotar ante alguien. Es como si la intencionalidad se cargara súbitamente de fuerza explosiva. [...] ¡Cuán encantadoramente francés es esto, pero cuán separado por mundos enteros de Husserl! A través de un malentendido creador de Husserl, él se libra de la vida interior: 'En última instancia, todo es afuera, todo, incluso nosotros mismos; afuera, en el mundo, entre los otros'" (Fritz Heinemann, *Existensphilosophie – lebendig oder tot*, Stuttgart, 1954, pp. 116 y s.).

[228] Cf. Jean-Paul Sartre, *Critique de la raison dialectique*, París, 1960.

En principio, sería posible según todas las orientaciones políticas. Partisanos hay por acá y por allá.

En esa medida, S[artre] es <u>formalista</u>; lo que menos querría ser.

No hay fronteras teóricas entre existencialismo y decisionismo à la Carl Schmitt...[229] *<u>Abstracción</u> de la categoría de decisión. En cada decisión ingresan momentos de la objetividad. – Decisión como un* mínimum. *Imposible basar en ella toda la fil[osofía].*

Al mismo tiempo, el decisionismo de S[artre] es función de la situación sociopolítica.

El crítico de la sociedad S[artre] no podía pasar por alto que el comunismo, donde quiera que hoy se encuentre, fue <u>introducido</u>, es medida administrativa; y por ello se perpetúa como mecanismo de dominación. O, antes bien: esta es la determinante de la teoría de la decisión.

En un largo proceso en cuyo centro está la cuestión de la organización, la espontaneidad fue, por un lado, integrada; por otro, estrangulada. En este punto, entre los países más allá + más acá de la cortina no hay ninguna diferencia esencial: mundo administrado.

El partido de Estado centralista, que se perpetúa indefinidamente, es un escarnio de todo lo que se pensó alguna vez sobre la relación con el poder del Estado.[230]

S[artre] ha colocado en el centro, como correctivo, lo que la praxis que todo lo domina ya no toleraba, justamente el momento <u>irreductible</u> de la espontaneidad.

Cuanto menos posible es la espontaneidad en términos reales, tanto más la carga él temáticamente (el ejemplo del campo de concentración).

15/2/66

---

[229] Sobre las escasas declaraciones de Adorno acerca de Carl Schmitt, cf. también GS 4, p. 148 [*Minima Moralia*, ob. cit., p. 131] y NaS IV-13, pp. 325 y 453. Es muy improbable, por lo demás, que de la mención precedente de los partisanos se pueda deducir una lectura del escrito de Schmitt de 1963 (cf. Carl Schmitt, *Theorie des Partisanen. Zwischenbemerkung zum Begriff des Politischen*, Berlín, 1963).

[230] En las declaraciones de Marx y Engels e incluso en las de Lenin sobre la extinción final del Estado bajo el comunismo.

[31] A pesar del nominalismo extremo de Sartre, la filosofía de este se organiza según la vieja categoría idealista de la acción libre del sujeto. Así como para Fichte, para el existencialismo toda objetividad es indiferente, tal como, en las obras de teatro de Sartre, las relaciones y condiciones sociales son nebulosas, están rebajadas casi a meras ocasiones para la acción dramática. Esta es condenada a la irracionalidad por el estado de falta de objeto; una irracionalidad que, por cierto, debe de ser lo que menos pretende el pertinaz [32] ilustrado. La representación de la libertad de decisión absoluta es tan ilusoria como la del yo absoluto que da a luz al mundo a partir de sí. Las obras de teatro de Sartre desautorizan a la filosofía, a la que tratan con tonos de tesis. (31) La experiencia política más modesta bastaba para calar como puras fachadas las situaciones construidas como telón de fondo para la decisión de los héroes. Ni siquiera estéticamente debería postularse una decisión soberana tal dentro de un entramado histórico concreto. Un general que decide no dejar que se cometan más atrocidades con la misma irracionalidad con la que antes las disfrutaba; que levanta el sitio de una ciudad que ya le ha sido entregada mediante la traición y que funda una comunidad utópica, incluso en los desquiciados tiempos de un Renacimiento alemán romantizado, sería, si no asesinado de inmediato por los soldados amotinados, al menos sí destituido por sus superiores. Se aviene demasiado bien con esto el hecho de que el baladrón de Götz, instruido sobre su acción libre a través de la masacre de su Ciudad del Sol, pone su espontaneidad a disposición de un movimiento popular organizado que, con cierta facilidad, habría

Lección 25

[31] La decisión proviene de Kierkegaard;[231] en él, relacionada con la fe, sin ella pende en el aire.
Recaída en el idealismo fichteano: la acción libre en función de la acción. Solo que ahora fijada en lo <u>individual</u>; a través de ello, contingente, sin relación con una ley universal. Diferencia entre individuo + sociedad.
Indiferencia frente a la objetividad = ingenuidad en el juicio sobre las situaciones políticas. Estas son mera ocasión para la acción.
Esta está condenada a la irracionalidad.[232]

---

[231] Sobre la categoría kierkegaardiana de decisión, cf. GS 2, pp. 57, 61, 97 *passim* [*Kierkegaard. Construcción de lo estético*, ob. cit., pp. 50, 54, 84]; también NaS IV-7, p. 177.

[232] Que la crítica esbozada en lo que precede (y repetida en GS 6, pp. 59 y s. [*Dialéctica negativa*, ob. cit., pp. 55 y s.]) al concepto sartreano de espontaneidad –que aparece fundamentada a través de numerosos pasajes de *L'être et le néant*– alcanza realmente a su autor en toda su dureza, puede aparecer cuestionable a la vista de otros pasajes al menos programáticos; cf. por ejemplo: "La structure du choix implique nécessairement qu'il soit choix dans le monde. Un choix qui serait choix *à partir de rien*, choix *contre rien* ne serait choix de rien et s'anéantirait comme choix. Il n'y a de choix que phénoménal [...]" (Jean-Paul Sartre, *L'être et le néant. Essai d'ontologie phénoménologique*, París 1957, p. 559). Y lo que el propio Adorno le concede al Heidegger de *Ser y tiempo*: que, en su "esbozo", "se había salvado incluso algo de la libertad del pensamiento contra la mera positividad" (GS 6, p. 497 [*Jerga de la autenticidad*, ob. cit., p. 471]), debió haber sido al menos aplicable para Sartre. No menos verdadero sigue siendo, por cierto: "La subjetividad, entretanto realmente desvigorizada e interiormente debilitada [scil.: desde Kierkegaard] es aislada y –complementariamente a la hipóstasis heideggeriana de su polo opuesto, el ser– hipostasiada. La disociación del

que descifrar como imagen encubierta de aquel movimiento en contra del cual se sirve Sartre de la espontaneidad absoluta; enseguida, el viejo de la bolsa comete también –solo que, evidentemente, ahora con el consentimiento de la filosofía– aquellas atrocidades de las que había abjurado sobre la base de la libertad. El sujeto absoluto no escapa a los lazos que lo atan: las cadenas que él quería romper, las de la dominación, son una sola cosa con el principio de la subjetividad absoluta. La necedad del existencialismo político, así como la fraseología del despolitizado existencialismo alemán, tienen sus fundamentos filosóficos. El existencialismo promueve lo que de todos modos es: el mero ser-ahí de los seres humanos; una convicción que tiene que elegir esto como si pudiera elegir otra cosa. Si [33] el existencialismo enseña algo más que semejante tautología, hace una regresión a la instauración de la subjetividad que es para sí como lo único sustancial. Aquellas orientaciones que portan derivados del *existere* latino como divisa querrían restituir la realidad de la experiencia corpórea contra la ciencia individual alienada. Por ello no se apropian de nada sustancial; y lo que ellas postulan bajo el nombre de ἐποχή se venga de ellas imponiendo su poder a espaldas de la filosofía, en decisiones que, según esta, son irracionales. (32) El pensar expurgado de los contenidos objetivos no es superior a la ciencia individual aconceptual; ese pensar recae por segunda vez precisamente en ese formalismo que combate en defensa del interés esencial de la filosofía y que luego, *a posteriori*, es rellenado con préstamos contingentes, en particular de la psicología. La intención del existencialismo, al menos en su forma francesa radical, no debe realizarse a distancia de los contenidos objetivos, sino mediante una amenazante proximidad a ellos. La separación entre sujeto y objeto no puede ser superada mediante el mero acto del pensar; menos que todo, a través de la reducción al ser humano. Bajo el signo de esta –el de la existencia– se reflexiona de manera abstracta e irrelevante; este proceder es la imagen invertida del proceder de las ciencias individuales, que estrangula el pensamiento. Las escuelas agrupadas en torno a la existencia confiesan

[32] El diablo y el buen Dios.[233] *Un general que se decide a no cometer más atrocidades con la misma irracionalidad con la que antes las disfrutaba y que funda una comunidad utópica no es posible siquiera como ficción estética. Se convierte en el viejo de la bolsa, en la parodia de Holofernes hecha por Nestroy.*[234]

Él [scil. el general Götz], después de la inevitable catástrofe de su Ciudad del Sol, se convierte también en condottiere *de un movimiento popular organizado, que podría ser descifrado con bastante facilidad como imagen encubierta de un movimiento totalitario. (¡Administración!).*

El Goetz sartreano vuelve a cometer enseguida –sin protesta de la idea dramática– sus atrocidades. Desemboca en la afirmación de los medios en beneficio del fin, sin consideración hacia su dialéctica.

S[artre] avanza hasta el punto en que el sujeto absoluto no puede salir de su enredo. Por lo demás, la conciencia burguesa se había elevado hasta allí: Ibsen.

La verdadera razón para esto no aparece en él. Ella es: las cadenas que el sujeto absoluto querría romper, las de la dominación, están unidas al principio de la subjetividad absoluta. Su libertad abstracta = dominación.

El existencialismo duplica, *como ya lo hace en el nombre, la mera existencia del ser humano.*

Se convierte en su convicción, como si tuviera alguna otra elección que la de existir. – El sentido, en virtud de su ausencia, se convierte en tautología.

[33] Aquello que toma como divisa los derivados de existere *querría restituir la realidad de la experiencia y de la autoexperiencia corpóreas,*

---

sujeto, lo mismo que la del ser, desemboca, de manera palmaria, en el Sartre de *L'être et le néant*, en la ilusión de la inmediatez de lo mediado. El ser está tan mediado por el concepto y, por tanto, por el sujeto, como, a la inversa, el sujeto está mediado por el mundo en que vive, como impotente y meramente interior es también su decisión. Tal impotencia hace que la no-esencia cósica triunfe contra el sujeto" (GS 6, p. 129 [*Dialéctica negativa*, ob. cit., p. 122]).

[233] Cf. Jean-Paul Sartre, *Le Diable et le bon Dieu*, París, 1951.

[234] El travestismo de Nestroy, con la canción "Judith y Holofernes", de 1849, parodia la *Judith* (1840) de Hebbel.

cuán poco capaces son de aquella enajenación a la que aspiran mediante el recurso a la existencia humana individual, y en contra del sujeto trascendental, en la medida en que, aun en sus gradaciones nominalistas, querrían dominar filosóficamente lo que no es asimilado en su concepto, lo que le es contrario; en la medida en que, según el modelo hegeliano, lo reducen, a su vez, a su concepto. El concepto de lo no conceptual ha de pertenecer al pensar. Dóciles en esto a la tradición, retroceden ante su propia tarea [34] de perseguir conceptualmente a aquello que se le niega al concepto, en lugar de dejar que se asimile y evapore mediante la subsunción bajo su propio concepto.

El proceder tiene, en los lenguajes, su arquetipo lejano y vago en los nombres, que no recubren las cosas con categorías sacrificando, por cierto, su función cognitiva. (33) Lo que el conocimiento sin inhibiciones quiere es aquello a lo que, según le machacaron, debía resignarse, y aquello que los nombres oscurecen al poseerlo; la resignación y el enceguecimiento suelen complementarse ideológicamente. La exactitud idiosincrásica en la elección de las palabras de las que se sirve el conocimiento, como si ellas debieran designar la cosa, no es una de las menores razones para que la exposición sea esencial, y no un *medium* externo, para la filosofía. (34) El fundamento cognoscitivo para tal insistencia de la expresión frente al τόδε τι es su propia esencia dialéctica, su mediación conceptual en ella misma; ella es el punto de acceso para concebir lo que de aconceptual hay en la expresión. En la medida en que toma conciencia críticamente de lo latentemente conceptual en lo existente, el conocimiento alcanza virtualmente lo opaco, y solo lo hace dentro de esta relación. Pues la mediación en lo aconceptual no es algo que haya quedado como resto después de la sustracción y que remita a una mala infinitud de tales procedimientos. Antes bien, la mediación de la ὕλη es su historia implícita. La filosofía extrae lo que de algún modo la legitima a seguir adelante de algo negativo: del hecho de que aquel elemento indisoluble ante el cual ella capituló, y del que se desvía la violencia del idealismo, en su ser-así-y-

la mismidad contra el papel, contra la ciencia individual alienada. Por miedo a la cosificación, se retrocede ante lo sustancial, que hace referencia a la antítesis entre existencia y esencia. Lo existente no es tomado en serio. Bajo mano, todo contenido vuelve a convertirse en mero ejemplo. De ahí el <u>carácter de tesis</u> de las obras de teatro sartreanas y aun de algunas novelas de Camus, en crasa contraposición con Beckett. – Fenómenos parecidos en Brecht. Referencia a "Compromiso".[235]

Lo que quería salir del formalismo, desemboca en un segundo formalismo; del modo más patente, en el ser indeterminado, y es llenado <u>a posteriori</u>; en general, con psicología.

La orientación, al menos del existencialismo francés radical –"comprometido"–, no puede realizarse a distancia de las cosas concretas (por lo demás, aparece el mismo problema en las abstracciones brechtianas).

Separación entre s[ujeto] + o[bjeto] no debe ser superada mediante un mero acto de pensamiento; menos que todo, a través de una invocación del ser humano.

A través del mero <u>concepto</u> de lo no conceptual no se torna este apropiado para el pensar.

Habría que seguir conceptualmente aquello que se rehúsa al concepto, en lugar de asimilarlo –y dejar que se evapore mediante la subsunción bajo su concepto.

[34] El proceder al que hago referencia tiene su modelo más remoto en los <u>nombres</u>, que no recubren a las cosas con categorías sacrificando, por cierto, su función cognitiva.

Lo que el conocimiento sin inhibiciones quiere es aquello con lo que, según le machacaron, debía resignarse, y aquello que los nombres oscurecen poseyéndolo: la resignación y el oscurecimiento se complementan ideológicamente. "Decirlo" – le dire sans savoir quoi.[236]

---

[235] Cf. el artículo de Adorno que lleva ese título, GS 11, pp. 409 y ss. [*Notas sobre literatura*, ob. cit., pp. 393 y ss.].

[236] La formulación cita una de Beckett en *L'Innommable:* "Cela, dire cela, sans savoir quoi" (Samuel Beckett, *L'Innommable*, París, 1953, p. 8).

no-de-otra-manera, es a su vez un fetiche, el de la irrevocabilidad del ente. Este fetiche se deshace ante la prueba de que el ente no es simplemente así y no de otro modo, sino que llegó a ser bajo ciertas condiciones. Este devenir reside en la cosa; no puede ser inmovilizado en el concepto, como tampoco disociado de su [35] resultado y (35) olvidado. Aquí convergen la dialéctica idealista y la materialista; mientras, para el idealismo, la historia intrínseca de la inmediatez justifica a esta como estadio del concepto, ella se convierte, para la dialéctica materialista, en criterio, no solo de la no verdad de los conceptos, sino aún más de lo inmediato que es; común a ambas es el énfasis sobre la historia coagulada en los objetos.

De ahí la función constitutiva de la <u>exposición</u>.

Relevancia de la exposición significa: exactitud idiosincrásica en la elección de las palabras, como si ellas debieran designar la cosa, como si ellas fueran el nombre de esta. Si el "esta cosa acá" está en sí mediado conceptualmente, el lenguaje puede atacar esta mediación.

Se aproxima a lo opaco.

La mediación en la ὕλη es su historia implícita.

La fil[osofía] extrae su elemento positivo de algo negativo: del hecho de que lo indisoluble –ante lo cual ella capituló y del que se desvía el idealismo–, en su ser-así-y-no-de-otra-manera, es a su vez un fetiche, el de la irrevocabilidad del ente.

Esto se deshace ante la demostración de que el ente no es simplemente así y no de otra manera, sino que llegó a ser bajo ciertas condiciones.

Este devenir reside en la <u>cosa</u>; no puede ser inmovilizado en el concepto, como tampoco disociado de su [35] resultado y olvidado.

En esto, analogía entre la dialéctica idealista y la materialista.

Para el idealismo, la historia intrínseca de lo inmediato justifica en cada caso a este. Para el materialismo, dicha historia es la medida de la no verdad.

a) de los conceptos; p. ej., de la teoría del liberalismo (crítica de la ideología);

b) de la realidad que no es tal como su concepto promete (crítica de la sociedad).

En ambos casos, énfasis sobre la historia coagulada (modelo: trabajo coagulado)

17/2/66[237]

---

[237] La última fecha anotada por Adorno; probablemente, en consecuencia, dictó el 17 de febrero la última lección del semestre de invierno y llegó hasta la anotación para la cual escribió esa fecha; en la versión publicada como libro de *Dialéctica negativa*, corresponde a GS 6, p. 62, mitad de página [*Dialéctica negativa*, ob. cit., p. 59]. Las siguientes anotaciones no parecen haber sido tenidas ya en cuenta en las lecciones.

ANOTACIONES ADICIONALES

[35] La fuerza de la dialéctica negativa es la de lo <u>no</u> realizado en la cosa.

Volver al <u>lenguaje</u>: las palabras, con todo, <u>siguen siendo</u> conceptos; no son, como sugiere su idea, los nombres de la cosa misma.

Oquedad entre los nombres y la cosa misma.

Con esto se <u>corresponde</u> un sedimento de relatividad y arbitrariedad, tanto en la elección de las palabras como en la representación en su conjunto. La palabra más precisa, por sí sola, no es idéntica consigo misma.

Por ende, <u>reflexión</u> crítica sobre los conceptos frente a su autoridad lingüística, algo que incluso Benjamin admitía.

Solo los conceptos pueden consumar lo que el concepto impide, el τρώσας ἰάσεται.[238]

<u>Ningún</u> concepto es, en cuanto general, idéntico a aquello a lo que hace referencia y con lo cual <u>quiere</u> ser idéntico en virtud de la cópula.

El concepto tiene <u>fallas</u> que pueden ser determinadas.

Esto induce a que sea corregido a través de otros.

La esperanza del nombre reside en la <u>constelación</u> de los conceptos, que cada uno reúne alrededor de sí con vistas a su propia corrección.

---

[238] Cf., en la versión publicada como libro de *Dialéctica negativa*, hay un τρώσας ἰάσεται (GS 6, p. 62 [*Dialéctica negativa*, ob. cit., p. 59]), una cura de la herida. Adorno parafrasea con ello una de sus ideas fundamentales, la de una cura de la alienación a través de la alienación, de la negación de la cosificación mediante la cosidad; la idea de que, como él decía a menudo citando al *Parsifal* de Wagner, solo cura la herida la lanza que la produjo.

A esto se aproxima el lenguaje de la fil[osofía] a través de la negación determinada.

[36] La renuncia a nadar en el sentido de la corriente principal. Contra la corriente + main stream, *mal argumento contra mi crítica a Heidegger.*
Contraargumento: en algunas situaciones, intentar lo que carece de perspectivas. Aun la polémica no es un nuevo contexto de influencia, sino una forma.
Precisamente aquí reside el excedente de una espontaneidad <u>fundada</u>.
Además, la imposibilidad de intervención no debe ser hipostasiada.
Una de las tendencias dominantes de toda la fil[osofía] moderna: suprimir de la fil[osofía] todos los elementos tradicionales (precisamente <u>esta</u> es su tradición más reciente); consignar la historia, en cuanto ciencia fundada en hechos, a una disciplina separada.
Presunta inmediatez de la subjetividad. El ideal del presente puro se corresponde, en consideración al tiempo, al de la sensibilidad en relación con el espacio.
Afinidad entre Bacon y Descartes.

[37] Lo que es histórico, lo que no se subordina a la atemporalidad de la lógica pura, se torna ídolo, superstición.
Pero la tradición es <u>inmanente</u> al conocimiento en cuanto mediación de sus objetos. Participa categorialmente del conocimiento qua *recuerdo: no hay conocimiento, ni siquiera lógico-formal, sin conservar lo pasado. Deducción de Kant.*[239]

---

[239] Según las lecciones de Adorno sobre la *Crítica de la razón pura*, en la deducción de las categorías, Kant piensa, "en aquellos estados de cosas universales, pero sin embargo ligados a la individuación, como el estado de cosas del recuerdo, de la reproducción de la imaginación, que inclusive [...] constituye, en realidad, el centro de la construcción trascendental en Kant" (NaS IV-4, p. 232).

(idiotización dominante = carencia de recuerdo)
La forma del pensar como movimiento motivado, que avanza en el plano intratemporal, se asemeja microcósmicamente al movimiento macrocósmico, histórico.
El pensar es la interiorización de la historia.
Pero como no hay tiempo sin algo temporal, un ente, la historicidad intrínseca del pensar no permanece como una forma pura.
Está entretejida con su contenido y precisamente eso se llama tradición.
El sujeto puro, absolutamente sublimado sería un punto, i.e., absolutamente carente de tradición.
La atemporalidad es la cumbre del enceguecimiento de la conciencia.
Este es el verdadero límite del tema de la autonomía.

[38] *Naturalmente, la tradición no puede ser traída desde afuera, arbitrariamente. – La heteronomía es la antítesis abstracta de la autonomía.*
El pensar debe movilizar la tradición <u>inmanente</u>; precisamente esto significa experiencia intelectual.
El momento tradicional como constituens, *como "mecanismo oculto en las profundidades del alma".*[240]
Bergson como tentativa para resistir la destemporalización del pensar.
Aquí está el núcleo de un concepto de <u>experiencia intelectual</u>.
Pero: la participación de la fil[osofía] en la tradición es la <u>negación</u> determinada de esta. Tradición qua *crítica de los textos. (N.B. relación con el material espiritualmente preformado).*
A partir de ellos se torna la fil[osofía] conmensurable con la tradición.
En esto se basa su momento <u>interpretativo</u>.
Ella no tiene que hipostasiar ni el símbolo ni lo simbolizado.

---

[240] "Este esquematismo de nuestro entendimiento, con respecto a los fenómenos y a la mera forma de ellos, es un arte escondida en las profundidades del alma humana, cuyas verdaderas operaciones difícilmente le adivinemos alguna vez a la Naturaleza, y las pongamos en descubierto a la vista" (Immanuel Kant, *Crítica de la razón pura*, ob. cit., p. 240, A 141, B 180 y s.).

La verdad es el <u>descubrimiento</u>: secularización de la relación con los textos sagrados.

En dicha relación, confiesa lo que en vano niega bajo el ideal del método, su esencia lingüística.

En su historia más reciente, esto es difamado en cuanto <u>retórica</u>.[241]

[39] Aislada, cosificada como medio, sin la verdad del fin, la retórica era el medium *de la <u>mentira</u> en la fil[osofía].*

El desprecio hacia ella saldaba su culpa.

Pero su conversión en tabú extirpó lo que no puede ser pensado sino en el lenguaje, el momento mimético del pensamiento.

Ella sobrevive en los postulados de la exposición, en oposición a la comunicación de contenidos fijados, que es indiferente hacia su forma.

Al mismo tiempo, está ella constantemente expuesta a la corrupción por efecto de la finalidad persuasiva.

La alergia a la expresión se extiende, desde Platón, a la fil[osofía], en concordancia con la tendencia general de la Ilustración, que condena todo lo indisciplinado: el canon del tabú mimético en el pensar es la lógica formal.

La conciencia cosificada está llena de rencor contra lo que a ella le falta.

A la expulsión del lenguaje del ámbito de la fil[osofía] (= su matematización) se opone el esfuerzo lingüístico de la filosofía. – Referencia a que la experiencia lingüística <u>está ausente</u> en la mayoría.

Justamente, no seguir la inclinación lingüística, sino presentarle resistencia mediante la reflexión.

Chapucería lingüística + gestualidad científica confluyen.

---

[241] La salvación de la retórica que hace Adorno –cf. también en lo que sigue, p. 313, así como, ante todo, GS 6, pp. 65 y s. [*Dialéctica negativa*, ob. cit., pp. 61 y s.]– debería confrontarse con la crítica más convencional de Lévinas a la retórica como "violencia por excelencia, es decir, injusticia", en cuanto "discurso en la posición de aquel que especula con su prójimo" (Emmanuel Lévinas, *Totalidad e infinito*, ob. cit., pp. 93 y s.).

[40] La expulsión del lenguaje en la fil[osofía] <u>no</u> es desmitologización del pensar.

Junto con el lenguaje sacrifica la fil[osofía] aquello en lo cual mantiene una relación con su objeto diferente de la meramente significativa.

Solo en cuanto lenguaje puede lo semejante conocer lo semejante.

Al mismo tiempo, no debe ignorarse la crítica nominalista a la retórica.

*Por lo demás, ella es <u>más antigua</u> que el nominalismo: Platón.*²⁴² *En el Cratilo, relación dialéctica con el lenguaje: este es herramienta, convención, pero no arbitrariamente, ya que contiene el momento de la <u>semejanza</u>.*

Abordar brevemente el diálogo Cratilo. * *30a*

*[Interpolación 30a:] <u>Cratilo</u>.*²⁴³
Tema: ¿el lenguaje es naturaleza o convención?
existe sin duda la corrección.
Pero el lenguaje pertenece a la πράξεις *[(]i.e., es esencialmente <u>herramienta</u>)*
Convención, pero no arbitrario.
Criterio de los iniciados en la materia, el διαλεκτικός.

<u>*predomina*</u> *la perspectiva nominalista, pero también el momento realista contrapuesto, que está ligado al concepto de mímesis de las cosas a través de las palabras primarias.*

El <u>ideal</u> lingüístico de P[latón] es antiheraclíteo, i.e., el ideal de significados firmemente sostenidos. [Fin de la interpolación]

---

²⁴² Aquí seguía, a continuación, la oración luego tachada: "*Se relaciona con la <u>hipóstasis</u> de las ideas como de algo existente en sí, frente a lo cual, como esto solo necesita ser comunicado, el 'cómo' es indiferente*" (Vo 11060).

²⁴³ Sobre la alternativa entre la teoría del lenguaje mimética y la más convencional, y la crítica irónica de Platón a ambos en el diálogo *Cratilo*, cf. también Hermann Schweppenhäuser, "Sprachphilosophie", en *Philosophie*, ed. de Alwin Diener e Ivo Frenzel, Frankfurt, 1958, pp. 315 y s.

La dialéctica debe salvar el momento lingüístico <u>críticamente</u>, i.e., a través de la precisión de la expresión. El lenguaje es tanto un <u>elemento separador</u> entre pensamiento y cosa como aquello que puede ser movilizado contra esa separación.

Este es el momento de verdad de la fenomenología en cuanto análisis del lenguaje (y del significado).

La exactitud de la expresión se apropia de aquello que parecía una deficiencia del pensar, precisamente la con[exión] con el lenguaje.

En la cualidad retórica, la cultura, la sociedad, toda la tradición se plasman en el pensamiento que ella comunica; lo puramente antirretórico está ligado a la barbarie en la que concluye el pensar burgués.

(Prueba de esto: el lenguaje bárbaro de las ciencias del espíritu; "en el siglo XVII, aún no se le abría la cancha a la subjetividad en la literatura alemana" (Trunz).[244] *– Aquí, con[exión] entre forma + contenido[.]*

El rencor en la difamación de Cicerón, en el rencor de Hegel contra los presuntos literatos de la Ilustración:[245] *la <u>miseria</u> de la vida les arrebató la libertad de pensamiento. El índex de la excesiva puntillosidad es la chapucería lingüística.*

La dialéctica busca dominar el dilema entre la opinión arbitraria y lo correcto inesencial.

Tiende al <u>contenido</u> como a lo abierto, lo no decidido de antemano por el armazón: protesta contra el mito.

El conocimiento que pretende el contenido hace referencia a la utopía.

[41] Ella [la utopía], la conciencia de la posibilidad, se adhiere a lo no distorsionado. Es lo posible, nunca lo inmediatamente real que le

---

[244] Erich Trunz (1905-2001), historiador de la literatura, responsable de la edición de Hamburgo de las obras de Goethe e investigador del Barroco, profesor en Praga, Münster y Kiel; como partidario comprometido de los nazis, le parecía a Adorno especialmente despreciable. No fue posible localizar la cita, pero cf., por ejemplo, Erich Trunz, *Weltbild und Dichtung im deutschen Barock. Sechs Studien*, Múnich, 1992.

[245] Cf. NaS IV-13, p. 393, nota 67.

obstruye el paso; por eso aparece siempre, en la realidad vigente, como abstracta.

Sirve a esta conciencia el pensar, un trozo de existencia que, aunque negativo, se extiende hasta lo no existente.

Aquí converge la fil[osofía]: en la más remota lejanía, la única que sería por primera vez la cercanía.

Ella es el prisma que atrapa su color.

Apéndice

(1) [1]
Sobre la teoría de la experiencia intelectual[1]

La filosofía, que durante un instante histórico pareció superada, ha sido devuelta a sí misma por el hecho de que se dejó pasar el instante de su realización.[2] Ella no es indiferente a esto. El juicio sumario sobre la filosofía según el cual ella habría meramente interpretado el mundo[3] y, por ende, se habría comportado frente a la realidad de un modo acomodaticio y mutilado, pierde evidencia una vez que el mundo no fue transformado y no proporciona el lugar desde el cual se ponía al descubierto en cuanto tal la insuficiencia de la teoría; quizás fue insuficiente esa interpretación que prometía la transición a la práctica. El instante del que depende la crítica de la teoría no puede ser eternizado teóricamente. La praxis aplazada *ad calendas graecas* ya no es la instancia de apelación contra la filosofía. A la inversa, esta, una vez que rompió la promesa de ser idéntica con la realidad, está obligada a criticarse a sí misma sin consideraciones. Tal crítica no puede detenerse a la vista de las cumbres más altas de la filosofía antes del cambio esperado. Ella debe reflexionar sobre si la filosofía es aún posible, y cómo lo es, después de la caída de la filosofía hegeliana, así como Kant preguntó por la posibilidad de la metafísica después de la [2] crítica del racionalismo. Si la teoría hegeliana de la dialéctica representa el intento inigualado de ponerse a la altura, mediante el concepto

---

[1] El título introducido por el editor responde a una marginalia manuscrita de Adorno (Ts 13352).
[2] Cf. *supra*, p. 103, nota 85.
[3] Cf. la cita de Marx *supra*, p. 103, nota 84.

filosófico, de lo que le es heterogéneo a este, hay que dar cuenta de cómo ha de pensarse dialécticamente una vez que este intento fracasó. La dialéctica idealista debía caer irrevocablemente. Pero el idealismo no fue una versión especial de dialéctica: él, antes bien, la engarzó con la primacía del sujeto absoluto como la fuerza que produce, negativamente, cada movimiento individual del concepto y la marcha dialéctica en su conjunto. El primado del sujeto está condenado históricamente, sin embargo, aun en la concepción hegeliana, que no solo deja detrás de sí la conciencia humana individual, sino también la trascendental kantiana y fichteana. Ese primado no solo es desplazado por la falta de vigor del pensamiento que se debilita, que queda desalentado ante la preponderancia del curso del mundo al querer construirlo. El idealismo absoluto –y cualquier otro resultó inconsecuente– es comprensiblemente insostenible. Ya a propósito del primer paso de la *Lógica* hegeliana cabría exponer esto. Para (2) poder equiparar el ser a la nada, aquella es sustituida, como algo absolutamente indeterminado, por su indeterminidad, es decir, por algo ya conceptual. Hegel se asegura a través de ello por anticipado –con una de esas travesuras que no le eran ajenas– de la prioridad del concepto, que luego ha de surgir como el resultado de toda la obra. La reanudación del proceso sobre la dialéctica –cuya forma no idealista, entretanto, se degeneró en dogma tanto como la idealista se degeneró en bien cultural–, decide aquí no solo sobre la actualidad de un modo históricamente transmitido del filosofar, o de la estructura filosófica del objeto del conocimiento. La fuerza persistente de Hegel fue que él le devolvió a la filosofía el derecho y la capacidad de pensar en términos de contenido, de no contentarse con el análisis de formas del [3] conocimiento vacías y, en sentido enfático, nulas. Un pensar que excluye este tema de la dialéctica recae, cuando se trata realmente acerca del contenido, o bien en lo arbitrario de la visión del mundo, o en aquel formalismo e indiferencia contra los cuales se había sublevado Hegel. Da testimonio histórico de esto la evolución de la fenomenología –que alguna vez estuvo animada por la necesidad de un contenido– hacia una invocación del ser en la que se rechaza todo contenido como una impureza. El filosofar en términos de contenido por parte de Hegel tenía como fundamento y resultado la primacía del sujeto o, de acuerdo con la famosa formulación de la consideración inicial de la *Lógica*, la identidad de identidad y no identidad;[4] lo individual determinado debía dejarse determinar por el espíritu porque su determinación no es otra cosa que espíritu. Sin esta suposición, según él, la filosofía ya no sería de ningún modo capaz de conocer el contenido y lo esencial, a menos que el concepto de dialéctica obtenido por vía idealista (3) albergue experiencias que no pueden ser descriptas por el aparejo idealista, en contra del énfasis hegeliano. De no ser así, sería ineludible aquella resignación de la filosofía que rechaza la comprensión en términos de contenido, se reduce a la metodología de las ciencias, considera que esa metodología es, por su parte, filosofía y virtualmente se suprime.

En términos metodológicos, la diferencia en cuanto al punto de partida –dictada por la historia– respecto de Hegel sería que la filosofía encuentra su interés verdadero allí donde Hegel, de acuerdo con la tradición, proclamó su desinterés: en lo carente de concepto; en aquello que, desde Platón, fue despachado como efímero e irrelevante, y sobre lo cual el propio Hegel pegó la etiqueta de la existencia perezosa. El concepto se vuelve urgente [4] en aquel punto al que él no llega: a la vista de aquello que su mecanismo de abstracción excluye, de aquello que no es ya ejemplar del concepto. Bergson, como Husserl, representantes de la Modernidad filosófica, impulsaron esto, pero retrocedieron ante la tarea. Bergson, por amor a lo no conceptual, mediante un acto de violencia, inventó un tipo diferente de conocimiento. No solo arrastró, con ello, la sal dialéctica hacia la corriente indiferenciada de la vida,

---

[4] Hegel, *Sämtliche Werke*, Jubiläumsausgabe, ed. de Hermann Glockner, vol. 4: *Wissenschaft der Logik*, parte I, Stuttgart, 1965, p. 78. [Nota de Adorno]

sino que, mediante un dualismo que apenas si fue menos rudo que los de Descartes y Kant –combatidos por él–, se le sustrajo al conocimiento válido aquello de lo que este se ocupa. A él no le preocupó que lo que él se había propuesto, si no debía permanecer en un estado quimérico, solo puede ser alcanzado con el instrumental del conocimiento, mediante la reflexión sobre sus propios medios; no mediante un procedimiento que, desde el vamos, carece de mediación con el del conocimiento. El lógico Husserl, en cambio, destacó nítidamente el modo de tomar conciencia de la esencia frente a la abstracción generalizadora. Él tenía en mente una experiencia intelectual específica que debía poder extraer intuitivamente la esencia a partir de lo particular. La esencia, sin embargo, que esa experiencia buscaba (4) no se diferenciaba en nada de los conceptos universales corrientes. Entraba en una contradicción no dialéctica entre las operaciones de percepción de la esencia y su *terminus ad quem*. La insuficiencia de ambos intentos de ruptura tiene como causa el hecho de que ninguno de ambos consiguió escapar al idealismo: Bergson se orientó hacia los datos inmediatos de la conciencia; Husserl, hacia los fenómenos del flujo de la conciencia. El acento puesto en el concepto universal como lo sustancial no es otra cosa que el acento puesto sobre el sujeto, sancionado por ambos como constitutivo; el primado del concepto es el del ego trascendental. Contra ambos habría que insistir sobre aquello hacia lo que en vano se orientaron.[5] En la filosofía hay que decir, en contra de Wittgenstein, lo que no [5] se puede decir.[6] La

---

[5] Cf. la versión definitiva sobre las tentativas de ruptura de Bergson y Husserl en GS 6, pp. 20 y s. [*Dialéctica negativa*, ob. cit., pp. 19 y s.].

[6] Hay que pensar nuevamente (cf. *supra*, nota 139) en la última oración del *Tractatus logico-philosophicus*, sobre el cual escribió Adorno: "La sentencia de Wittgenstein 'Acerca de lo que no se puede hablar es preciso callarse', en la que repercute el extremo del positivismo con el porte de la autenticidad reverencial-autoritaria, y que ejerce, por ello, una especie de sugestión de masas intelectual, es totalmente antifilosófica: cabe definir la filosofía –si es que es posible hacerlo de algún modo– como el esfuerzo por decir algo de eso

simple contradicción de esta exigencia es la de la filosofía como tal: la contradicción califica a la filosofía de dialéctica antes de que ella se enrede en sus contradicciones concretas. El trabajo de la autorreflexión de la filosofía se ocupa de esta paradoja. Todo lo demás es significación, construcción *a posteriori*; hoy, como en tiempos de Hegel, es prefilosófico. Un resto, aunque dudoso, de la confianza en que a pesar de todo es posible, para la filosofía, que el concepto pueda sobrepasarse a sí mismo, ir más allá de lo preparatorio y delimitador y pueda, a través de eso, concebir lo privado de concepto, es imprescindible para la filosofía; de lo contrario, ella debería capitular y, con ella, todo el espíritu; ya no sería posible pensar, ya no habría ninguna verdad, todo equivaldría enfáticamente a nada. Pero lo que de la verdad se encuentra mediante los conceptos, más allá de su alcance abstracto, no puede tener otro escenario que el de lo oprimido, descartado y despreciado por los conceptos. La utopía del conocimiento sería abrir lo privado de concepto mediante el concepto sin equipararlo a él. Entonces experimentaría un cambio de función una idea que fue legada por el idealismo y que, más que cualquiera otra, está pervertida por él: la de lo infinito. La filosofía no quiere agotar su objeto según el uso científico; no quiere reducir los fenómenos a un (5) mínimo de proposiciones; la polémica de Hegel contra Fichte, que parte de una "máxima",[7] indica esto. Antes bien, la filosofía quiere sumergirse –no de manera aparente, sino literalmente– en lo que le es heterogéneo sin reducirlo a categorías prefabricadas. Ella querría ajustarse tan estrechamente a lo heterogéneo como lo desearon el

---

acerca de lo que no se puede hablar, por contribuir a expresar lo no idéntico, aun cuando la expresión, sin embargo, siempre identifique. Hegel intenta hacerlo" (GS 5, p. 336 [*Tres estudios sobre Hegel*, ob. cit., p. 134; la traducción ha sido levemente modificada]). Cf. también GS 6, p. 21 [*Dialéctica negativa*, ob. cit., p. 21], GS 8, pp. 336 y s., [*Escritos sociológicos*, ob. cit., p. 313], así como NaS IV-4, pp. 271 y 399.

[7] No fue posible localizar la cita.

programa fenomenológico y el simmeliano, sin que estos hayan sido capaces de dominar la enajenación no restringida. El contenido filosófico solo puede ser aprehendido allí donde no es impuesto por la filosofía. La ilusión de que ella puede confinar la esencia dentro de la finitud de sus determinaciones debe ser abandonada. Quizás la palabra "infinito" solo se les escapó de manera tan fatalmente simple de la boca a los filósofos idealistas [6] porque estos aún querían calmar la acuciante duda acerca de la magra finitud de su aparato conceptual; aún el de Hegel, que pretendía lo contrario. La filosofía tradicional cree poseer su objeto en cuanto infinito y, a través de ello, se torna, en cuanto filosofía, finita, limitada. Una filosofía modificada debería abandonar esa pretensión, no dejarse convencer ni convencer a otros de que ella dispone acerca de lo infinito. En lugar de ello, ella misma se haría infinita en la medida en que desdeñaría permanecer fijada en un corpus de teoremas susceptibles de ser contados. Ella busca verdaderamente su contenido en la multiplicidad, no dominada por ningún esquema, de los objetos que se le imponen o que ella elige; se entrega seriamente a ellos si no los emplea como un espejo del cual ella se descubre a sí misma, confundiendo su copia con la concreción. Tal filosofía no sería otra cosa que la experiencia plena, no reducida, en el *medium* de la reflexión conceptual; mientras que incluso la "Ciencia sobre la experiencia de la conciencia"[8] degradó los contenidos de la experiencia a ejemplos de las categorías. Lo que induce a la filosofía a acometer el esfuerzo de Sísifo de su propia infinitud es la expectativa sin garantías de que todo lo individual y particular que obtiene presenta en ella, al igual que la mónada leibniziana, aquella totalidad que, en cuanto tal, siempre

---

[8] Esto es: la *Fenomenología del espíritu* de Hegel; originariamente, en la primera edición de 1807, el libro era presentado como "Primera parte" de un "Sistema de la ciencia", que, a su vez –según el prefacio, pero antes de la introducción– era mencionado como "Primera parte" y, en cuanto tal, llevaba el subtítulo: "Ciencia sobre la experiencia de la conciencia".

vuelve a escapársele, por cierto, de acuerdo con la desarmonía antes que con la armonía preestablecida. (6) El viraje metacrítico contra la *prima philosophia* es al mismo tiempo el viraje contra la finitud de una filosofía que suelta peroratas acerca de la infinitud pero que no la respeta. El conocimiento no posee completamente ninguno de sus objetos. No debe preparar la alucinación de un todo, sino que la verdad debe cristalizarse en ella. De modo que no puede ser la tarea de una interpretación filosófica [7] del arte producir la identidad de obra y concepto, agotar a aquella en este; la obra, sin embargo, se despliega en la interpretación filosófica. Lo que se deja ver, en cambio, ya sea como avance plausible de la abstracción, ya como aplicación del concepto a lo comprendido por él puede ser útil como técnica en el sentido más amplio: para la filosofía, que no se deja encasillar, es indiferente. Esto implica que la filosofía que quiere conquistar su objeto no tiene a este como algo garantizado. De otro modo, ella sería ya tautología. Por principio, ella siempre puede equivocarse y solo por eso puede ganar algo. Escepticismo y pragmatismo, y finalmente la versión extremadamente humana del segundo, la de John Dewey, han admitido esto; pero habría que incorporarlo como fermento a una filosofía enfática, en lugar de renunciar a esta mediante la antítesis absoluta entre el saber absoluto y el relativo. Frente al dominio total del método, ella contiene como correctivo el momento del juego, que la tradición de la cientifización de la filosofía querría extirparle. Ella es lo más serio de todo; pero, a su vez, no es tan seria. Lo que aspira a aquello que ello mismo no es ya *a priori* y sobre lo cual no tiene un poder garantizado pertenece, según el propio concepto, también a una esfera de lo indómito, que fue convertida en tabú por la esencia conceptual. El concepto no puede representar la cosa de lo que él suplantó, la mímesis, sino apropiándose de algo de esta en sus propios modos de comportamiento; y esto, de acuerdo con los criterios conceptuales, roza lo lúdico. En esa medida, el momento estético, aunque por motivos totalmente diferentes que en Schelling, no es accidental para la filosofía. [7a] Por el hecho de que el pensamiento no ingenuo, que reflexiona sobre sí mismo, sabe que él no posee ese momento por completo y, con todo, siempre debe hablar como si lo tuviera por completo, asume rasgos de lo lúdico que no puede negar, pero que abren precisamente aquellas de sus perspectivas a través de las cuales él tiene la esperanza de alcanzar aquello que le está negado. [7, continuac.] No corresponde menos, sin embargo, a ella [scil.: la filosofía] superar esto mediante la (7) rigurosidad de sus comprensiones de lo real. Estas cosas y el juego son los polos en los que se dirime su tensión. (7a) La afinidad de la filosofía con el arte no autoriza a la primera [8] a tomar préstamos del segundo; menos que todo en virtud de las intuiciones que los bárbaros toman por la prerrogativa del arte. Las intuiciones difícilmente caigan sobre el trabajo artístico en forma aislada, como ominosos rayos caídos desde lo alto. Están inextricablemente fusionadas con la ley formal de la construcción; si se las quisiera disociar, no darían más que un valor marginal. El pensar no posee fuentes privilegiadas cuya frescura lo liberaría del pensar; no se dispone de ningún tipo de conocimiento que sea absolutamente diferente del conocimiento que controla; un conocimiento del cual el intuicionismo huye desesperadamente y en vano. Una filosofía que imitara al arte, que quisiera convertirse en obra de arte de manera espontánea, estaría ya arruinada. Postularía la pretensión de identidad: que su objeto se disuelva en ella, concediendo a su modo de proceder una supremacía que subordina bajo sí como material lo heterogéneo; mientras que la relación de la filosofía con lo heterogéneo es temática para la filosofía. Arte y filosofía no tienen su elemento común en la forma, o en el procedimiento configurador, sino en un modo de comportamiento que prohíbe la seudomorfosis. El concepto filosófico no desiste del anhelo que anima al arte en tanto aconceptual y cuya realización se escapa de la inmediatez aconceptual como de una apariencia. El concepto, órgano del pensar y, sin embargo, el muro entre este y lo que se ha de pensar, niega aquel anhelo; la filosofía no puede ni eludir tal negación ni plegarse a ella. Su tarea es el empeño en ir más allá del concepto mediante el concepto, sin hacer ninguna concesión al engaño de que él tendría ya de algún modo su cosa.

(7, continuac.) [9] La filosofía, incluso después de haber roto con el idealismo, no puede prescindir de la especulación, a la que concedió un lugar de honor el idealismo y que fue descartado junto con este. A los positivistas no les resulta difícil acusar de especulación al materialismo marxista, que parte de leyes esenciales objetivas, de ningún modo de los datos inmediatos o de proposiciones protocolares. Para descartar la sospecha de ideología, es más conveniente denominar a Marx un metafísico que un enemigo de clase. Pero el terreno seguro es una alucinación allí donde la pretensión de verdad exige que uno se eleve por encima del supuesto suelo. La filosofía se convierte en capacidad de resistencia en la medida en que no se deja despachar con aquello que quiere delimitarle su interés esencial, en lugar de satisfacerlo, aunque solo sea mediante un "no". Esta es la justificación de los movimientos de reacción en contra de Kant desde el siglo XIX; lo cual, por cierto, siempre los ha comprometido, a su vez, a través del oscurantismo. La resistencia de la filosofía necesita del despliegue de esta. Aun la música, y, por cierto, todo arte, no encuentra cumplido el impulso que anima, en cada caso, el primer compás de manera inmediata, sino solo a partir de su desarrollo articulado. En esa medida ella, por más que sea también apariencia que se muestra como totalidad, ejerce a través de esta última una crítica a la apariencia. Semejante mediación le sienta igualmente bien a la filosofía. Si esta se arroga decir esto de manera apresurada, sin aquella mediación, le cabe el veredicto hegeliano sobre la profundidad vacía. Aquel que pronuncia la profundidad, por ejemplo, mediante la repetición tibetana del vocablo "ser", se vuelve, a través de ello, tan poco profundo como es poco metafísica una novela que refiere las opiniones metafísicas de sus personajes. La filosofía participa de la idea de profundidad solo en virtud de su aliento del pensar. (8) El modelo para esto es, en la Modernidad, la deducción kantiana de los conceptos puros del entendimiento, a propósito de la cual dijo su autor, con una ironía abismalmente apologética, que su examen era: [10] "algo profundamente planteado".⁹ También la profundidad es, como no se le escapó a Hegel, un momento de la dialéctica, no una cualidad aislada. De múltiples formas es producida su apariencia a través de la complicidad con el sufrimiento. Según una abominable tradición alemana, figuran como profundos aquellos pensamientos que se juramentan por la teodicea del mal y de la muerte. Se introduce subrepticiamente un *terminus ad quem* teológico, como si decidiera, sobre la dignidad del pensamiento, su resultado, la confirmación de la trascendencia, o la inmersión en la interioridad, el mero ser para sí; como si la retirada respecto del mundo fuera sin más una con la conciencia del fundamento del mundo. Frente a las alucinaciones de la profundidad –que, en la historia del espíritu, estuvieron siempre bien dispuestas frente a lo existente, que es demasiado trivial para ellos– su medida verdadera sería quizás la resistencia. El poder de lo existente erige las fachadas contra las cuales se estrella la conciencia; esta debe tratar de atravesarlas; solo esto le concedería, al postulado de la profundidad, un sentido no ideológico. En tal resistencia sobrevive el momento especulativo: lo que no se deja prescribir su ley por los hechos dados, los trasciende incluso mediante el contacto más estrecho con los objetos. (9) El excedente especulativo del pensamiento sobre lo que él puede alcanzar es su libertad. Esta se funda en el impulso expresivo del sujeto, una condición para toda verdad; se funda en la necesidad de conceder voz al sufrimiento. Pues el sufrimiento es el ímpetu de la objetividad que pesa sobre el sujeto; lo que este experimenta como lo más subjetivo suyo, su expresión, está mediado objetivamente. Esto puede ayudar a explicar que, para la filosofía, su expresión no le es [11] indiferente y externa, sino inmanente a su idea; su momento expresivo integral, de carácter aconceptual-mimético, solo puede expresarse a través de la exposición –el lenguaje–. La libertad de la

---

⁹ Immanuel Kant, *Crítica de la razón pura*, A XVI. [Nota de Adorno]

filosofía no es otra cosa que la capacidad de contribuir a que se profiera su no libertad. Si el momento expresivo se arroga ser algo más que esto, degenera en visión del mundo; cuando renuncia al momento expresivo y a la obligación de exponer, se coloca al nivel de la ciencia, sobre la cual debe reflexionar y más allá de la cual debería pensar su reflexión. Expresión y rigurosidad no son posibilidades dicotómicas de la filosofía. Se necesitan mutuamente, ninguna existe sin la otra; la expresión es liberada de su contingencia a través del pensar —a partir del cual se desarrolla, así como el pensar es desarrollado a partir de la expresión—; el pensar se torna concluyente recién a través de su expresión, la exposición verbal; lo que ha sido dicho de manera laxa ha estado siempre mal pensado. En la expresión, se le impone a lo expresado la rigurosidad; la expresión no es un fin en sí mismo que se obtiene a expensas de lo expresado, sino que lo salva de la enajenación cósica, que, por su parte, constituye un objeto de la crítica filosófica. La filosofía especulativa sin basamento idealista exige la fidelidad a la rigurosidad con vistas a romper con los abusos autoritarios del idealismo. Benjamin, cuyo esbozo originario sobre los Pasajes unía una capacidad especulativa incomparable con la proximidad micrológica a los contenidos factuales, en una correspondencia sobre el primer estadio, auténticamente metafísico, de aquel trabajo, juzgó, en una fase ulterior (10), que él solo podía llevarse a cabo en cuanto "'ilícitamente' poético".[10] Esta capitulación designa tanto la dificultad de la filosofía que no quiere divagar como el punto en el cual su concepto debe seguir siendo desarrollado. Esa afirmación debe ser puesta en relación con [12] la adopción dogmática y, en esa medida, por otro lado, como visión del mundo, de un materialismo dialéctico inmovilizado. Pero el hecho de que Benjamin no pudiera avanzar en la redacción definitiva de la teoría de los Pasajes advierte sobre el hecho de que la

---

[10] Walter Benjamin, *Briefe*, ed. y anotado por Gerschom Scholem y Theodor W. Adorno, Frankfurt, 1966, p. 666 (16/8/1935, a Gretel Adorno). [Nota de Adorno]

filosofía solo tiene una *raison d'être* allí donde se expone al fracaso total, como respuesta a la seguridad absoluta con la cual tradicionalmente se nos embauca. El derrotismo de Benjamin frente al propio pensamiento estaba condicionado por un resto de positividad no dialéctica que él arrastró desde la fase teológica, sin modificación alguna en cuanto a la forma, hasta la fase materialista. La equiparación hegeliana de la negatividad con el sujeto, con el pensamiento, que quiere resguardar a la filosofía de la positividad de la ciencia tanto como de la contingencia de lo singular, tiene su núcleo de experiencia. Pensar, ya en sí y antes de todo contenido particular, es negar, es resistencia contra lo que se le ha impuesto; esto ha conservado el pensar de su arquetipo, la relación del trabajo con su material. Si la ideología hoy incita más que nunca al pensamiento hacia la positividad, ella registra ladinamente que precisamente esta positividad es contraria al pensar y que necesita de la amigable exhortación por parte de la autoridad social (11) a fin de adiestrar al pensamiento para la positividad. El esfuerzo implícito en el propio concepto del pensar, como contraparte de la intuición pasiva, es ya su negatividad, una sublevación en contra de lo que cada inmediatez le exige aceptar pasivamente. Juicio e inferencia, las formas del pensar de las que tampoco puede prescindir la crítica del pensar, contienen dentro de sí embriones críticos; su determinidad es siempre, al mismo tiempo, exclusión de lo no alcanzado por ellas, y la verdad que ellas pretenden alcanzar de acuerdo con la forma niega como no verdadero lo que no está marcado por la identidad. El juicio según el cual algo es así descarta potencialmente que la relación entre sujeto y predicado pueda ser expresada en una forma diferente a la del juicio [13]. Las formas del pensar aspiran a ir más allá de lo meramente existente, "dado". Esto inspira a Hegel; solo que él arruinó esto, por su parte, a través de la tesis de la identidad, que equiparaba la presión de lo existente con el sujeto. La resistencia que, en la forma del pensar, se dirige en contra de su material, no es solo el dominio de la naturaleza vuelto espiritual. Mientras el pensar hace violencia a aquello sobre lo cual ejerce sus síntesis, cede al mismo tiempo a un potencial que reside en aquello que se le enfrenta y obedece sin conciencia a una idea de *restitutio in integrum* a partir de los fragmentos que él mismo produjo con sus golpes; ese elemento sin conciencia se torna consciente para la filosofía. Al pensar irreconciliable se une la esperanza de reconciliación, ya que la resistencia del pensar ante lo que meramente es, la violenta libertad del sujeto, también se refiere a aquello que fue sacrificado en el objeto a través de la constitución del objeto en objeto.

Si es posible interpretar como el deseo oculto para ella misma, en la generación de filósofos a la que pertenecían Bergson y Husserl, evadirse del hechizo de la inmanencia de la conciencia y del sistema, y si fracasó la evasión según el parámetro de la rigurosidad, correspondería, a una filosofía que rememore aquella tradición de la que se libera, consumar de manera efectiva la evasión hacia lo que Hölderlin llamaba "lo abierto" (12). Si alguna vez la filosofía crítica arrebató la *intentio recta* de su dogmatismo ingenuo a través de la reflexión subjetiva, en un segundo movimiento de la reflexión debería reconquistar la *intentio recta* despojada de aquella ingenuidad; pues toda forma de subjetividad presupone siempre, a su vez, la objetividad, como quiera que esta se encuentre determinada; una objetividad que es la única que debe fundar esto según el modelo de la *intentio obliqua*, o que ha de garantizarlo para el conocimiento. La filosofía tendría que reflexionar sobre objetos sin modelarlos por anticipado según sus reglas de juego congeladas en una mala obviedad. La concreción que el pensar filosófico [14] proclamó programáticamente en las primeras décadas del siglo XX era ideología porque ella disecaba siempre los elementos concretos a través de su concepto genérico y luego los glorificaba cómodamente como dotados de sentido. La segunda reflexión, en cambio, tiene que desarrollar críticamente los procesos de abstracción ocultos en los elementos concretos; elementos que, por su parte, han sido delineados de manera sumamente concreta por la legalidad abstracta de la sociedad. Por otra parte, tiene que perderse, sin reserva mental, en los detalles, sabiendo que aquello que es algo más que la materialidad de los detalles solo debería emerger en ellos, y no por encima ellos. El "volver a las cosas" que Husserl se limitó a proclamar debería ser consumado sin que las cosas sean sustituidas por sus categorías epistemológicas. Aquí no se trata de salir a la caza del espejismo de una filosofía sin conceptos, como se sintió atraído a hacerlo Benjamin cuando, en su fase tardía, planeaba el texto sobre los pasajes como un montaje de citas.[11] No hay construcción de los detalles sin concepto enfático. La diferencia respecto de la filosofía tradicional es la tendencia de la orientación. Aquella tenía como ideal implícito la elevación a concepto. De acuerdo con ese ideal eran elegidos y preformados sus materiales. En lugar de esto, los conceptos deberían ser reunidos para (13) iluminar, en su constelación, lo carente de concepto. El objetivo —inalcanzable como cualquiera que se proponga el pensamiento, en tanto no pase a la praxis— sería que la filosofía surja de lo individual tomado literalmente. Los conceptos, sin embargo, de los que la filosofía debe servirse, si no quiere confundir la acción arbitraria con lo realizado, así como las preguntas que ella les plantea a los detalles, son algo que ella recibe del estado actual de la tradición, pero no los fija χωρίς de los objetos, sino que los introduce en estos, harta de la ilusión de que, en el mero ser para sí de los conceptos, posee el en sí. Ella tendría que confrontar el estado de la propia tradición [15], sin embargo, con el estado histórico real. La teoría no sería ya subsunción, sino la relación entre los momentos conceptuales. Tiene su centro en la disolución de lo indisoluble o, según la expresión de Karl Heinz Haag, en lo "irrepetible".[12] La teoría es presupuesta y empleada a fin de abolirla en su forma usual. El ideal de su forma modifi-

---

[11] Cf., sin embargo, Rolf Tiedemann, *Mystik und Aufklärung*, ob cit., pp. 224 y s. y nota 5.

[12] Cf. Karl Heinz Haag, "Das Unwiederholbare", en *Zeugnisse*, pp. 152 y ss.; también: Karl Heinz Haag, *Philosophischer Idealismus*, pp. 7 y ss.

cada sería su extinción. La orientación hacia lo no asegurado es más riesgosa que la de una dialéctica abierta o inconclusa. Esta ya no puede indicar correctamente, después de la extirpación del principio de identidad lógico-metafísico, qué es lo que motiva realmente el movimiento dialéctico de la cosa, así como el del concepto. No se hace justicia, en ella, al momento de verdad negativo de la dialéctica idealista, la *machine infernale* objetiva de la que querría salir la conciencia –y no solo esta–. No puede esperar esa salida ignorando esa dialéctica, sino únicamente concibiéndola. Hegel tiene que seguir siendo defendido frente al obsoleto reproche del "chaleco de fuerza de la dialéctica". Es el chaleco de fuerza del mundo. Lo abierto no puede ser pensado sino a través de la conciencia no amortiguada acerca del encierro, de la esencia depravada.

(14) Con esto queda caracterizada la relación con el sistema. La especulación tradicional ha buscado sintetizar la multiplicidad –representada por ella, sobre base kantiana, como caótica– a través del principio filosófico; finalmente, ha tratado de desarrollarla como unidad a partir de sí misma. Esto pone patas para arriba el estado de cosas. El *télos* de la filosofía, lo abierto y no asegurado, su libertad para interpretar los fenómenos con los que se enfrenta sin armadura, es antisistemático. Pero la filosofía tiene que respetar el sistema, en la medida en que lo que le es heterogéneo se le enfrenta como sistema. En dirección a esa rígida sistematicidad se mueve el mundo administrado. Sistema es la objetividad negativa [16], no el sujeto positivo. Tras una fase histórica que relegó a los sistemas, en tanto estos tratan seriamente acerca de contenidos, al ominoso reino de la poesía intelectual y en que solo quedó, del sistema, la pálida sombra del esquema de ordenamiento, resulta difícil representarse vivamente lo que alguna vez impulsó al espíritu filosófico hacia el sistema. Según la crítica de Nietzsche, este documentaba, al final, tan solo la excesiva puntillosidad erudita que compensaba la impotencia política mediante construcciones conceptuales acerca de su poder absoluto sobre el

ente. Pero la necesidad sistemática: la de no contentarse con los *membra disiecta* del saber, sino conquistar el saber absoluto, cuya aspiración es formulada involuntariamente ya en la perentoriedad de cada juicio individual, fue alguna vez algo más que la seudomorfosis del espíritu en el irresistible método de la matemática y las ciencias naturales. Desde el punto de vista de la historia de la filosofía, los sistemas –ante todo, los del siglo XVII– tienen un objetivo compensatorio. La misma *ratio* que, en consonancia con el interés de la clase burguesa, había destrozado el orden feudal y su forma de reflexión espiritual, la ontología escolástica, sintió de inmediato, frente a los escombros, su propia obra, miedo alcaos de lo que persiste, amenazante, bajo su ámbito de dominio y que se intensifica en proporción con su propia potencia. Aquel miedo marcó, en sus comienzos, el modo de comportamiento, constitutivo del pensar burgués a través de los siglos, que consiste en neutralizar cada paso hacia la emancipación mediante la ratificación del orden. A la sombra de la incompletitud de su emancipación, la conciencia burguesa debe tener el temor de ser apropiada por una conciencia más avanzada; intuye que esa conciencia, al no ser la libertad completa, solo produce la caricatura de esta; por eso, debe elevar teóricamente su autonomía a sistema; un sistema que, al mismo tiempo, se asemeja a sus mecanismos coactivos. La *ratio* burguesa [17] se dedicó a producir a partir de sí misma el orden que había negado afuera. Pero, en cuanto producido, ya no era un orden y, por ende, era insaciable. Ese orden absurdo, racionalmente postulado, era el sistema; algo postulado que aparece como ser en sí. Tuvo que buscar su origen en el pensar formal escindido de su contenido. Solo en virtud de tal escisión pudo ejercer su dominio sobre el material. En el sistema filosófico, esa perspectiva se entretejió con su imposibilidad; esta condenó la historia temprana de los sistemas a la aniquilación de uno por el otro. La *ratio*, que, para realizarse como sistema, eliminó virtualmente las determinaciones cualitativas de aquello a lo que hacía referencia, entró en un antagonismo irreconciliable con la objetividad a la que le hacía violencia mientras fingía concebirla. La *ratio* se distanciaba tanto más de la objetividad cuanto más plenamente la sometía a sus axiomas; finalmente, al único axioma de la identidad. La puntillosidad excesiva de todos los sistemas, hasta las prolijidades arquitectónicas de Kant y aun de Hegel –que son tan inconmensurables con su programa– son los jalones de un fracaso condicionado *a priori* y registrado con incomparable honestidad en las fracturas del sistema kantiano. Eso que, en lo que ha de concebirse, retrocede ante la identidad del concepto es lo que obliga a este concepto a actuar en forma grotescamente exagerada a fin de que no haya dudas en cuanto al carácter cerrado y riguroso del producto del pensar. La gran filosofía estaba poseída por el celo paranoico que le impide, a la reina en "Blancanieves", tolerar, aún en las fronteras del reino, a un ser más bello –un ser diferente– que ella misma; y ella se obstina en perseguirlo con toda la astucia de su (16) razón, mientras que esto otro constantemente se sustrae a la persecución. El más ínfimo resto de no identidad bastaba para desmentir toda la identidad [18]. Las excentricidades de los sistemas, desde la glándula pineal cartesiana y los axiomas de Spinoza, en los que ya ha sido introducido por bombeo el racionalismo total que él luego extrajo de manera deductiva, patentizan, en su no verdad, la verdad sobre los propios sistemas, la locura de estos. El proceso, sin embargo, en el que los sistemas se desintegraron en virtud de su propia insuficiencia, tiene su contrapunto en un proceso social. La *ratio* burguesa, en cuanto principio de intercambio, aproximó de manera real a los sistemas, con un éxito creciente, aunque potencialmente criminal, eso que buscaba que fuese conmensurable consigo misma, dejando cada vez menos cosas afuera. Lo que, en la teoría, demostró ser vano fue reivindicado irónicamente por la praxis. De ahí que se haya convertido crecientemente en ideología el palabrerío sobre la crisis del sistema, que una generación después de Nietzsche se tornó popular también entre todos aquellos que, una vez que se tornó obsoleto el ideal de sistema, no podían dejar de darse aires de un profesionalismo cargado de rencor frente al *aperçu*. La realidad ya no debe ser construida, ya que debería ser construida demasiado concienzudamente; y su irracionalidad, que se refuerza bajo la presión de la racionalidad particular –la desintegración a través de la integración–[13] aporta pretextos para eso. Si la sociedad fuera calada en cuanto sistema cerrado y, por ello, no reconciliado con los sujetos, no sería tolerada por estos, en la medida en que aún sigan siendo sujetos. El carácter de sistema de la sociedad, ayer el *shibboleth* de la filosofía escolar, debe ser negado afanosamente por sus adeptos; estos deben actuar allí como si fueran portavoces de un pensar libre, original, de ser posible no académico. Semejante abuso no anula la crítica del sistema. La proposición común a toda filosofía enfática –en oposición a la escéptica, que se sustrae a ese énfasis– según la cual la filosofía solo es posible como sistema no es menos perjudicial para ella que las orientaciones empiristas. Aquello sobre lo cual ella debería juzgar de manera convincente es decidido por anticipado mediante el postulado de su perspectiva. (17) [19] El sistema, la forma de exposición de una totalidad para la cual nada es externo, postula al pensamiento como absoluto frente a cada uno de sus contenidos y volatiliza el contenido en pensamientos: es idealista antes de toda argumentación a favor del idealismo.

Pero la crítica a esto no liquida simplemente el sistema. No solo es adecuada su forma al mundo que, según su contenido, se sustrae a la hegemonía del pensamiento. Unidad y unanimidad son, al mismo tiempo, la proyección falsa de un estado reconciliado, ya no antagónico, sobre las coordenadas del pensar dominante, represivo. El doble sentido de la sistematicidad filosófica no deja otra elección que trasponer la fuerza del pensamiento, emancipada de los sistemas –en comparación con los cuales el pensar no sistemático, hasta llegar a Nietzsche, siempre mostró algo de débil e impotente–, a la

---

[13] Cf. *supra*, nota 201.

determinación abierta de los momentos individuales. Esto era pretendido tendencialmente por el método de la lógica hegeliana. La reflexión sobre las categorías individuales debía producir, sin consideración hacia algo encasquetado sobre ellas desde arriba, aquel movimiento de cada concepto hacia el otro cuya totalidad significaba, para Hegel, el sistema. Solo que este sistema, en lugar de cristalizarse recién con posterioridad, ya estaba pensado de antemano de forma implícita y, por tanto, obtenido subrepticiamente en cada determinación individual. Debía ser despojado de tales apariencias; había que realizar lo que Hegel solo prometió: la inmersión no consciente, por así decirlo, de la conciencia en los fenómenos frente a los cuales toma posición; y de esta manera, por cierto, se alteraría cualitativamente la dialéctica. La unanimidad sistemática se desmoronaría. El fenómeno dejaría de ser lo que siguió siendo y lo que Hegel no quiere que sea: ejemplo de su concepto. (18) Eso demanda del pensamiento más trabajo y esfuerzos de lo que Hegel llamó como tales [20], por el hecho de que, en Hegel, el pensamiento siempre explicita solamente, en sus objetos, lo que él mismo ya es en sí. A pesar del programa de la exteriorización [*Entäußerung*], el pensamiento permanece obcecadamente junto a sí mismo, se limita a una repetición monótona, por mucho que proclame lo contrario. Si el pensamiento se exteriorizara realmente en la cosa, el objeto comenzaría a hablar por sí mismo bajo la insistente mirada del pensamiento. En esa medida, el ideal de la filosofía es la interpretación, que era tabú para su concepto tradicional. Hegel objetó, contra la teoría del conocimiento, que uno solo forjando se hace herrero; en la consumación del conocimiento con lo que le presenta resistencia, con lo ateórico. En esto, hay que tomar a Hegel al pie de la letra; solo eso le devolvería a la filosofía la libertad que ella había perdido, bajo el hechizo del concepto de libertad, a manos de la autonomía del sujeto postuladora de sentido. La filosofía tenía su sustancia en lo individual y particular, que toda su tradición trata como *quantité négligeable*. La capacidad especulativa de hacer explotar lo indisoluble es la capacidad de negación. Solo en ella sigue viviendo el impulso sistemático. Las categorías de la crítica fuera del sistema son, al mismo tiempo, aquellas que conciben lo particular. Lo que alguna vez, en el sistema, sobrepasó legítimamente lo individual tiene su sitio en lo no asegurado. La mirada que percibe, en el fenómeno, más de lo que este meramente es, y solo por percibir más de lo que meramente es, seculariza la metafísica. Solo los fragmentos en los que termina la filosofía harían justicia a las mónadas proyectadas de manera ilusoria por el idealismo: las representaciones, en lo particular, de la totalidad irrepresentable en cuanto tal. El pensamiento, entretanto, que no puede hipostasiar algo positivo fuera de la consumación dialéctica, va más allá del objeto con el que ya no finge ser idéntico [21]; se vuelve más independiente que en la concepción de su absolutidad, en la que se fusionan lo soberano y lo sumiso, cada uno en sí dependiente del otro. Quizás apuntaba a esto la exención kantiana de la esfera inteligible respecto de toda inmanencia. Este excedente del pensamiento no coincide con la micrología dialéctica. (19) La inmersión en lo individual, la inmanencia dialéctica intensificada al extremo, necesita, como un momento suyo, también de la libertad de salir del objeto; libertad que es amputada por la pretensión de identidad. Hegel habría sido el último en aprobar esto: él confiaba en la mediación plena en los objetos. En la praxis del conocimiento, en la disolución de lo indisoluble, sale a la luz el momento de tal trascendencia del pensamiento en el hecho de que el desciframiento de lo indisoluble, la micrología, solo dispone de medios macrológicos. Sin duda, el concepto clasificatorio bajo el que se deja subsumir no abre lo opaco; pero sí lo hace la constelación de conceptos que el pensamiento constructivo aporta a esto, poco más o menos como los candados de una caja de seguridad bien resguardada no son abiertos a través de una sola llave o un solo número, sino únicamente a través de una combinación de números. La filosofía se convertiría de nuevo en víctima de la armonía preestablecida de Leibniz o de Hegel, de la afirmación consoladora, si se engañara a sí misma y engañara a otros acerca de que ella, como quiera que mueva sus objetos en sí, debe también instilarse en ellos desde afuera. (19) Lo que en ellos [i.e.: los objetos de la filosofía] espera necesita de la intervención para hablar. La orientación sigue siendo que las capacidades movilizadas desde afuera –y, al final, cada teoría aplicada a los fenómenos– se agote en ellos. La teoría filosófica hace referencia a su propio final.

(20) [22] La dialéctica que ya no está "fijada" en la identidad[14] (Kant, *Crítica de la razón pura*, B 134) provoca, si no la objeción de lo carente de suelo –que es posible conocer en sus frutos fascistas–, al menos sí la de lo que provoca vértigo. Detrás de la preocupación por el lugar desde el cual sea posible agarrar una filosofía está, en general, solo la agresión, el anhelo de agarrarla, a la manera en que las escuelas históricamente se devoran unas a otras. La equivalencia de culpa y expiación ha sido traspuesta a la sucesión de los pensamientos. Precisamente, esa asimilación del espíritu al principio dominante debe ser calada por la reflexión filosófica. El pensar tradicional, y los hábitos del sano sentido común que aquel legó cuando pereció filosóficamente exigen un marco de referencia, un *frame of reference*, en el que todo encuentre su lugar. No se le asigna mucho valor a la comprensibilidad del marco de referencia –puede incluso ser formulado en axiomas dogmáticos–, con tal que conceda amparo a toda reflexión y, a través de ello, aleje de sí los pensamientos no asegurados. Una dialéctica que ha desechado la fijación hegeliana se basta a sí misma si se arroja sobre los objetos *à fonds perdu*, sin medidas de seguridad; el vértigo que esto produce es un *index veri*; lo vertiginoso del shock de lo abierto, la negatividad, tal como necesariamente aparece en lo que está asegurado y en lo

---

[14] El pasaje al que hace referencia Adorno dice: "Y así, la unidad sintética de la apercepción es el punto más elevado al cual se debe sujetar todo uso del entendimiento y aun toda la lógica, y, tras ella, la filosofía trascendental; esta facultad es, en verdad, el entendimiento mismo" (Immanuel Kant, *Crítica de la razón pura*, ob. cit., p. 203, nota 433).

siempre igual: la no verdad para lo no verdadero. El desmontaje de los sistemas y del sistema no es epistemológico-formal, sino drásticamente de contenido: los detalles ya no se insertan en un orden existente. Lo que antaño quería imponerles el sistema solo debe ser buscado, en cuanto elemento cualitativamente diferente, en los detalles mismos. El pensamiento no tiene garantías ni de que ese elemento esté allí, ni de qué cosa sea. Solo de esta manera puede encontrar su justificación el discurso, totalmente abusivo, [23] acerca de la verdad como lo concreto. Ese discurso obliga al pensar a abrir por la fuerza lo más pequeño. No hay que filosofar sobre lo concreto; antes bien, hay que hacerlo partiendo de lo concreto, en la medida en que los conceptos se congregan en torno a él. La proposición de Hegel según la cual lo particular es lo universal es la crítica más aguda a ello; habría que estar a la altura de ella. La entrega al objeto específico es atribuida por el balido del rebaño, con especial predilección, a una falta de posicionamiento inequívoco. Lo que es diferente de lo existente es considerado por él como una brujería; y lo que está bajo el hechizo tiene la ventaja de que todo lo que, en el mundo falso, era cercanía, terruño y seguridad, es por su parte un elemento del hechizo. Al perder este, los seres humanos temen perderlo todo, ya que no conocen otra felicidad, incluso ninguna felicidad del pensamiento, además de la que proporciona afirmarse en algo: la no libertad perpetua. Se piden (21) al menos atisbos de aquello que se desea; más tangiblemente, un trozo de ontología en medio de su crítica, como si una comprensión no asegurada no expresara mejor lo que se quiere que una *declaration of intention* en la que uno permanece detenido. En la filosofía se confirma una experiencia que apuntó Schönberg acerca de la teoría tradicional de la música: de esta solo se aprende cómo comienza y se cierra un movimiento, nada sobre este mismo, sobre su decurso. De manera análoga, la filosofía no debería reducirse a sí misma a categorías, sino, en cierto sentido, en primera instancia componer. Pero un modo de comportamiento que no resguarda nada primero y seguro y, sin embargo, solo en virtud de la determinidad de su exposición, hace tan pocas concesiones al relativismo –el hermano del absolutismo– que se acerca a la doctrina, prepara el escándalo. Conduce hasta la ruptura, más lejos que Hegel, cuya dialéctica quería tenerlo todo, quería ser también *prima philosophia*; y en el principio de identidad, en el espíritu absoluto, de hecho lo fue. Liberar al pensamiento [24] de lo primero y fijo, sin embargo, no hace que este se absolutice como flotante. La liberación precisamente lo fija a lo que no es él mismo, y suprime la ilusión de su autarquía. Si lo carente de suelo ha de ser totalmente objetado, habría que dirigir la objeción contra el principio espiritual que se mantiene a sí mismo en cuanto esfera de los orígenes absolutos; pero allí donde la ontología –ante todo, Heidegger– se topa con lo carente de suelo, se encuentra el lugar de la verdad. Esta es flotante, frágil en virtud de su contenido temporal; Benjamin criticó insistentemente la sentencia de Gottfried Keller según la cual la verdad no podría escapársenos. La filosofía tiene que renunciar al consuelo de que la verdad no puede ser perdida. Una que no pueda precipitarse en el abismo sobre el que sueltan peroratas los fundamentalistas de la (22) metafísica –no es el abismo de la sofística hábil, sino el de la locura– se convierte, bajo el imperativo de su principio de seguridad, en analítica; potencialmente, en una nula tautología. Solo le hacen frente a la todopoderosa impotencia de la avenencia segura aquellos pensamientos que avanzan hasta lo extremo; solo la acrobacia cerebral tiene aún una relación con la cosa, que, según la *fable convenue*, ella desdeña en virtud de su autocomplacencia. Hoy en día es irracionalista todo intento de impedir esto. La función del concepto de seguridad en la filosofía se invirtió. Lo que antaño quería superar el dogma y el tutelaje a través de la autocerteza, se convirtió en manierismo del conocimiento dotado de seguro social, al que nada debería poder sucederle. De hecho, no le pasa nada.

La dialéctica desencadenada prescinde tan poco como Hegel de algo fijo. Pero ya no le concede la primacía. Hegel no subrayaba tanto aquel elemento fijo en el origen de su metafísica: lo fijo debía surgir, a partir de esta, al final, como un todo totalmente visible. Por eso, sus categorías lógicas poseen un peculiar carácter doble. Son estructuras devenidas, que se [25] se superan a sí mismas y son, al mismo tiempo, *a priori*, invariantes. Con vistas al dinamismo, esto está mediado por la doctrina de la inmediatez que se restablece nuevamente en cada nivel dialéctico. La teoría de la segunda naturaleza –dotada ya de tintes críticos– está preservada en la dialéctica negativa. Ella asume *tel quel* la inmediatez mediada, las formaciones que la sociedad y su (23) desarrollo le echan a la cara al pensamiento para poner al descubierto, mediante el análisis, sus mediaciones, de acuerdo con el parámetro de la diferencia inmanente entre los fenómenos y lo que ellos pretenden ser de manera espontánea. Lo fijo que se sostiene como invariante, lo "positivo" del joven Hegel, es para un análisis tal, como para el joven Hegel, lo negativo. Cuanto más se reduce críticamente la autonomía de la subjetividad, cuanto más se toma conciencia acerca de ella como de algo mediado, tanto más perentoria se vuelve la obligación de reconocerles a los objetos aquella primacía que le concede, al pensamiento, aquella fijeza que él no tiene en sí, que necesita y sin la cual ni siquiera existiría aquel dinamismo con el cual la dialéctica disuelve lo fijo. La posibilidad de la dialéctica negativa depende de la demostración de una primacía del objeto. Esta primacía tampoco puede ser, para la dialéctica, un principio absoluto, una recuperación del realismo ingenuo: solo tiene validez en el entramado. Si la primacía del objeto, bajo el griterío triunfal del acuerdo, fuera extraída de la dialéctica y postulada de manera positiva, la filosofía haría una regresión –como en la fase tardía de Georg Lukács– al insensato dogma de la reproducción o del reflejo. Una vez más, sería hipostasiado un principio, una "máxima" y de esa manera, finalmente, el pensar reduce lo que es a un denominador común. De ningún modo se asemeja siempre la ideología a la tesis general idealista. En verdad, ella reside en las infraestructuras de algo primero, sin que importe cuál es su contenido. Ella implica [26] la identidad de concepto y cosa y, con ella, la justificación del mundo, aun cuando estipula de manera sumaria la dependencia de la conciencia respecto del ser. La teodicea de la historia, incluyendo su armónico apologético, no era ajena a Marx.

El pensar que no se apoya en ningún principio fundamental inamovible se perfila en oposición al concepto de síntesis. Esta subordina, en cuanto *télos* de la filosofía y en cuanto modelo de las operaciones de esta, el método a aquello que significaba, para el idealismo, la identidad de sujeto y objeto: modelaba la dialéctica hegeliana según la figura (24) del círculo, del mortalmente anulador retorno del resultado al origen. De acuerdo con esto, el concepto de síntesis, una inmediata panacea contra la desintegración, ha incorporado aquel elemento fatal que se declara quizás del modo más repulsivo en la invención de una supuesta psicosíntesis, en contra del psicoanálisis freudiano; la sensibilidad idiosincrásica se resiste a llevarse esa palabra a la boca. (24) Hegel la emplea [*scil.* la palabra síntesis] mucho menos frecuentemente de lo que permite esperar, por cierto, el esquema de la triplicidad, que ya él mismo había encontrado culpable de su mecánico traqueteo. Con esto debía corresponderse el entramado de su filosofía. En esta, las operaciones del pensamiento son casi siempre la negación determinada del concepto contemplado desde una extrema proximidad y volteado en una y otra dirección. Lo que, en tales análisis, es caracterizado formalmente en cuanto síntesis, tiene la forma de la negación en la medida en que allí ha de salvarse lo que fue sacrificado al movimiento precedente del concepto. La síntesis hegeliana es sin excepción alguna la comprensión de la insuficiencia de aquel movimiento; el así llamado nivel superior revela ser, al mismo tiempo, el más bajo, un paso hacia atrás en pluscuamperfecto. Esto separa a Hegel de la representación vulgar acerca de la síntesis en cuanto positividad triunfante. Tienen más que un trazo de esta última las inmediateces que se forman una y otra vez en él en cada caso, y en las cuales su propia mediación [27] ha de desaparecer. La consecuencia de esto fue, ya para la crítica de Marx a la *Filosofía del derecho*, abandonar aquella confianza en las inmediateces devenidas y postuladas que la dialéctica hegeliana les tributa plenamente en su forma sistemática tardía. Hegel, en contra de Kant, limitó la prioridad de la síntesis: reconoció a la multiplicidad y la unidad como momentos, ninguno de los cuales existe sin el otro; la tensión de estos momentos es dirimida a través de la negación. Asimismo, él comparte con Kant, y con toda la tradición, el *parti pris* a favor de la unidad. (25) Pero el pensar no puede insistir en la negación abstracta de la unidad. La ilusión de apropiarse de manera inmediata de lo múltiple recaería en mitología, en el horror de lo difuso, así como, en el polo opuesto, el pensar de la unidad sería imitación de la naturaleza ciega a través de su represión, sería dominación mítica. La autorreflexión de la Ilustración no es la revocación de esta: la Ilustración es corrompida a esta revocación en beneficio de la dominación contemporánea. El giro autocrítico del pensar de la unidad depende de conceptos; por lo tanto de síntesis, y no puede difamarlos con un ademán administrativo. La unidad, abstractamente considerada, ofrece un espacio para ambas cosas: para la represión de cualidades que no pueden ser disueltas en pensamientos y para el ideal de la reconciliación, más allá del antagonismo. Ella, por su parte, siempre ha hecho que su violencia se tornara apetecible para los seres humanos, ya que en ella destella el rastro de lo no violento y lo pacificado. No hay que extirpar el momento de unidad, como ocurre virtualmente, a pesar de todo el palabrerío sobre la ciencia de la unidad, en el nominalismo no reflexivo. La tendencia de los momentos sintetizadores debe ser revertida haciendo que ellos reflexionen sobre aquello que le hacen a lo múltiple. Solo la unidad trasciende la unidad. Todavía en el momento de identidad posee algo su derecho a la vida, la afinidad, que fue desplazada por la unidad progresiva y que, secularizada [28] hasta volverse irreconocible, logró sin embargo invernar dentro de esa unidad. El conocimiento no asegurado no elimina al sujeto unificador. En la experiencia del objeto, ese sujeto es imborrable. (26) Las síntesis del sujeto quieren, como bien sabía Platón, transformar, imitar de manera mediata, con el concepto, lo que de por sí aquella síntesis quiere.

El pensar que se entrega a los objetos dota de contenidos a la filosofía. En vano ha anhelado esto la filosofía desde la generación de Bergson y Simmel, Husserl y Scheler. Lo que la tradición canceló era lo que ella misma necesitaba. Si la coacción metodológica es relajada de manera autocrítica, de manera complementaria, el esfuerzo filosófico se verá determinado crecientemente por su contenido. El hecho de que lo no conceptual no es idéntico a su concepto es honrado, por la praxis del conocimiento, cargándolo de contenidos. La dialéctica social, "óntica" –de acuerdo con el modo de expresión filosófico–, la dialéctica del perpetuo antagonismo, se refleja en la dialéctica filosófica de sujeto y objeto. Si hubiera alguna ontología, algo invariante, entonces sería la ontología negativa del antagonismo continuo. (27) El pensar dotado de contenido no puede simplemente abstenerse, sin embargo, del razonamiento metodológico si no quiere convertirse en víctima del dogmatismo o de la ocurrencia arbitraria, aunque esta, con frecuencia, está más cerca de la verdad que el gradualismo metodológico, cuya seguridad reduce sus ganancias. La pregunta por cómo se relacionan los análisis individuales de contenido con la teoría de la dialéctica no se despacha con la proclamación idealista de que la segunda queda asimilada en la primera. Esta proclamación introduce nuevamente de contrabando la falsa identidad de método y cosa. La ceguera con la que el pensamiento se entrega sin hipóstasis; si se quiere, sin método, a aquello de lo cual se ocupa es un principio metodológico. "Solo son verdaderos los pensamientos que no se comprenden a sí mismos".[15] Cuanto menos

---

[15] Theodor W. Adorno, *Minima Moralia. Reflexionen aus dem beschädigten Leben*, 2ª ed., Frankfurt, 1962, p. 254 (GS 4, p. 218). [Nota de Adorno]

[29] se deja colocar el pensamiento bajo la tutela de la reflexión externa a sus objetos, tanto más profundamente toma conciencia de lo universal en lo particular; las invectivas de Kant, Hegel y Nietzsche contra el ejemplo en la filosofía hacen referencia a eso, en contra de la propia tradición filosófica. En términos de contenido, como mediación universal de cada fenómeno por parte de la totalidad social, que la filosofía distorsiona en subjetividad pura, algo universal reside en todo particular. Sin embargo, la experiencia filosófica no posee este universal, o solo lo posee de manera abstracta, y se ve limitada, por ello, a salir de lo particular sin olvidar, con todo, lo que ella no posee, pero sabe. Mientras ella tiene la seguridad de la determinación real de los fenómenos a través de su concepto,[16] no puede presentar este (28) concepto ontológicamente, como si fuera lo en sí verdadero. Este concepto está fusionado con lo no verdadero, el principio opresor, y esto reduce su dignidad en el plano de la crítica del conocimiento. El concepto no constituye positivamente el *télos* en el que se detuvo el conocimiento. La negatividad de lo universal, por su parte, fija el conocimiento a lo particular como lo que hay que salvar. La salvación de lo particular no podría ser comenzada en absoluto sin la universalidad liberada a partir de él. (29) Toda filosofía, aun la que se orienta hacia la libertad, arrastra por ello consigo la no libertad en la que se prolonga la de la sociedad. Los esbozos de la nueva ontología se han resistido a esto, pero su gesto era el de una recuperación de los ἀρχαί verdaderos o ficticios, del origen, que no es otra cosa que el principio de coacción. El pensar se elevaría por encima de la alternativa entre arbitrariedad y coacción si se asegurara de la mediación de sus momentos antitéticos. El pensar tiene en sí la coacción; [30] esta lo protege de la regresión hacia la arbitrariedad. Pero puede conocer críticamente, con todo, el

---

[16] Cf. Theodor W. Adorno, *Gesellschaft*, en *Evangelisches Staatslexikon*, ed. de Hermann Kunst *et al.*, Stuttgart-Berlín, 1966, cols. 636 y ss. [Nota de Adorno]

carácter coactivo que le es inmanente; su propia coacción es el *medium* de su liberación. La libertad hegeliana hacia el objeto, que en él es represiva, mera incapacitación del sujeto, debe ser aún instaurada. Hasta entonces, la dialéctica como método divergirá de la dialéctica de la cosa; no pueden ser equiparadas de manera dictatorial. Por cierto, no cayó del cielo el hecho de que tanto el concepto como la realidad tienen una esencia contradictoria. Lo que desgarra de manera antagónica la sociedad, el principio dominante, es, en términos del espíritu, lo mismo que produce la diferencia entre el concepto y lo que está sometido a él. Aquella diferencia adopta, sin embargo, la forma lógica de la contradicción porque lo que no se inserta en la unidad del principio dominante, de acuerdo con el parámetro de este, no aparece como algo diverso indiferente ante el principio, sino como infracción a la lógica: como contradicción. Por otro lado, en el resto de divergencia entre concepción filosófica y ejecución se expresa también algo verdadero, algo de la no identidad, que no le permite al método coincidir con los contenidos en los que únicamente puede existir, ni permite espiritualizar los contenidos tal como correspondería si estuvieran reconciliados. La primacía del contenido se expresa como insuficiencia necesaria del método. Lo que debe ser dicho, en cuanto tal, en la forma de la reflexión universal, para no quedar impotente frente a la filosofía de los filósofos, se legitima solo en la ejecución, y a través de ello, a su vez, es negado en cuanto método. Su excedente, desde el punto de vista del contenido, es abstracto, falso; Hegel ya tuvo que aceptar la discrepancia entre el prefacio de la *Fenomenología* y la *Fenomenología* misma. El ideal filosófico sería que se torne superfluo dar cuentas sobre lo que se hace, en la medida en que se lo hace.

(30) [31] La tentativa más reciente de evasión del fetichismo conceptual –esto es: de la filosofía académica, sin abandonar la pretensión de rigurosidad– circuló bajo el nombre de existencialismo. Al igual que la ontología fundamental, de la que se había divorciado críticamente, permaneció atrapado en el idealismo, a

pesar del compromiso político; por lo demás, retuvo, frente a la estructura filosófica, algo de contingente, y podía ser reemplazada por una estructura contraria, en tanto esta satisficiera solo la *characteristica formalis* del existencialismo. Entre el existencialismo y el decisionismo no hay límites teóricos. A la vez, el componente idealista del existencialismo está, por su parte, en función de la política. Sartre y sus amigos, críticos de la sociedad y para nada dispuestos a conformarse con la crítica teórica, no pasaron por alto que el comunismo, dondequiera que llegó al poder, se erigió en sistema de administración. La institución del partido estatal centralista es un escarnio de todo lo que alguna vez se pensó sobre la relación con el poder del Estado. Por ello, Sartre colocó en el centro el momento que la praxis dominante ya no tolera: según el lenguaje de la filosofía, la espontaneidad. Cuantas menos oportunidades objetivas le ofrecía a la espontaneidad la división social del poder, tanto más exclusivamente colocaba Sartre esa espontaneidad en la categoría kierkegaardiana de decisión, que en Kierkegaard había adquirido aquel sentido suyo de su *terminus ad quem*, la cristología. A pesar del nominalismo extremo de Sartre, la filosofía de este se organiza según la vieja categoría idealista de la acción libre del sujeto. Así como para Fichte, para el existencialismo toda objetividad es indiferente, tal como, en las obras de teatro de Sartre, las relaciones y condiciones sociales son nebulosas, están rebajadas casi a meras ocasiones para la acción dramática. Esta es condenada a la irracionalidad por el estado de falta de objeto; una irracionalidad que, por cierto, debe de ser lo que menos pretende el pertinaz [32] ilustrado. La representación de la libertad de decisión absoluta es tan ilusoria como la del yo absoluto que da a luz al mundo a partir de sí. Las obras de teatro de Sartre desautorizan a la filosofía, a la que tratan con tonos de tesis. (31) La experiencia política más modesta bastaba para calar como puras fachadas las situaciones construidas como telón de fondo para la decisión de los héroes. Ni siquiera estéticamente debería postularse una decisión soberana tal dentro de un entramado histórico concreto. Un general que decide no dejar que se cometan más atrocidades con la misma irracionalidad con la que antes las disfrutaba; que levanta el sitio de una ciudad que ya le ha sido entregada mediante la traición y que funda una comunidad utópica, incluso en los desquiciados tiempos de un Renacimiento alemán romantizado, sería, si no asesinado de inmediato por los soldados amotinados, al menos sí destituido por sus superiores. Se aviene demasiado bien con esto el hecho de que el baladrón de Götz, instruido sobre su acción libre a través de la masacre de su Ciudad del Sol, pone su espontaneidad a disposición de un movimiento popular organizado que, con cierta facilidad, habría que descifrar como imagen encubierta de aquel movimiento en contra del cual se sirve Sartre de la espontaneidad absoluta; enseguida, el viejo de la bolsa comete también –solo que, evidentemente, ahora con el consentimiento de la filosofía– aquellas atrocidades de las que había abjurado sobre la base de la libertad. El sujeto absoluto no escapa a los lazos que lo atan: las cadenas que él quería romper, las de la dominación, son una sola cosa con el principio de la subjetividad absoluta. La necedad del existencialismo político, así como la fraseología del despolitizado existencialismo alemán, tienen sus fundamentos filosóficos. El existencialismo promueve lo que de todos modos es: el mero ser-ahí de los seres humanos; una convicción que tiene que elegir esto como si pudiera elegir otra cosa. Si [33] el existencialismo enseña algo más que semejante tautología, hace una regresión a la instauración de la subjetividad que es para sí como lo único sustancial. Aquellas orientaciones que portan derivados del *existere* latino como divisa querrían restituir la realidad de la experiencia corpórea contra la ciencia individual alienada. Por ello no se apropian de nada sustancial; y lo que ellas postulan bajo el nombre de ἐποχή se venga de ellas imponiendo su poder a espaldas de la filosofía, en decisiones que, según esta, son irracionales. (32) El pensar expurgado de los contenidos objetivos no es superior a la ciencia individual aconceptual; ese pensar recae por segunda vez precisamente en ese formalismo que combate en defensa del interés esencial de la filosofía y que luego, *a posteriori*, es rellenado con préstamos contingentes, en particular de la psicología. La intención del existencialismo, al menos en su forma francesa radical, no debe realizarse a distancia de los contenidos objetivos, sino mediante una amenazante proximidad a ellos. La separación entre sujeto y objeto no puede ser superada mediante el mero acto del pensar; menos que todo, a través de la reducción al ser humano. Bajo el signo de esta —el de la existencia— se reflexiona de manera abstracta e irrelevante; este proceder es la imagen invertida del proceder de las ciencias individuales, que estrangula el pensamiento. Las escuelas agrupadas en torno a la existencia confiesan cuán poco capaces son de aquella enajenación a la que aspiran mediante el recurso a la existencia humana individual, y en contra del sujeto trascendental, en la medida en que, aun en sus gradaciones nominalistas, querrían dominar filosóficamente lo que no es asimilado en su concepto, lo que le es contrario; en la medida en que, según el modelo hegeliano, lo reducen, a su vez, a su concepto. El concepto de lo no conceptual ha de pertenecer al pensar. Dóciles en esto a la tradición, retroceden ante su propia tarea [34] de perseguir conceptualmente a aquello que se le niega al concepto, en lugar de dejar que se asimile y evapore mediante la subsunción bajo su propio concepto.

El proceder tiene, en los lenguajes, su arquetipo lejano y vago en los nombres, que no recubren las cosas con categorías sacrificando, por cierto, su función cognitiva. (33) Lo que el conocimiento sin inhibiciones quiere es aquello a lo que, según le machacaron, debía resignarse, y aquello que los nombres oscurecen al poseerlo; la resignación y el enceguecimiento suelen complementarse ideológicamente. La exactitud idiosincrásica en la elección de las palabras de las que se sirve el conocimiento, como si ellas debieran designar la cosa, no es una de las menores razones para que la exposición sea esencial, y no un *medium* externo, para la filosofía. (34) El fundamento cognoscitivo para tal insistencia de la expresión frente al τόδε τι es su propia esencia dialéctica, su mediación conceptual en ella misma; ella es el punto de acceso para concebir lo que de aconceptual hay en la expresión. En la medida en que toma conciencia críticamente de lo latentemente conceptual en lo existente, el conocimiento alcanza virtualmente lo opaco, y solo lo hace dentro de esta relación. Pues la mediación en lo aconceptual no es algo que haya quedado como resto después de la sustracción y que remita a una mala infinitud de tales procedimientos. Antes bien, la mediación de la ὕλη es su historia implícita. La filosofía extrae lo que de algún modo la legitima a seguir adelante de algo negativo: del hecho de que aquel elemento indisoluble ante el cual ella capituló, y del que se desvía la violencia del idealismo, en su ser-así-y-no-de-otra-manera, es a su vez un fetiche, el de la irrevocabilidad del ente. Este fetiche se deshace ante la prueba de que el ente no es simplemente así y no de otro modo, sino que llegó a ser bajo ciertas condiciones. Este devenir reside en la cosa; no puede ser inmovilizado en el concepto, como tampoco disociado de su [35] resultado y (35) olvidado. Aquí convergen la dialéctica idealista y la materialista; mientras, para el idealismo, la historia intrínseca de la inmediatez justifica a esta como estadio del concepto, ella se convierte, para la dialéctica materialista, en criterio, no solo de la no verdad de los conceptos, sino aún más de lo inmediato que es; común a ambas es el énfasis sobre la historia coagulada en los objetos. Aquello con lo cual penetra la dialéctica negativa sus objetos endurecidos es la posibilidad que les arrebató mediante engaño a realidad de esos objetos y que, sin embargo, cada uno de ellos atestigua. (33, continuac.) Pero aun haciendo el esfuerzo más extremo para alcanzar, mediante la expresión, lo no conceptual, las palabras siguen siendo conceptos. Su precisión sustituye la mismidad de la cosa, sin que esta mismidad les haya sido enteramente concedida: se abre una oquedad entre ellos y el aquí y ahora. Con esto se corresponde un sedimento de arbitrariedad y relatividad, tanto en la elección de las palabras como en la exposición en su totalidad. Frente a esto, solo ayuda la reflexión crítica sobre los conceptos y, precisamente, sobre los concretos. Incluso en Benjamin tienen un *penchant*[17] a ocultar autoritariamente su conceptualidad. Solo los conceptos pueden realizar lo que el concepto impide, el τρώσας ἰάσεται.[18] Todos los conceptos van a protesto en el juicio acerca del contenido pretendido por ellos. En cuanto universales, ellos no son nunca idénticos a aquello a lo que hacen referencia y con lo que quieren ser idénticos. Esto se convierte en su falla determinable. Esta motiva su corrección por parte de otros conceptos; aquí surge aquella constelación en la que perdura únicamente algo de la esperanza del nombre. A este se aproxima el lenguaje de la filosofía negándolo. Lo que critica en las palabras, su pretensión de poseerlo de manera inmediata es casi siempre la ideología de la identidad positiva, existente, entre palabra y cosa, la superstición secreta de todo idealismo. Este resta importancia a lo absoluto, con cuya infinitud él sueña o [36] a la que finge determinar; la (34, continuac.) irreversible secularización de lo infinito en la inmanencia al mismo tiempo lo falsifica. También la insistencia ante la palabra o el concepto individuales, la puerta de hierro que se debería abrir si la llave encaja de manera exacta es solo un momento, aunque ineludible. Para ser conocido, lo interior, a lo que se pliega el conocimiento en la expresión, necesita de la llave como de algo exterior a él. La exigencia leibniziana y hegeliana de comprender las cosas desde adentro debe, contra Kant, ser satisfecha, pero sin recaer nuevamente en una filosofía de la identidad.

(35, continuac.) Hay que dejar de nadar con la así llamada corriente principal de la filosofía moderna. Alguna vez, durante la primera mitad del siglo XX, la revista más osada del pensar opositor se llamó *Contra la corriente*.[19] La revista occidental del mismo

---

[17] Francés: inclinación, propensión. [N. del T.]
[18] Cf. *supra*, p. 315, nota 238.
[19] *Gegen den Strom* [Contra la corriente] fue el título de dos revistas; Adorno pudo haber tenido en mente a ambas: la primera apareció entre 1928 y 1935

partido se bautizó, después de su establecimiento en la zona oriental, la *Corriente principal*. En filosofía, una corriente tal quería excluir los momentos tradicionales del pensar, deshistorizar a este en cuanto a su propio contenido, relegar a la historia a una rama especializada de la ciencia fundada en hechos. Desde que entonces se comenzó a atisbar, en la presunta inmediatez de la subjetividad, el fundamento de todo conocimiento, se intentó, como bajo el hechizo de la inmediatez como una actualidad, extirparle al pensamiento su dimensión histórica; bajo este aspecto se armonizan los patriarcas de la Modernidad considerados oficialmente como antípodas: en las explicaciones autobiográficas de Descartes sobre el origen de su método y en la teoría baconiana de los ídolos.[20] Lo que es histórico en el pensar, en lugar de obedecer a la

---

y fue una publicación del Partido Comunista Alemán; la otra, una publicación de una liga cultural germano-estadounidense, apareció en Nueva York en 1938-1939, fue editada por Robert Bek-Gran y Rudolf Rocker y fue una revista de emigrantes antifascistas y antistalinistas, con tendencias anarquistas. *Hauptstrom* [Corriente principal] no pudo ser localizada como título de revista.

[20] El *Discours de la méthode* de Descartes, su *opera prima*, publicada en forma anónima, acompaña la exposición de su tema con un informe autobiográfico en el que él escribe sobre la historia en relación con sus años de escuela en el Collège Royal de La Flèche: "Sabía [...] que las acciones memorables que cuentan las historias lo elevan [*scil.*: al espíritu], y que, leídas con discreción, ayudan a formar el juicio; que la lectura de todos los buenos libros es como una conversación con los mejores ingenios de los pasados siglos que los han compuesto, y hasta una conversación estudiada en la que no nos descubren sino lo más selecto de sus pensamientos [...]. Pero creía también que ya había dedicado bastante tiempo a las lenguas e incluso a la lectura de los libros antiguos y a sus historias y a sus fábulas. Pues es casi lo mismo conversar con gentes de otros siglos que viajar. [...] Pero el que emplea demasiado tiempo en viajar, acaba por tornarse extranjero en su propio país; y al que estudia con demasiada curiosidad lo que se hacía en los siglos pretéritos suele ocurrirle de ordinario que permanece ignorante de lo que se practica en el presente. Además [...] aun las más fieles historias, supuesto que no cambien ni aumenten el valor de las cosas, para hacerlas más dignas de ser leídas omiten por lo menos, casi siempre, las circunstancias más bajas y menos ilustres por lo cual sucede que lo restante no aparece

apreciada atemporalidad de la lógica objetivada [37], es equiparado a la superstición, que era de hecho la invocación a la tradición institucional eclesiástica contra la autonomía del pensar. La comprensible crítica de la tradición en cuanto autoridad se cerró, entretanto (36), a la comprensión de que la tradición es inmanente al propio conocimiento como el momento mediador entre sus objetos. El conocimiento deforma a sus objetos en cuanto, en virtud de la objetivación paralizadora, hace *tabula rasa* con ellos. El conocimiento en sí, aún en su forma autonomizada respecto del contenido, participa de la tradición en cuanto recuerdo inconsciente; no podría formularse ninguna pregunta en la que el saber acerca de lo pasado no se encuentre conservado e impulse a seguir avanzando; y la forma del pensar, el movimiento intratemporal, que progresa en forma motivada, anticipa, en el plano microcósmico, al plano macrocósmico, histórico, que está interiorizado en la estructura del pensar. Entre los logros de la deducción kantiana de las categorías, figura en primer lugar el hecho de que él, aún en la forma pura del conocimiento, la unidad del "yo pienso" en cuanto reproducción en la imaginación, percibía el recuerdo, la huella minúscula y suprimible de lo histórico. Pero como no

---

tal como es [...]" (René Descartes, *Discurso del método. Meditaciones metafísicas*, ed. y trad. de Manuel García Morente, Madrid, Espasa Calpe, 2006, pp. 42 y s.). Menos unívocas son las cosas en Bacon, que fue él mismo un importante historiador; sobre la historia quería tratar en la tercera parte de su *Instauratio magna*, que no llegó a escribir. En su *Contribución a la doctrina de las ideologías*, destaca, a propósito de los *idola fori* dentro de la doctrina baconiana de los ídolos, que "el engaño se les achaca a 'los' hombres, esto es, por así decir a la esencia natural invariable, y no a las condiciones que los convierten en tales, o a las que están sometidos en tanto masa. [...] Además se imputan los engaños a la nomenclatura, a la impureza lógica, y con ello se les achacan a los sujetos y a falibilidad en lugar de a las constelaciones históricas objetivas [...]" (GS 8, p. 459 [*Escritos sociológicos I*, ob. cit., p. 429]). En esa medida, es posible encontrar, de hecho, al empirismo y al racionalismo más próximos de lo que pretende la *communis opinio* filosófica (cf. también *supra*, p. 83).

existe tiempo sin lo que es en él, aquello que Husserl, en su fase tardía, llamaba historicidad intrínseca[21] no continúa siendo forma

[21] Adorno piensa en un pasaje de la *Lógica formal y trascendental* (1929) de Husserl que cita y comenta en *Sobre la metacrítica de la teoría del conocimiento*; se encuentra en los *Gesammelte Schriften* de Husserl, vol. 7, p. 215: "'La revelación de la génesis del sentido de los juicios significa, hablando con mayor precisión, lo mismo que el desenvolvimiento de los elementos del sentido, implicados en el sentido manifiestamente surgido a la luz y esencialmente relativos a él. Los juicios, en cuanto productos concluidos de una constitución o génesis, pueden y deben ser interrogados acerca de esta. Justamente, es la peculiaridad esencial de tales productos el que sean significados que llevan en sí, como implicación del sentido de su génesis, una especie de historicidad; que en ellos el significado remite por grados de retorno al sentido originario y a la intencionalidad noemática relativa: es decir, que a toda forma asumida por el sentido puede interrogársele acerca de la historia de su sentido, que le es esencial'. Acaso nunca Husserl haya llegado más lejos que en estas frases. Su contenido en novedades podrá parecer modesto. La fundamentación de la identidad objetiva a partir de la síntesis subjetiva procede de Kant, y la demostración de la 'historicidad interna' de la lógica, de Hegel. Pero la trascendencia de la conclusión de Husserl hay que buscarla en el hecho de que arrancara la síntesis y la historia a la cosa petrificada e inclusive a la forma abstracta del juicio, mientras que en los idealistas clásicos la misma pertenece a una concepción del espíritu precedentemente pensada –justamente 'sistemática'– que incluye el mundo cosal, sin reconocer de otro modo que en el pasaje dialéctico que la situación del mundo propio está signada por la cosificación, y sin conferir expresión a ese reconocimiento por medio del método. Pero Husserl, investigador de los detalles y positivista converso, insiste ante el objeto rígido y extraño del conocimiento hasta que este, bajo su mirada de Medusa, debe ceder. La cosa, en cuanto objeto idéntico del juicio, se abre y presenta por un instante lo que su rigidez debe ocultar: el cumplimiento histórico" (GS 5, pp. 218 y s. [*Sobre la metacrítica de la teoría del conocimiento*, ob. cit., pp. 265 y s.]); sobre el pasaje, que no tenía presente el editor, en NaS IV-14, pp. 253 y s., nota 98, le llamó la atención Karel Markus [Ámsterdam], el más atento de sus lectores). Cf., por lo demás, también *supra*, p. 317, así como la conversación entre Adorno y Horkheimer del 13 de octubre de 1939, en Max Horkheimer, *Gesammelte Schriften*, vol. 12: *Nachgelassene Schriften 1931-1949*, ed. de Gunzelin Schmid Noerr, Frankfurt, 1985, pp. 499 y ss. La importancia de la idea de Husserl según la cual "cada juicio,

pura. Tal historicidad intrínseca del pensar está entretejida con su contenido y, de esa manera, con la tradición. El sujeto puro, plenamente sublimado, en cambio, sería lo absolutamente carente de tradición. Un conocimiento que complaciera completamente al ídolo de aquella pureza, la atemporalidad total, un conocimiento que coincidiera con la lógica formal, sería literalmente tautología; ni siquiera preservaría un lugar para una lógica trascendental. La atemporalidad, a la que aspira la conciencia burguesa, quizás como compensación de la propia mortalidad, es el colmo de su enceguecimiento. Esto incitó a Benjamin cuando este abjuró del ideal de autonomía –de manera excesivamente no mediada– [38] y sometió su pensar a una tradición que, por cierto, al haber sido escogida voluntariamente, carecía de esa autoridad cuya carencia le imputaba al pensamiento autárquico. El momento tradicional –cuasitrascendental, contrapartida del momento trascendental–, (37) y no la subjetividad, es lo auténticamente constitutivo, el mecanismo –según Kant, oculto– en las profundidades del alma. Entre las variaciones de las preguntas iniciales de la *Crítica de la razón pura*, cuya estrechez necesitaba esta crítica, tendría su lugar aquella que se interroga por cómo el pensar, que debe enajenarse de la tradición, puede conservarla sin dejar de transformarla.[22] La filosofía de Bergson y, más aún, la novela de Proust se abandonaron a eso; solo que, por su parte, lo hicieron bajo el hechizo de la inmediatez, oponiéndose abstractamente a aquella atemporalidad burguesa que anticipa la supresión de la vida a través de la mecánica del concepto. Solo la *methexis* de la filosofía en la tradición sería la negación determinada de esta. La fundan aquellos textos

---

de acuerdo con su sentido, porta en sí su propia génesis", difícilmente pueda ser sobreestimada para el pensar de Adorno.

[22] Cf. Theodor W. Adorno, *Thesen über Tradition*, en *Insel Almanach auf das Jahr 1966*, Frankfurt, 1965, pp. 21 y s. [GS 10.1, pp. 310 y ss., "Sobre la tradición", en *Crítica de la cultura y sociedad I*, ob. cit., pp. 271 y ss.; nota de Adorno].

a los que critica. A partir de ellos, que le son aportados a la filosofía por la tradición, que los textos mismos encarnan, el proceder de la filosofía se torna conmensurable con la tradición. Esto justifica la transición de la filosofía a la interpretación, que no hipostasia ni lo interpretado ni el pensamiento vinculado con ella, su símbolo; sino que busca lo que es verdadero allí donde el pensamiento consume su sustrato, donde seculariza la irrecuperable protoforma de los textos sagrados. A través de la vinculación –ya sea ostensible, ya latente– con los textos admite la filosofía lo que ella misma querría en vano extirpar bajo el ideal del método, su esencia lingüística. En su historia reciente –y, por cierto, bajo el mismo aspecto que la tradición– ha sido difamada en cuanto retórica [39]. Segregada y degradada a medio para producir efectos, fue el vehículo de la mentira en filosofía. El desprecio por la retórica saldaba la deuda en la que se enredó ella desde la Antigüedad mediante aquella separación respecto de la cosa que Platón denunciaba. Pero la persecución del momento retórico, en el que la expresión se salvaba en el pensar, contribuyó tanto a la tecnificación del pensar, a su potencial abolición, como el cultivo de la retórica bajo el desprecio del objeto. La retórica representa, en filosofía, lo que no puede ser pensado sino en el lenguaje. Se afirma (38) en los postulados de la exposición, a través de los cuales la filosofía se diferencia de la comunicación de contenidos fijados y ya conocidos. Ella está amenazada, como todo lo vicario, por la usurpación de aquello que la exposición no puede adquirirle sin mediación alguna al pensamiento. Incesantemente es corrompida ella por el fin persuasivo, sin el cual, sin embargo, desaparecería la relación ineludible del pensar con la praxis, la relación presente en el acto de pensar en sí. La alergia de toda la tradición filosófica aprobada –desde el *Fedro* a los semánticos–, que querría expulsar del lenguaje el último resto de expresión, está en consonancia con la tendencia general de la Ilustración a castigar lo indisciplinado de los ademanes aún en el interior de la lógica. Dicha alergia da testimonio también del rencor de la conciencia cosificada contra aquellos elementos de la conciencia que le faltan a la cosificada. Si la alianza de la filosofía con la ciencia desemboca virtualmente en la expulsión del lenguaje, la supervivencia de la filosofía se halla íntimamente emparentada con su esfuerzo lingüístico: no en la medida en que sigue ciegamente la inclinación lingüística, sino en que reflexiona sobre ella. Con razón coincide la negligencia lingüística –científicamente: lo inexacto– con el gesto científico de mostrarse insobornable frente al lenguaje. Pues la expulsión del lenguaje en [40] el pensar no es la desmitificación de este. Enceguecida sacrifica la filosofía, junto con el lenguaje, aquello en lo que ella logra establecer con su cosa una relación diferente que la meramente significativa; solo en cuanto lenguaje puede lo semejante reconocer a lo semejante. La denuncia permanente de la retórica por parte del nominalismo –según la tesis fundamental de este, el nombre es literalmente ruido y humo,[23] despojado de toda semejanza con aquello que dice– no puede ser, sin embargo, ignorada; el momento retórico tampoco puede (39) ser invocado de manera inquebrantable. La dialéctica, que, de acuerdo con el sentido de la palabra, nos recuerda al lenguaje como órgano del

---

[23] Cf. Johann Wolfgang von Goethe, *Fausto. Una tragedia*, ed., trad., introd. y notas de Miguel Vedda, Buenos Aires, Colihue, 2015, p. 166, v. 3457.

*

"Ahora empero, desearía yo que nada viniera a entorpecer la primera buena impresión del presente librito. Por lo que me decido a aclarar, explicar, demostrar [...]. Pese a todo ello, más de una vez resultará entorpecida la recta comprensión [...] por algunos vocablos exóticos imprescindibles, y que parecen oscuros por referirse a determinados objetos, creencias, opiniones, tradiciones, fábulas y costumbres. Explicar tales vocablos considéralo el autor su deber inmediato [...] Esta aclaración, sin embargo, tiene lugar con una cierta coherencia [...]" (Johann Wolfgang von Goethe, "Notas y disertaciones para la mejor comprensión del *Diván de Occidente y Oriente*", en *Obras completas*, vol. 4, ob. cit., pp. 1016 y s.; la traducción ha sido corregida).

pensar, sería la tentativa para salvar críticamente el momento retórico mediante la adecuación con la cosa. Se apropia, en cuanto fuerza del pensamiento, de lo que históricamente aparecía como mácula del pensar, su interrelación absolutamente inquebrantable con el lenguaje; esto inspiró a la fenomenología cuando ella, aunque de manera ingenua, quiso asegurarse de la verdad en el análisis de las palabras. En la cualidad retórica, la cultura, la sociedad, toda la tradición se plasman en el pensamiento que ella comunica; lo lisa y llanamente antirretórico está ligado a la barbarie en la que termina el pensar burgués. La difamación de Cicerón, todavía la diatriba de Hegel contra Diderot son un eco del resentimiento de aquellos a los que la miseria de la vida les quita la libertad de sublevarse y a los cuales el hálito del lenguaje les parece pecaminoso. En la dialéctica, el momento retórico toma el partido de su contenido, mientras que el momento lógico obedece a la tendencia formal. Mediando entre ambos, la dialéctica busca dominar el dilema entre la opinión arbitraria y lo correcto inesencial. Ella se inclina, sin embargo, hacia el contenido como lo abierto, lo no decidido de antemano por el armazón: una protesta contra el mito. Pues mítico es lo siempre igual, ya que este finalmente se diluye en la legalidad formal del pensamiento. El conocimiento que pretende el contenido hace referencia a la utopía. Esta, la conciencia de la posibilidad [41], se adhiere a lo concreto como a lo no deformado. Lo que le obstruye el paso es lo posible, nunca lo inmediatamente real; en medio de lo existente aparece, por ello, como abstracto. El color indeleble procede de lo que no es. Al servicio de él está el pensar, un trozo de existencia que, aunque negativo, se extiende hasta lo que no es. (40) En esta idea, toda la filosofía converge con la más remota lejanía, la única que sería por primera vez la cercanía; la filosofía es el prisma que atrapa su color.

Eterna Cadencia Editora

Dirección editorial Leonora Djament
Edición y coordinación Virginia Ruano
Prensa y comunicación Natalia Viñes
Diagramación de interior Silvina Varela
Comercialización Ine Capurro
Diseño y producción Maira Purman
Diseño de colección y de tapa Cali Hernández y Vero Lara
Administración Marina Schiaffino

Para esta edición de *Lecciones sobre dialéctica negativa*, de Theodor W. Adorno, se utilizó papel estucado de 300 g en la tapa y offset ahuesado de 70 g en el interior.

Se terminó de imprimir en octubre de 2025 en Liberdigital, C/ Berlín, 1 Polg. Ind. Puerta de Madrid 28977, Casarrubuelos, Madrid, España.